现代职业教育汽车类专业精品教材

U0662780

# 汽车机械基础

主　编　郁志纯

副主编　信　轲　高　明　陈　晶

参　编　李　卓　宋元娟　张显芳　吕　冲

主　审　张志强

机械工业出版社

本书是在编者对市场进行充分的调研，明确企业对技能型人才的实际需求，依据汽车类专业毕业生所从事职业的实际需要，对学生应具备的知识结构和能力结构进行精准定位的基础上编写的。本书内容分为汽车工程材料、汽车常用构件的受力与变形、汽车常用机构、汽车常用传动、汽车轴系零部件及联接、汽车液压传动六大模块，共二十二个单元。

书中选取汽车工程中的大量实例，图文并茂、生动形象，将基础课程和汽车专业课程进行了有机结合。同时，本书还配有二维码，学生可通过扫描二维码观看相应的动画，一目了然，可提高学生的主动性和积极性。通过对本书内容的学习，学生可掌握汽车机械的相关基础知识，为以后专业课程的学习打下基础，也有助于培养学生分析问题和解决问题的能力。

本书可作为高等职业院校汽车类专业的必修课教材，也可作为成人高校、中职学校汽车类专业的教材，还可作为相关从业人员的参考用书。

## 图书在版编目（CIP）数据

汽车机械基础/郁志纯主编. —北京：机械工业出版社，2021.5（2025.6 重印）

现代职业教育汽车类专业精品教材

ISBN 978-7-111-67655-3

Ⅰ.①汽…　Ⅱ.①郁…　Ⅲ.①汽车 – 机械学 – 职业教育 – 教材
Ⅳ.①U463

中国版本图书馆 CIP 数据核字（2021）第 037246 号

机械工业出版社（北京市百万庄大街22号　邮政编码100037）
策划编辑：于志伟　责任编辑：于志伟
责任校对：梁　静　责任印制：郜　敏
中煤（北京）印务有限公司印刷
2025 年 6 月第 1 版第 6 次印刷
184mm×260mm·14.25 印张·351 千字
标准书号：ISBN 978-7-111-67655-3
定价：49.00 元

电话服务　　　　　　　　　　网络服务
客服电话：010-88361066　　　机　工　官　网：www.cmpbook.com
　　　　　010-88379833　　　机　工　官　博：weibo.com/cmp1952
　　　　　010-68326294　　　金　书　网：www.golden-book.com
封底无防伪标均为盗版　　　　机工教育服务网：www.cmpedu.com

# 前　言

"汽车机械基础"是高职院校汽车类专业的一门重要的专业基础课，是连接基础课和专业课的桥梁，具有承上启下的作用。

本书是根据高职院校汽车类专业的教学实际，结合汽车专业领域的职业要求，依托"以职业能力培养为主线、以岗位需求为引领、以能力训练为导向"的教学模式，以学生毕业后从事的岗位需求来设置知识结构，致力于把学生培养成适应汽车行业需要的高质量技能型人才。

本书在编写过程中本着"实用、够用、适合"的原则，努力做到内容通俗易懂、深入浅出、任务明确。在内容上融入汽车专业职业能力培养的理念，尽可能以生活经验、常见现象及汽车零件作为教学任务的引入。在内容的编排上注重多样化，尽可能符合学生的认知规律，力求"图文并茂"，大量运用实物图，以求充分调动学生的学习兴趣。本书还配套有二维码，学生可通过扫描二维码观看相应的动画，一目了然，方便学生自主学习，提高学生的主动性和积极性，有助于培养学生分析问题和解决问题的能力，促进学生职业素养的养成。通过对本书内容的学习，学生可掌握汽车机械的相关基础知识，为后续专业课程的学习打下基础。

本书分为六个模块，共二十二个单元，内容包括金属材料的性能、汽车材料及应用、金属材料的热处理、工程构件的静力分析、工程构件的变形、机构的组成及运动简图、铰链四杆机构、凸轮机构、间歇运动机构、螺旋机构、带传动、链传动、齿轮传动、蜗杆传动、轮系、轴、轴承、联轴器与离合器、连接、液压传动的基本知识、液压元件、液压控制回路。

本书由江苏信息职业技术学院郁志纯担任主编，江苏信息职业技术学院信轲、高明和潍坊商业学校陈晶担任副主编，全书由郁志纯统稿。具体编写分工如下：模块一、模块三、模块四由郁志纯编写，模块五由郁志纯、陈晶编写；模块二由信轲编写；模块六由郁志纯、高明编写；配套动画由郁志纯完成；配套习题由信轲、郁志纯完成；北京交通运输职业学院李卓、重庆市聚英技工学校张显芳和宋元娟、重庆机械技师学院吕冲负责素材的搜集与整理。全书由重庆市九龙坡职业教育中心张志强主审，并提出了许多宝贵的意见和建议，在此表示衷心的感谢。

本书建议学时为64～96学时，可作为高等职业院校汽车类相关专业的教学用书，也可作为相关职业资格与教学培训用书。

本书在编写的过程中，参考了大量的相关教材和文献资料，在此对其作者一并表示衷心的感谢！

由于编者水平有限，书中难免存在不足和疏漏之处，恳请广大读者批评指正！

编　者

# 二维码索引

| 名　称 | 图　形 | 页码 | 名　称 | 图　形 | 页码 |
|---|---|---|---|---|---|
| 转动副 | | 65 | 鹤式起重机 | | 70 |
| 移动副 | | 65 | 内燃机配气机构 | | 78 |
| 螺旋副 | | 65 | 滚子盘形凸轮 | | 78 |
| 曲柄摇杆机构 | | 66 | 移动凸轮 | | 79 |
| 双曲柄机构 | | 69 | 单动式棘轮机构 | | 87 |
| 双摇杆机构 | | 69 | 双动棘轮 | | 87 |
| 雷达仰俯机构 | | 69 | 摆动可变向棘轮 | | 87 |

（续）

（续）

| 名　称 | 图　形 | 页码 | 名　称 | 图　形 | 页码 |
|---|---|---|---|---|---|
| 液压千斤顶工作原理 | | 188 | 差动缸 | | 197 |
| 液压泵工作原理 | | 192 | 增压缸 | | 197 |
| 齿轮泵工作原理 | | 193 | 普通单向阀 | | 200 |
| 单作用叶片泵 | | 193 | 液控单向阀 | | 200 |
| 单柱塞泵 | | 194 | 三位四通阀三个位置 | | 200 |
| 双杆活塞缸 | | 196 | 直动溢流阀 | | 202 |
| 单杆活塞缸 | | 196 | | | |

# 目　录

# 模块三　汽车常用机构

# 模块四　汽车常用传动

# 模块六　汽车液压传动

# 模块一 汽车工程材料

## 单元一 金属材料的性能

**学习目标**

**1. 知识目标**

1）明确汽车零件对材料和结构工艺性的要求。

2）掌握金属材料的力学性能和工艺性能。

3）了解金属材料的物理性能和化学性能。

**2. 能力目标**

能利用材料的性能指标，合理评估和选用零件，培养初步的汽车故障分析能力。

汽车是一个复杂的机械系统，它通常由上万个零部件组装而成，如图 1-1-1 所示，这些零部件是由种类繁多的材料加工而成的，所以了解汽车常用的材料对合理选材、降低汽车成本具有重要意义。材料的选择主要依据材料的力学性能，同时要综合考虑材料的工艺性能、物理性能和化学性能。

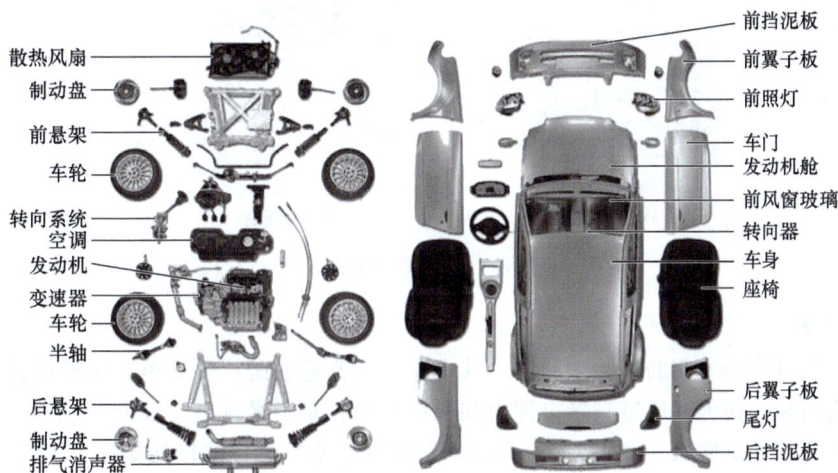

图 1-1-1 汽车的零部件组成

## 课题一　金属材料的力学性能

金属材料在汽车制造中应用最为广泛，为了正确、合理地使用金属材料，必须了解金属材料的性能。以现代轿车为例，汽车上所用的材料主要以钢、铸铁等金属材料为主，其次是非金属材料。

以现代轿车材料为例，汽车上选用材料占汽车总质量的比例如图 1-1-2 所示。按照重量来换算，钢材占汽车自重的 55% ~ 60%，铸铁占 5% ~ 12%，有色金属占 6% ~ 10%，塑料占 8% ~ 12%，橡胶占 4%，玻璃占 3%，其他材料（油漆、各种液体等）占 6% ~ 12%。

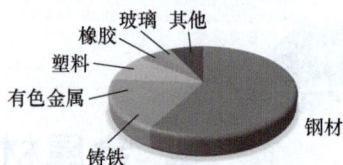

图 1-1-2　汽车上选材的饼图

金属材料的性能包括使用性能和工艺性能。

金属材料的使用性能指在使用条件下所表现出来的性能，包括物理性能、化学性能和力学性能。金属材料的力学性能又称为机械性能，它是指金属在力的作用下所表现出的性能，包括强度、硬度、塑性、冲击韧性和疲劳强度等。

金属材料的力学性能是评定金属材料质量的主要依据，也是金属构件设计时选材和强度计算的主要依据。

### 一、强度

#### 1. 强度的概念

金属在力的作用下，抵抗永久变形和断裂的能力，称为强度。强度与变形有着直接的关系。变形是指在外力作用下，材料由于内部原子之间的位置发生改变而导致的宏观形状和尺寸的变化。根据撤去外力后能否恢复，变形分为弹性变形和塑性变形。材料发生弹性变形时，撤去外力后，能恢复到原来的形状和尺寸；发生塑性变形时，撤去外力后，不能恢复到原来的形状和尺寸，故塑性变形又称为永久变形，如汽车碰撞后保险杠的变形。

强度是材料的一项重要力学性能指标，当材料承受的载荷超出其强度范围时，其结构将发生破坏，导致机器无法运转，甚至造成严重的事故，如汽车大梁、连杆由于强度不足而断裂的现象，如图 1-1-3 所示。

a) 汽车大梁断裂　　　　　　b) 连杆断裂

图 1-1-3　零件断裂

#### 2. 拉伸试验

金属材料的强度由专门的试验来测定，其中应用最普遍的是拉伸试验。拉伸试验是指用静拉伸力对试样进行轴向拉伸，通过测量拉伸力和相应的伸长量测量其力学性能的试验。材料进行拉伸时，需要使用拉伸试验机（图 1-1-4）和特制的试样。常用试样的结构如图 1-1-5 所示，其中，$d_0$ 表示原始直径，$L_0$ 表示原始标距长度，$d_1$ 表示断后直径，$L_1$ 表示断后标距长度。

**图 1-1-4　拉伸试验机**

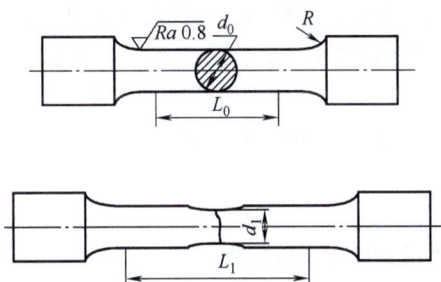

**图 1-1-5　常用试样的结构**

进行拉伸试验时，将试样两端分别固定在拉伸试验机上，逐步增加轴向拉力（又称为拉伸力），连续记录拉力和试样的伸长量，直至试样被拉断。根据记录的数据，可以绘制拉伸力和伸长量之间的关系曲线，称为应力-应变曲线。低碳钢的应力-应变曲线如图 1-1-6 所示。

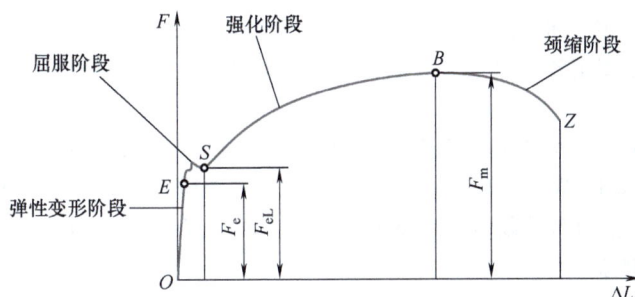

**图 1-1-6　低碳钢的应力-应变曲线**

在图 1-1-6 所示的低碳钢应力-应变曲线中，横坐标表示试样的形变量 $\Delta L$，纵坐标表示拉伸力 $F$。由图 1-1-6 可知，试样拉伸过程中经历了 4 个阶段，它们的力学性能见表 1-1-1。

**表 1-1-1　拉伸的四个阶段**

| 阶　　　段 | 曲线特征 | 力学性能 |
| --- | --- | --- |
| $OE$ 段：<br>弹性变形阶段 | 直线 | 试样长度随着拉伸力的增大而增大，撤去外力后，试样变形消失，恢复原长 |
| $ES$ 段：<br>屈服阶段 | 上下波动 | 在该阶段，拉力一旦超过 $F_e$，试样将产生塑性变形。等拉力增加到 $F_{eL}$ 时，在拉力不断增加后略有减小的情况下，试样长度将继续增大，这种现象称为屈服 |
| $SB$ 段：<br>强化阶段 | 非线性增大 | 需要不断地增加拉力，试样长度才能继续增大。随着塑性变形的增大，试样抵抗变形的内力也逐渐增大，这种现象称为形变强化 |
| $BZ$ 段：<br>颈缩阶段 | 下降 | 拉力达到最大后，试样中间某处的直径会发生局部收缩，称为"颈缩"。由于横截面面积减小，拉力不断减小 |

### 3. 强度指标

常用的强度指标主要有屈服强度和抗拉强度。

（1）屈服强度　屈服强度是指试样在拉伸试验过程中力不增加（保持恒定）试样仍然能继续伸长（变形）时的应力。屈服强度用符号 $R_e$ 表示，单位为 N/mm$^2$ 或 MPa。屈服强度包括上屈服强度 $R_{eH}$ 和下屈服强度 $R_{eL}$。由于上屈服极限的数值与试样形状、加速度等因素有关，一般不稳定，而下屈服极限比较稳定，能反应材料的性能，通常把下屈服极限 $R_{eL}$ 称为屈服强度。

对于铸铁、高碳钢等材料，它们没有明显的屈服现象，则很确定正确的 $R_{eL}$，此时可用试样产生 0.2% 永久变形时的应力，作为没有明显屈服现象金属材料的屈服强度。

（2）抗拉强度　抗拉强度是指拉伸试样拉断前承受的最大拉力 $F_m$ 对应的应力。抗拉强度用符号 $R_m$ 表示，是设计零件的主要依据。

## 二、硬度

硬度是衡量金属材料软硬程度的一种性能指标，也是指金属材料抵抗外部硬物压入其表面的能力。硬度越高，材料表面越不容易产生压痕或划痕。

工业中通常利用硬度试验来测定材料的硬度。常用的硬度有布氏硬度、洛氏硬度和维氏硬度。

### 1. 布氏硬度

布氏硬度用符号 HBW 表示。用一定直径 $D$ 的淬硬钢球在规定负荷 $F$ 的作用下压入试件表面，保持一段时间后卸去载荷，在试件表面将会留下表面积为 $d$ 的压痕，以试件的单位表面积上能承受负荷的大小表示该试件的硬度，如图 1-1-7 所示。在实际应用中，通常直接测量压坑的直径，并根据负荷 $F$ 和钢球直径 $D$ 从布氏硬度数值表中查出布氏硬度值。

布氏测试法适用于测定各种退火及调质的钢材、非铁合金及铸铁等不太硬的工件，不适合测定太薄的工件。

布氏硬度的表示方法：硬度值 + HBW + 球体直径 + 试验压力 + 保持时间（10 ~ 15s 时不标注）。例如，硬度值 350 HBW 5/750 表示采用直径 5mm 的硬质合金球，在 750kgf（7355N）试验压力下保持 10 ~ 15s 时测定的布氏硬度值为 350。其中，硬度符号 HBS 表示压头为淬硬钢球，HBW 表示压头为硬质合金钢球。

### 2. 洛氏硬度

洛氏硬度用符号 HR 表示。用有一定顶角（如 120°）的金刚石圆锥体压头或一定直径 $D$ 的淬硬钢球，在一定负荷 $P$ 作用下压入试件表面，保持一段时间后卸去载荷，在试件表面将会留下某个深度的压痕，如图 1-1-8 所示，由洛氏硬度机自动测量压坑深度并以硬度值读数显示。根据压头与负荷的不同，洛氏硬度分为 HRA、HRB、HRC 3 种，其中以 HRC 最常用。

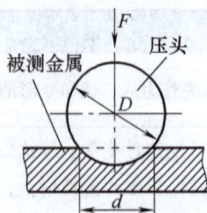

图 1-1-7　布氏硬度试验　　　　　图 1-1-8　洛氏硬度试验

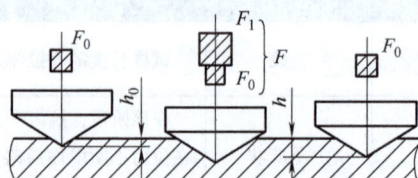

洛氏测试法适用于测定布氏硬度值大于 450 或尺寸较小的工件。

洛氏硬度的表示方法为：硬度值 + 符号，如 62HRC 表示用金刚石圆锥压头，总载荷为 150kgf 测得的洛氏硬度值。

### 3. 维氏硬度

维氏硬度用符号 HV 表示。以 120kg 以内的载荷和顶角为 136° 的金刚石正四棱锥压头压入材料表面，用材料压痕凹坑的表面积除以载荷值，即为维氏硬度值（HV），如图 1-1-9 所示。

维氏测试法由于压痕较小，适用于测定较薄工件和零件上有硬化层的硬度。

维氏硬度的表示方法为：硬度值 + HV + 试验压力 + 保持时间（10 ~ 15s 时不标注）。例如

700 HV 30/20 表示用 30kgf 试验力保持 20s 测定的维氏硬度值为 700。

### 三、塑性

塑性是指金属材料受外力作用产生塑性变形（或永久变形）而不发生破坏的能力。塑性好的金属材料容易发生塑性变形，从而容易进行压力加工成形。

图 1-1-9　维氏硬度试验

金属材料的塑性可由断后伸长率 $A$ 和断面收缩率 $Z$ 来衡量。两者都可通过拉伸试验进行计算。

#### 1. 断后伸长率 $A$

断后伸长率是指试样拉断后，试样的伸长量 $\Delta L$ 与原始标距 $L_0$ 的百分比，用符号 $A$ 表示，其计算公式为

$$A = \frac{\Delta L}{L_0} = \frac{L_1 - L_0}{L_0} \times 100\%$$

式中　$L_1$——试样拉伸后的标距，单位为 mm；

　　　$L_0$——试样的原始标距，单位为 mm。

#### 2. 断面收缩率 $Z$

断面收缩率是指试样拉伸后，颈缩处横截面面积的最大缩减量与原始横截面面积的百分比，用符号 $Z$ 表示，其计算公式为

$$Z = \frac{S_0 - S_1}{S_0} \times 100\%$$

式中　$S_1$——试样颈缩处的最小横截面面积，单位为 $mm^2$；

　　　$S_0$——试样原始横截面面积，单位为 $mm^2$。

金属材料的断后伸长率 $A$ 和断面收缩率 $Z$ 越大，表示材料的塑性越好，即能承受较大的塑性变形而不破坏，可保证汽车成形工艺（如汽车外壳的钣金成形等）和修复工艺（汽车挡泥板的凹陷修复）的顺利进行。

工程上通常将在常温、静载条件下测定的断后伸长率 $A > 5\%$ 的材料称为塑性材料，如低碳钢、铜、铝合金等；将断后伸长率 $A < 5\%$ 的材料称为脆性材料，如灰铸铁、陶瓷和玻璃等。

### 四、冲击韧性

冲击韧性是指金属材料抵抗冲击载荷作用而不破坏的能力。冲击韧性越好，材料的抗冲击能力越强，发生断裂的可能性越小。冲击韧性是金属材料的一项重要力学性能。如图 1-1-10 所示的汽车发动机的连杆，不仅要求具有高的强度和一定的塑性，还要求具备足够的冲击韧性。

冲击韧性可以通过一次摆锤冲击试验来测定，试验的原理如图 1-1-11 所示。

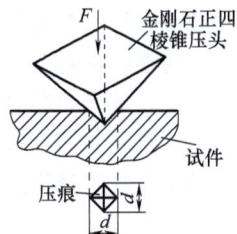

图 1-1-10　汽车发动机的连杆

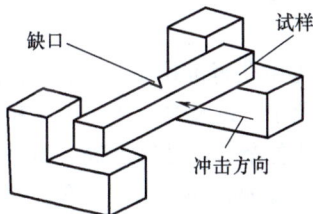

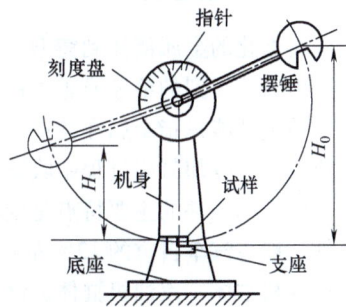

图 1-1-11　冲击试验的原理简图

试验前，按照有关国家标准，在试样上加工出一定形状的缺口，并将缺口背对摆锤冲击方向。试验时，将摆锤抬起至一定高度 $H_0$，然后释放，由于重力的作用，摆锤自由下落，冲断试样后继续摆动，记录最终的摆动高度 $H_1$，摆锤损失的重力势能等于试样断裂过程中吸收的功，即冲击吸收能量，用符号 $A_K$ 表示，单位为 J，可由试验机的表盘直接读出。试样缺口处单位截面面积上所消耗的冲击吸收能量称为冲击韧度 $a_K$，单位为 $J/cm^2$，即

$$a_K = \frac{A_K}{S}$$

式中　$A_K$——试样吸收的冲击吸收能量，单位为 J；

　　　　$S$——试样缺口底部横截面面积，单位为 $cm^2$。

冲击吸收能量 $K$ 越大，表示材料的冲击韧性越好，受冲击时越不容易断裂。

### 五、疲劳强度

汽车中的许多零件，如汽车发动机活塞连杆组中的连杆、曲轴飞轮组的曲轴（参见图 1-1-12）、悬架系统中的弹簧、变速器的齿轮等，都要受到大小和方向呈周期性变化的载荷作用。这种交变载荷虽然小于材料的强度极限，但经多次循环后，在没有明显的外观变形时也会发生断裂，这种破坏称为疲劳破坏或疲劳断裂。通常，这种破坏都是突然发生的，具有很大的危险性。

疲劳强度是表示材料经受无限次周期性交变载荷作用而不致引起断裂的最大应力。

a) 齿轮断裂　　　　　　b) 曲轴断裂

图 1-1-12　疲劳破坏案例

金属材料的疲劳强度可以通过疲劳试验进行测量，但实际操作中，金属材料不可能做无限多次交变载荷试验。通常规定，钢在经受 $10^7$ 次、非金属材料经受 $10^8$ 次交变载荷作用时不产生断裂的最大应力称为其疲劳强度。

## 课题二　金属材料的工艺性能

金属材料的工艺性能反映了金属材料加工难易程度。良好的工艺性能表示材料的加工难度小。工艺性能主要包括铸造性能、压力加工性能、焊接性能和切削加工性能等。

### 一、铸造性能

将熔化的金属浇注到铸型的型腔中，待其冷却后得到毛坯或直接得到零件的加工方法称为铸造。由铸造得到的毛坯或零件称为铸件。

铸造性能是指金属在铸造成形的过程中获得准确结构和形状铸件的能力，具体包括液态金属的流动性、冷却凝固过程中收缩偏析的大小，以及对气体的排除和吸收等性能。

汽车用铸件的主要特点是壁薄、形状复杂、尺寸精度高、重量轻、可靠性好、生产批量大等。铸件一般占汽车自重的 12% 左右，仅次于钢材用量，居第二位。很多典型的汽车零件都采用铸造，如柴油机缸体、汽油机缸体、汽油机缸盖曲轴、变速器和离合器壳体、各类连接板、支架及车门框架等，如图 1-1-13 所示。

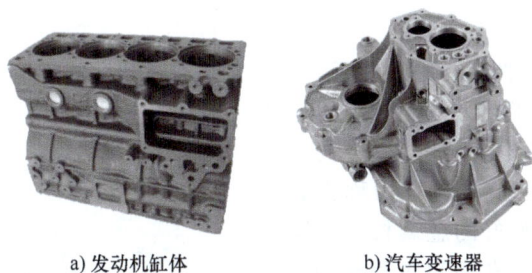

a) 发动机缸体　　　　　b) 汽车变速器

**图 1-1-13　汽车铸造零件**

## 二、压力加工性能

压力加工性能是指金属材料利用压力加工方法成形的难易程度，其性能的好坏主要取决于金属的塑性和变形抗力。常用的压力加工方法有轧制、挤压、冷拔、锻造和冲压等（图 1-1-14）。压力加工性能还与金属材料的成分及加工条件有关，如锻钢在加热到一定温度时，容易锻造成形，而铝合金在室温下就很容易锻造加工。

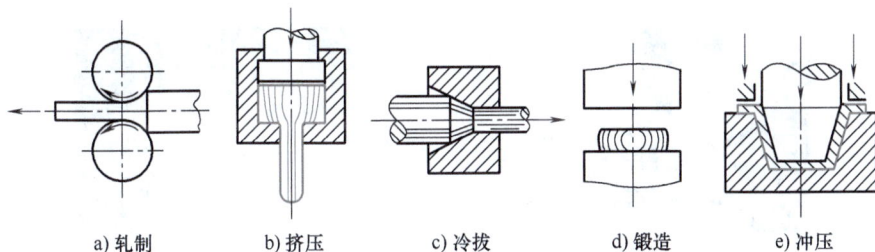

a) 轧制　　　b) 挤压　　　c) 冷拔　　　d) 锻造　　　e) 冲压

**图 1-1-14　常见压力加工方法**

模锻一般用于制造强度高、可靠性好的汽车零件毛坯，如发动机的曲轴、凸轮轴、连杆，底盘的驱动轴、十字轴、前车轴、后车轴，转向系统的转向节、转向节臂等，如图 1-1-15 所示。

据统计，汽车中有 60%~70% 的零件是用冲压工艺生产出来的。因此，冲压工艺对汽车的质量、生产率和生产成本都有重要的影响。如图 1-1-16 所示，车身覆盖件基本上都是板料冲压加工的。

a) 连杆　　　　　　　b) 凸轮轴

**图 1-1-15　汽车模锻零件**

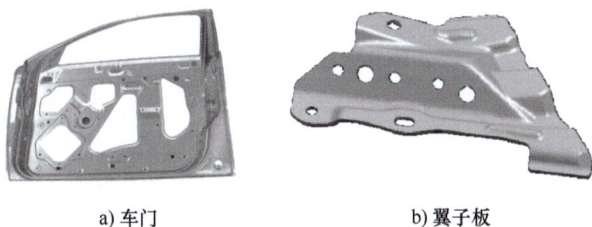

a) 车门　　　　　　　b) 翼子板

**图 1-1-16　汽车冲压零件**

### 三、焊接性能

通过加热或加压，或者两者并用，使两工件产生原子间结合的加工方法称为焊接。焊接是一种永久性连接金属材料的工艺方法。常用的焊接方法有焊条电弧焊、气焊和自动焊等。金属材料在焊接过程中得到优质焊接接头的能力称为焊接性，又称为可焊性。焊接性好的金属材料，焊接时焊缝不容易产生夹渣、气孔和裂纹等缺陷。如图 1-1-17 所示，汽车在装配过程中，会利用焊接机器人实现车身的焊接。

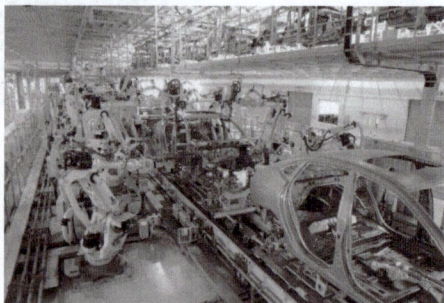

图 1-1-17　机器人自动焊接

### 四、切削加工性能

切削加工性能是指对金属材料进行切削加工的难易程度，常见的切削加工方法有车削、铣削、磨削和钻削等，如图 1-1-18 所示。金属材料的切削加工性能，主要受金属材料的化学成分、硬度和塑性等性能的影响。通常情况下，可以通过热处理来提高钢件的切削加工性能。

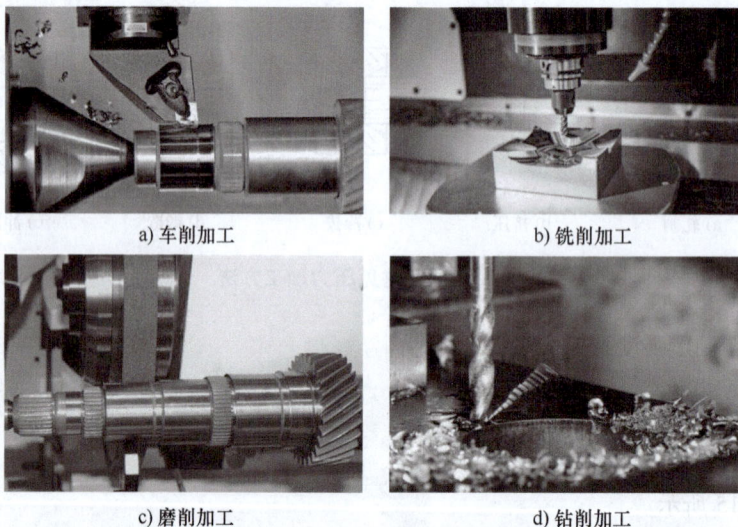

a) 车削加工

b) 铣削加工

c) 磨削加工

d) 钻削加工

图 1-1-18　常用的切削加工方法

切削加工完成的表面比较光滑，因此，需要配合的部位和零件的精加工通常都是通过切削加工完成的，如汽车变速器、主减速器和差速器上的齿轮、发动机连杆等形状复杂且精度高的零件一般由切削加工完成。

# 单元二

## 汽车材料及应用

单元二

### 学习目标

**1. 知识目标**

1) 了解钢和铸铁的分类。
2) 熟悉常用汽车用钢的种类、牌号、性能和应用。
3) 了解汽车上常用有色金属材料的类型及特点。
4) 了解常用汽车非金属材料的类型及特点。

**2. 能力目标**

能识别典型金属材料和非金属材料在汽车上的应用。

汽车由种类繁多、性能各异的工程材料经加工制成零件后组装而成，这些零件以金属材料为主，其中钢铁材料占 55% ~ 60%，甚至更多。现代汽车正向着安全、节能、环保的方向发展，而汽车轻量化是节能、防污染最有效的途径之一，汽车零部件中有色金属材料和非金属材料所占比重越来越大。如图 1-2-1a 所示，车身框架大多采用了钢材制造，如图 1-2-1b 所示，轮毂采用了铝合金制造。

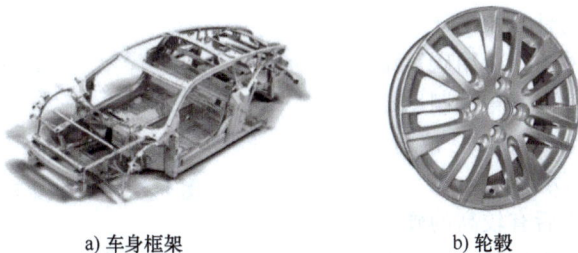

a) 车身框架　　　　　　　　　b) 轮毂

**图 1-2-1　汽车材料的应用**

## 课题一　黑色金属材料

金属分为黑色金属和有色金属两大类。以铁和碳两种元素为基体以及多种元素组成的复杂合金称为黑色金属。钢和铸铁是应用最广的黑色金属，统称为钢铁，它占据金属材料总量的 95% 以上。

黑色金属由于综合性能良好、品种多且价格低廉，广泛应用于汽车制造业。例如，汽车的车覆盖件、底盘、轮毂以及各类箱体框架等基本上都采用的是黑色金属材料。

通常情况下，黑色金属根据碳的质量分数（$w_C$）不同，可分为工业纯铁（$w_C < 0.0218\%$）、

钢（$0.0218\% < w_C < 2.11\%$）、铸铁（$w_C > 2.11\%$），工业中常用铸铁的碳的质量分数 $w_C$ 一般不超过 $4.3\%$，如图 1-2-2 所示。

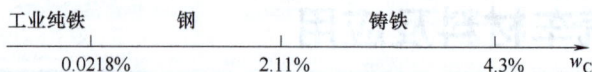

图 1-2-2    钢铁中碳的质量分数范围

其中，工业纯铁主要用作磁材料，铸铁适用于铸造或炼钢，在实际生产中机加工主要使用的是钢。钢铁中除了含有铁碳元素之外，还有少量的硅（Si）、锰（Mn）、硫（S）和磷（P）等杂质元素，其中锰和硅是有益元素，但硫和磷是有害元素，需要严格控制其含量。钢的种类繁多，为了便于生产、使用和研究，可以按照化学成分、质量和用途对钢进行分类。

### 一、碳素钢

碳素钢简称为碳钢，在现代工业生产所使用的钢铁材料中占据着十分重要的地位。碳素钢冶炼、加工容易，价格低廉，工艺性能良好，是工业生产中用量最大的金属材料。

#### 1. 按钢的质量分类

在冶炼过程中会存在少量的杂质元素，如硅、锰、硫和磷等，对碳素钢的性能会产生一定的影响。按含杂质元素的质量分数多少，可将碳素钢分为普通碳素钢、优质碳素钢和高级优质碳素钢 3 种。硅和锰可提高钢的强度和硬度，是有益的元素。硫会造成钢的热脆性、磷会造成钢的冷脆性，是有害的元素。

#### 2. 按钢的用途分类

按用途不同，钢可分为碳素结构钢和碳素工具钢。

碳素结构钢具有较高的强度、良好的塑性和韧性，以及优良的工艺性能（焊接性、冷变形成形性），通常制成型材（圆钢、方钢、工字钢、钢筋等）、板材和管材等形式，主要用于桥梁建筑等工程构件，及生产螺钉和螺母等。在汽车零部件中，可用碳素结构钢制造的有油底壳、气缸盖罩、制动器底板、车厢板件、发电机支架、拉杆、销、键等，如图 1-2-3 所示。

碳素工具钢在热处理后有较高的硬度

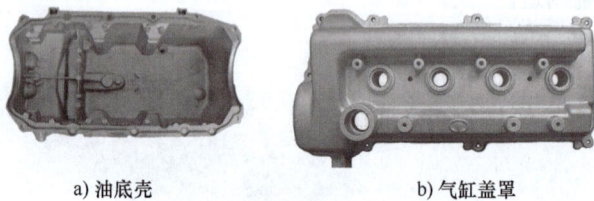

a) 油底壳          b) 气缸盖罩

图 1-2-3    碳素钢汽车零部件

和耐磨性，主要用于制造工具和模具，如刀具、量具和冷作模具等。

#### 3. 按钢中碳的质量分数分类

（1）低碳钢    碳素钢中碳的质量分数 $w_C < 0.25\%$ 时称为低碳钢。低碳钢的力学性能较差，强度较低，用于制造一般的机械零件。

（2）中碳钢    碳素钢中碳的质量分数 $w_C$ 在 $0.25\% \sim 0.60\%$ 范围内时称为中碳钢。中碳钢的力学性能较好，强度较高，韧性和切削性能好，容易热处理，应用最广，用于制造重要的机械零件。

（3）高碳钢    碳素钢中碳的质量分数 $w_C > 0.60\%$ 时称为高碳钢。高碳钢热处理后的耐磨性好，硬度高，用于制造锉刀、锯条等切削工具及弹簧。

碳素钢的力学性能随着碳的质量分数增大，其强度、硬度增高，而塑性、韧性降低。

#### 4. 碳素钢的牌号及含义

常用碳素钢的牌号及含义见表 1-2-1。

表 1-2-1　常用碳素钢的牌号及含义

| 类　别 | 牌号举例 | 含义说明 |
|---|---|---|
| 碳素结构钢 | Q235AF | "Q"是拼音"屈"的首字母，后面的数字表示屈服强度，单位为 MPa，字母 A 表示钢的质量，从 A 到 D 质量等级依次提高，F、B、Z、TZ 分别表示沸腾钢、半镇静钢、镇静钢、特殊镇静钢。例如 Q235AF 表示屈服强度为 235MPa、A 级质量的沸腾碳素结构钢 |
| 优质碳素钢 | 45 | 两位数字表示钢的平均碳的质量分数，以万分之几计；后面的元素符号表示该元素的含量比较高。比如，45 钢表示碳的质量分数为 0.45% 的优质碳素结构钢 |
| 碳素工具钢 | T11A | "T"是"碳"字拼音的首字母，后面的数字表示钢中碳的平均质量分数，以千分之几计；若为高级优质碳素钢，在钢号后面加 A。例如，T11A 表示平均碳的质量分数为 1.1% 的高级优质碳素工具钢 |

### 二、合金钢

为了改善钢的力学性能，通常在炼钢时加入硅（Si）、锰（Mn）、铬（Cr）、镍（Ni）、钼（Mo）、钨（W）、钒（V）、钛（Ti）等，由此获得的钢材称为合金钢。与碳素钢相比，合金钢往往具有某些方面的特殊性能，或具有良好的综合力学性能，如合金钢具有更高的硬度、强度、耐磨性、淬透性。汽车上应用最多的是低碳合金钢。

**1. 按合金元素的质量分数分类**

合金钢按合金元素的质量分数可分为低合金钢（合金元素质量分数 <5%）、中合金钢（5% ≤ 合金元素质量分数 <10%）和高合金钢（合金元素质量分数 ≥10%）。

**2. 按用途分类**

按用途不同，合金钢可分为合金结构钢、合金工具钢和特殊性能钢等。

（1）合金结构钢　常用的合金结构钢包括低合金结构钢、合金渗碳钢、合金调质钢、合金弹簧钢和滚动轴承钢。

1）低合金结构钢。低合金结构钢是碳的质量分数为 0.12%~0.20%，磷、硫的质量分数不大于 0.45%，合金元素的质量分数不大于 3% 的低碳结构钢，其主要添加元素为硅、锰及少量的钛、钒、铌、铜及稀土元素等。低合金结构钢比相同含碳量的碳素钢的强度要高 10%~30%，并具有较好的塑性、韧性和焊接性。同时，由于冶炼较简单，生产成本与碳素钢相近，低合金结构钢广泛用于制作各种机器零件和工程构件，如汽车上的车架纵梁（图 1-2-4）、横梁和发动机吊耳等。

图 1-2-4　汽车纵梁

用低合金结构钢取代碳素结构钢，可节约钢材，减轻重量，且使用可靠，常用的钢种有 12MnV、16Mn 等。

2）合金渗碳钢。合金渗碳钢制造的零件经淬火和低温回火后，不仅有较高的表面硬度和耐磨性，而且能大幅度提高零件心部的强度和韧性，从而提高抵抗冲击载荷的能力。合金渗碳钢中碳的质量分数一般为 0.10%~0.25%，加入的合金元素主要有锰、铬、镍、钼、钒，汽车上承受高速、重载、强冲击和剧烈摩擦的零件（如活塞销、齿轮栓等）都是用合金渗碳钢加工经热处理制作的。图 1-2-5 所示活塞连杆组中的活塞销常用 15Cr、20Cr 或 20MnV 制造。

3）合金调质钢。合金调质钢是指经过调质处理的合金钢，其具有较高的强度和韧性，其碳的质量分数为 0.25%~0.50%。若调质后再进行淬火，则可进一步改善钢件表面的耐磨性。合金调质钢常用于制造承受重载荷、冲击载荷的零件，如汽车半轴（图1-2-6）、连杆和转向节等。

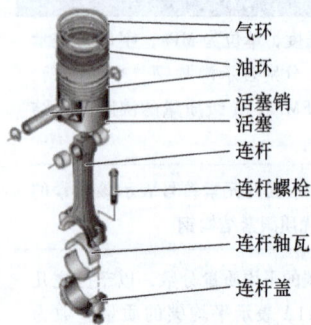

气环
油环
活塞销
活塞
连杆
连杆螺栓
连杆轴瓦
连杆盖

图1-2-5　活塞连杆组中的活塞销

图1-2-6　汽车半轴

4）合金弹簧钢。弹簧主要用于实现消除振动、储备能量、驱动机械、开闭阀门等功能，弹簧工作时受到交变载荷的作用，因此，要求弹簧钢具有高的强度、弹性极限、韧性及疲劳极限。合金弹簧钢中碳的质量分数一般为0.45%~0.75%，加入的合金元素有钒、铬、锰、硅等。

生产中常对弹簧采用喷丸或表面强化处理，使其表面处于压应力状态，以提高弹簧的疲劳强度及表面质量。常见的各种汽车弹簧如图1-2-7所示。

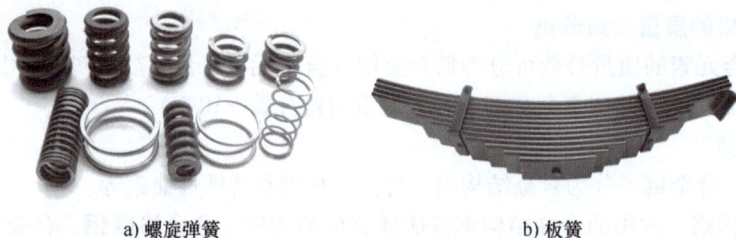

a) 螺旋弹簧

b) 板簧

图1-2-7　汽车弹簧

5）滚动轴承钢。滚动轴承钢是制造各种滚动轴承（图1-2-8）的滚子和内、外圈的专用钢。常用的轴承钢是高碳低铬钢，其中碳的质量分数为0.95%~1.15%，以保证轴承有足够高的强度、硬度和耐磨性。铬的质量分数为0.40%~1.65%，主要作用是提高淬透性，使组织均匀并增加回火稳定性。铬与碳作用形成的合金渗碳体能有效提高钢的硬度及耐磨性，常用的有GCr15、GCr9、GCr15SiMn等。

（2）合金工具钢　根据用途不同，合金工具钢可分为合金刃具钢、合金模具钢和合金量具钢。在汽车零部件的检验过程中需要用到各种刃具、工具及量具，如图1-2-9所示。

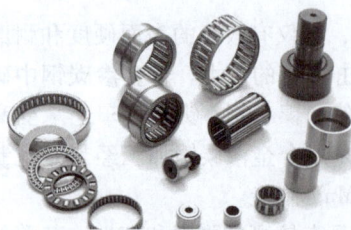

图1-2-8　滚动轴承

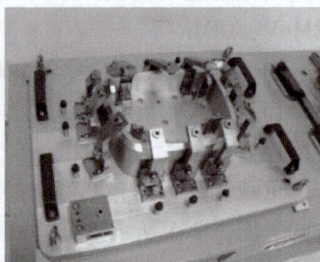

图1-2-9　汽车的检验工具

1）量具钢。用来制造各种量具（如游标卡尺、块规、卡规、千分尺、样板等）的钢称为量具钢。量具在使用过程中常与被测量的零件直接接触，在摩擦和碰撞条件下工作，因此量具应具有较高的硬度和耐磨性。

量具钢中碳的质量分数通常高达0.90%～1.50%，并含有铬、钨、锰等碳化物组成元素，以提高钢的淬透性和保证钢有足够的硬度和耐磨性。另外，量具本身应具有较高的尺寸精确性和稳定性。

2）刃具钢。用于制造各种车刀、铣刀等切削加工工具的钢称为刃具钢。刃具钢要求具有高硬度、高耐磨性、高热硬性（热硬性是指钢在高温下保持高硬度的能力）、一定的韧性及塑性。常用的刃具钢有低合金刃具钢和高速钢两种。

3）模具钢。按工作条件的不同，模具钢分为冷作模具钢和热作模具钢。冷作模具的作用是使金属在室温条件下产生塑性变形，从而获得具有一定几何尺寸及形状的毛坯或零件，如冲模、弯曲模、冷锻模等，常用的冷作模具钢有Cr12MoV、CrWMn。热作模具是用来使热状态下的金属产生变形的模具，如热锻模、压铸模等，常用的热作模具钢有5CrNiMo、4CrSMoSiV。

（3）特殊性能钢　具有特殊的性能并用来制造工作在特殊条件下的零件所用的钢称为特殊性能钢。工业上常用的特殊性能钢有不锈钢、耐热钢和耐磨钢等。

汽车工业中使用的特殊性能钢主要是不锈钢，不锈钢的耐蚀性和耐热性良好，常用于发动机和排气系统部件上，如图1-2-10所示。

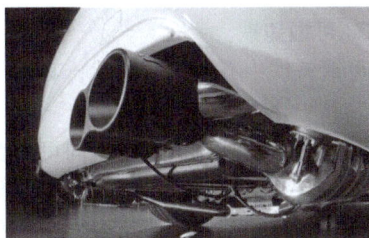

图1-2-10　汽车不锈钢排气管

### 三、铸铁

平均碳的质量分数$w_c > 2.11\%$的铁碳合金称为铸铁。工业用铸铁中碳的质量分数（$w_c$）为2.11%～6.69%。

铸铁是一种成本低廉并具有良好性能的金属材料。与钢相比，虽然铸铁的力学性能，特别是抗拉强度及韧性、塑性较低，但由于它具有优良的减振性、耐磨性、耐蚀性、铸造性及切削加工性，而且生产设备工艺简单，因此在工业上得到了广泛的应用。

根据内部石墨所处形态的不同，铸铁可分为灰铸铁、球墨铸铁、可锻铸铁和蠕墨铸铁等。

#### 1. 灰铸铁

灰铸铁中石墨呈片状，在力学性能方面抗压不抗拉，减振性、耐磨性、导热性良好，缺口敏感性低，主要用来制造各种承受压力，并要求减振性、耐磨性好及缺口敏感性低的零件，如气缸体、飞轮、活塞和齿轮箱等，如图1-2-11所示。

a) 气缸体　　　　　　　　b) 飞轮

图1-2-11　汽车灰铸铁零件

灰铸铁牌号用"HT + 数字"组成。"HT"为"灰铁"两字汉语拼音首字母，数字表示最低抗拉强度，如 HT150 表示抗拉强度不低于 150MPa 的灰铸铁。

### 2. 球墨铸铁

球墨铸铁中石墨呈球状，铸造性能好，强度、塑性和韧性大大高于灰铸铁，接近铸钢，具有良好的减振性、耐磨性和低缺口敏感性。球墨铸铁主要用于强度、韧性、耐磨性要求较高的零件，如汽车曲轴、凸轮轴和连杆等，如图 1-2-12 所示。

图 1-2-12　球墨铸铁凸轮轴

球墨铸铁牌号用"QT + 两组数字"组成。"QT"为"球铁"两字汉语拼音首字母。两组数字第一组表示抗拉强度值，第二组表示断后伸长率值，如 QT400-18 表示抗拉强度不低于 400MPa、断后伸长率不低于 18% 的球墨铸铁。

### 3. 可锻铸铁

可锻铸铁中石墨呈团絮状，其力学性能介于灰铸铁和球墨铸铁之间，有较好的强度和一定的塑性。

可锻铸铁按基体组织的不同可分为铁素体可锻铸铁和珠光体可锻铸铁。铁素体可锻铸铁中心呈灰暗色，表层呈灰白色，故称为"黑心可锻铸铁"。若在氧化性介质中进行石墨化退火，由于表层完全脱碳，得到铁素体组织，而心部为珠光体基加团絮状石墨，断口呈现表层暗灰色，中心灰白色，故称为"白心可锻铸铁"。

在汽车中常用可锻铸铁加工一些截面较薄而形状复杂、工作时受振动且强度、韧性要求较高的零件，如汽车减速器壳、后桥壳、万向接头等，如图 1-2-13 所示。

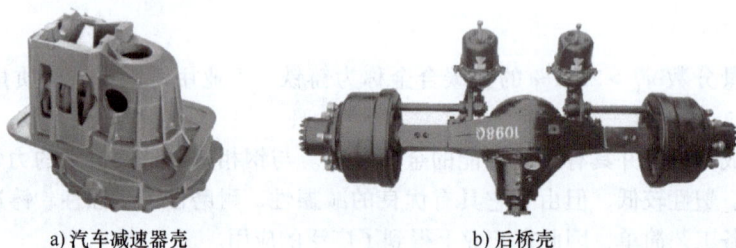

a) 汽车减速器壳　　　　　　b) 后桥壳

图 1-2-13　汽车可锻铸铁零件

可锻铸铁牌号用 3 个字母加两组数字组成。"KT"为"可铁"两字汉语拼音首字母。"H"表示黑心，"B"表示白心，"Z"表示珠光体。牌号中代号后面的一组数字，表示抗拉强度值；有两组数字时，第一组表示抗拉强度值，第二组表示断后伸长率值。两组数字中间用"-"隔开。如 KTH300-06 表示最低抗拉强度不低于 300MPa、断后伸长率不低于 6% 的黑心可锻铸铁。

### 4. 蠕墨铸铁

蠕墨铸铁中石墨呈蠕虫状或球状，其抗拉强度、塑性、疲劳强度大于灰铸铁，导热性、锻造性、可切削性大于球墨铸铁。

蠕墨铸铁主要用于制造气缸盖、气缸套、钢锭模和制动毂等，如图 1-2-14 所示。

蠕墨铸铁牌号用"RuT + 数字"表示。"RuT"为"蠕铁"两字的汉语拼音及首字母，数字表示最低抗拉强度，如 RuT300 表示抗拉强度不低于 300MPa 的蠕墨铸铁。

a) 制动毂

b) 制动盘

图 1-2-14　汽车蠕墨铸铁零件

## 四、铸钢

一些结构形状复杂且要求有较高强度、塑性、韧性以及特殊性能的零件，难以用锻压方法成形，用铸铁又不能满足性能要求，这时可采用铸钢，如汽车机架、缸体、齿轮和连杆等。图 1-2-15 所示为汽车铸钢零件。

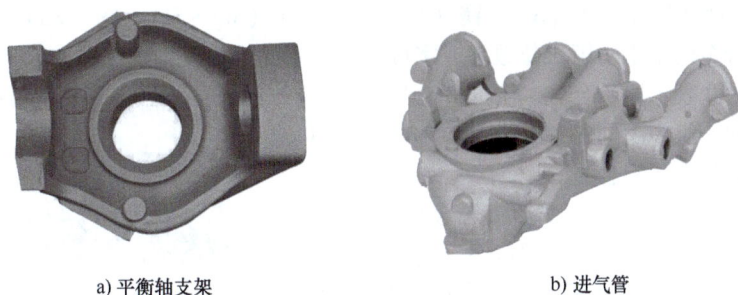

a) 平衡轴支架

b) 进气管

图 1-2-15　汽车铸钢零件

铸钢牌号表示方法：ZG + 数字- 数字。第一组数字为屈服强度值，第二组数字为抗拉强度值，如 ZG200-400、ZG230-450 等。

## 课题二　有色金属材料

黑色金属以外的金属称为有色金属。有色金属具有许多特殊的性能，如较高的导电性和导热性、较低的密度和熔化温度、良好的力学性能和工艺性能，是现代工业不可缺少的重要金属材料，是黑色金属所不能替代的。

常用的有色金属主要有铝、铜及其合金。

### 一、铝及铝合金

在有色金属及其合金中，铝及铝合金是广泛应用的金属材料，用量仅次于钢铁。铝具有密度小、耐蚀性好等特点，且铝合金的塑性优良，铸、锻、冲压工艺均适用，尤其适用于汽车零部件生产的压铸工艺。从生产成本、零件质量、材料利用等几个方面比较，铝合金已成为汽车生产中不可缺少的重要材料。图 1-2-16 所示为铝合金制造的车身框架。

### 1. 工业纯铝

工业纯铝一般指纯度为 99.0%~99.9% 的铝，铁和硅是其主要杂质。工业中使用的纯铝呈银白色。纯铝的导电性和导热性好，是仅次于金、银、铜的优良导体，氧化性强，表面容易形成致密的氧化铝膜，能有效地防止金属继续氧化，具有良好的耐蚀性。

工业纯铝塑性高，能通过压力加工方法制成各种型材、板材。由于强度很低，不宜直接用来加工机械零部件，而广泛用于制造各种导线、电容器和包装材料等。

图 1-2-16　铝合金制造的车身框架

工业纯铝牌号采用"铝"的汉字拼音首字母加序号表示，如 L1、L2、L3、L4 等。L1 为 1 号纯铝，序号越大，铝的纯度越低，含杂质元素越多，塑性及导电性、导热性越差。

### 2. 铝合金

铝合金是以铝为基础，加入少量的合金元素后形成的，常用的合金元素有铜、锰、硅、镁等。铝合金保持了纯铝的优良性能，同时强度比纯铝提高了几倍。

按其成分和工艺特点，铝合金分为变形铝合金和铸造铝合金两种。

（1）变形铝合金　变形铝合金具有良好的塑性，可通过冲压、弯曲和挤压等加工方法获得所需零件。变形铝合金采用 4 位字符牌号命名，如 3A21、2A12 等。牌号的第一位数字是依据主要合金元素铜（Cu）、锰（Mn）、硅（Si）、镁（Mg）、镁 + 硅（Mg + Si）、锌（Zn）及其他元素的顺序来表示变形铝合金的组别。第二位数字或字母表示原始纯铝的改型情况，如果字母为 A，则表示原始纯铝；数字为 0 表示原始合金，字母 BY 或数字 1~9 表示原始合金的改型情况。牌号最后两位数字用以标识同一组中不同的铝合金，如 2A11 表示以铜为主要合金元素的变形铝合金。

根据主要性能特点和用途，变形铝合金可分为防锈铝合金、硬铝合金、超硬铝合金和锻造铝合金。

变形铝合金在汽车中主要用于制造车门、行李舱等车身面板，保险杠，发动机舱盖，车轮的轮辐、轮毂罩、轮外饰罩，制动器总成的保护罩，消声罩，防抱死制动系统，换热器，车身构架，座位，车厢底板等结构件以及仪表板等装饰件，如图 1-2-17 所示。

图 1-2-17　铝制保险杠

常用变形铝合金材料的牌号、性能特点及用途见表 1-2-2。

表 1-2-2　常用变形铝合金材料的牌号、性能特点及用途

| 分　类 | 常用牌号 | 性能特点 | 用　途 |
|---|---|---|---|
| 防锈铝合金 | 3A21<br>5A05 | 塑性高、强度高、耐蚀性良好 | 适用于制造船舶零部件、航空燃料箱、输油管道等 |
| 硬铝合金 | 2A11 | 强度高、耐热性良好、耐蚀性差 | 适用于制造门窗、飞机蒙皮等 |
| 超硬铝合金 | 7A04 | 极高的强度（可达 600MPa），热处理强化效果明显，退火后具有良好的塑性 | 适用于制造飞机大梁、起落架、机翼接头等 |
| 锻造铝合金 | 2A50<br>2A70 | 良好的热塑性和锻造性，可进行热处理强化 | 适用于制造飞机和发动机中形状较复杂的零部件 |

（2）铸造铝合金 通过向纯铝中添加硅、铜、镁、锌等元素，从而获得具有良好的铸造性能、耐蚀性和耐热性的铝合金称为铸造铝合金。铸造铝合金在汽车上的使用量最多，占80%以上，包括重力铸造件、低压铸造件和特种铸造件。工业用铝合金材料中，铸造件占80%左右，锻造件占1%~3%，其余为加工材料。

根据所含合金元素的不同，铸造铝合金可分为铝硅系（Al-Si）、铝铜系（Al-Cu）、铝镁（Al-Mg）系和铝锌系（Al-Zn）4类。

铸造铝合金具有优良的铸造性能，可根据使用目的、零件形状、尺寸精度、数量、质量标准、力学性能等各方面的要求和经济效益选择适宜的合金和合适的铸造方法。其中，铸造铝合金主要用于铸造发动机气缸体、离合器壳体、后桥壳、转向器壳体、变速器、配气机构、机油泵、水泵、摇臂盖、车轮、发动机框架、油缸及制动盘等非发动机构件，如图1-2-18所示。

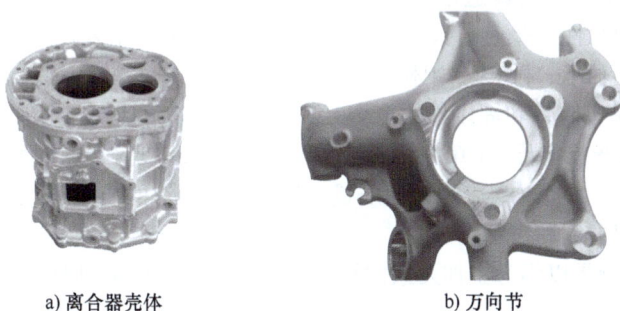

a) 离合器壳体　　　　　　　　　　b) 万向节

**图 1-2-18 汽车铸造铝合金零件**

常用铸造铝合金材料的牌号、性能特点及用途见表1-2-3。

**表 1-2-3 常用铸造铝合金材料的牌号、性能特点及用途**

| 分 类 | 常用牌号 | 性能特点 | 用 途 |
|---|---|---|---|
| 铝硅（Al-Si）合金 | ZL101 | 铸造性能和耐磨性良好、热胀系数小，使用量最大 | 适用于制造结构件，如发动机壳体、气缸体等 |
| 铝铜（Al-Cu）合金 | ZL201 | 强度高、铸造性能良好 | 适用于制造承受大载荷和形状不复杂的砂型铸件 |
| 铝镁（Al-Mg）合金 | ZL301 | 耐蚀性、综合力学性能良好 | 适用于制造雷达底座、飞机起落架、螺旋桨等 |
| 铝锌（Al-Zn）合金 | ZL401 | 强度较高、尺寸稳定 | 适用于制造模型、发动机零配件、设备支架等 |

## 二、铜及铜合金

### 1. 纯铜

铜是人类最早认识并使用的金属材料之一，我国早在约六千年前就开始使用铜制品。纯铜为紫红色，由于在空气中表面容易形成一层紫色的氧化膜，故纯铜又称为紫铜。

纯铜具有很好的导电性和导热性，塑性极好，易于热压和冷压力加工，大量用于制造导线、电缆、电刷、电火花专用蚀电蚀铜等要求导电性良好的产品。

纯铜的牌号用汉语拼音首字母"T"加顺序号表示，分为T1、T2、T3。其中，编号越大，表示纯度越低，杂质含量越高。

### 2. 铜合金

通过向纯铜中加入锌、铅、锡、铝、铍等元素即可得到各种性能优越的铜合金。根据所加入合金元素的不同，铜合金可分为黄铜、青铜和白铜3类。

（1）黄铜　黄铜是以锌为主要合金元素的铜合金。黄铜按化学成分可分为普通黄铜和特殊黄铜。

1）普通黄铜。普通黄铜是由铜和锌组成的合金。普通黄铜的牌号以 H＋数字表示，H 表示黄铜的汉语拼音首字母，数字表示铜的含量。

2）特殊黄铜。在普通黄铜的基础上加入合金元素即可得到特殊黄铜，常加的合金元素有铅（Pb）、锡（Sn）等，通常根据加入的元素名称相应地称为铅黄铜、锡黄铜等。

压力加工特殊黄铜的牌号为：H（黄）＋主加元素符号（Zn 除外）＋铜平均百分含量＋主加元素平均百分含量，如 HPb54-1 表示铜的质量分数约为 59％，铅的质量分数约为 1％，其余为锌的压力加工铅黄铜。铸造黄铜的代号用 Z 表示铸造，如 ZHPb54-1 表示铜的质量分数约为 59％，铅的质量分数约为 1％，其余为锌的铸造铅黄铜。

特殊黄铜强度、耐蚀性比普通黄铜好，铸造性能得到改善，主要用于船舶及化工零件，如冷凝管、齿轮、螺旋桨、轴承、衬套及阀体等。

（2）青铜　青铜是以除锌和镍以外的合金元素为主加元素的铜合金，青铜的牌号表示方法为"Q"（"青"的汉语拼音首字母）＋第一主合金元素的符号及平均含量（质量分数）＋其他合金元素的含量（质量分数），如 QSn43 表示锡的质量分数为 4％、锌的质量分数为 3％的加工青铜。常用的青铜有锡青铜、铝青铜和铍青铜等。

1）锡青铜。锡青铜是以锡为主加元素的铜合金，具有良好的耐蚀性。常用的牌号有 QSn4-3、QSn6.5-0.4、ZCSn10Pb1 等。

2）铝青铜。铝青铜是以铝为主要合金元素的铜合金，强度、硬度、耐磨性、耐热性及耐蚀性均高于黄铜和锡青铜，有良好的铸造性，但焊接性能差。铝青铜常用的牌号有 QAl5、QAl7、ZCuAl8Mn13Fe3Ni2 等。

3）铍青铜。铍青铜是以铍为主加元素的铜合金，具有高的强度、弹性极限、耐磨性、耐蚀性，以及良好的导电性、导热性、冷热加工及铸造性能，但价格较贵。铍青铜常用的牌号有 QBe2、QBe1.7、QBe1.9 等。

（3）白铜　白铜是以镍为主要添加元素的铜基合金，呈银白色，有金属光泽，故称为白铜。

汽车上常见的铜制品零件如图 1-2-19 所示。

a）铜制管路　　　　　　b）散热器　　　　　　c）蓄电池铜接头

图 1-2-19　汽车上常见的铜制品零件

### 三、滑动轴承合金

用来制造滑动轴承中的轴瓦及其内衬的合金称为轴承合金。轴瓦可直接用耐磨合金制成，也可在钢表面浇注（或轧制）一层耐磨合金形成复合的轴瓦。

常用的轴承合金有锡基、铅基、铝基和铜基等。

#### 1. 锡基轴承合金

锡基轴承合金（Sn-Sb-Cu 系合金）是以锡（Sn）为主并加入少量锑（Sb）、铜（Cu）等元素组成的合金，熔点较低，是软基体硬质点组织类型的轴承合金，也称为锡基巴氏合金。其编号方法是"ZCh＋基本元素＋主加元素＋主加元素含量＋辅助加入元素含量"，其中 Z 和 Ch 分别是"铸"和"承"字汉语拼音首字母和第一个音节。例如，ZChSnSb11-6 表示锑的质量分数约为 11%（主加元素）、铜的质量分数约为 6%（辅加元素）的锡基铸造合金。

锡基轴承合金具有较高的耐磨性、导热性、耐蚀性和嵌藏性，摩擦系数和热膨胀系数小，但疲劳强度较差，故常用于工作温度不超过 150℃、较重要的轴承，如汽车发动机、汽轮机等高速轴承。

### 2. 铅基轴承合金

铅基轴承合金（Pb-Sb-Sn-Cu 系合金）是以铅为主，加入少量的锑、锡、铜等元素的合金，又称为铅基巴氏合金。铅基轴承合金的编号方法与锡基轴承合金相同。

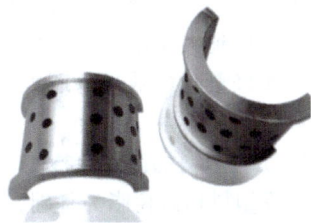

铅基轴承合金的强度、硬度、耐蚀性和导热性都不如锡基轴承合金，但其成本低，高温强度好，有自润滑性，故铅基轴承合金常用于低速、低载条件下工作的场合，如汽车、拖拉机曲轴的轴承等。图 1-2-20 所示为曲轴翻边轴瓦。

### 3. 铝基轴承合金

铝基轴承合金是以铝为基体加入锑和锡等元素所组成的合金，具有密度小、导热性和耐蚀性好、疲劳强度高等优点，而且原料丰富，价格便宜，广泛应用于高速和重载下工

**图 1-2-20　曲轴翻边轴瓦**

作的汽车、拖拉机及柴油机轴承等。常用的铝基轴承合金有铝锑镁轴承合金和铝锡轴承合金两类。

### 4. 铜基轴承合金

铜基轴承合金是以铜为基础，加入适量的铅、锡、锌、磷和锰元素组成的轴承合金。其特点是摩擦系数较小，润滑作用较好，抗压强度和硬度都很高，适用于高速、重载和高温条件下工作的零部件。

## 四、镁合金和钛合金

随着压铸技术的进步，已可以制造出形状复杂的薄壁镁合金车身零件，如前、后挡板、仪表盘和转向盘等。如图 1-2-21a 所示的镁合金轮毂，与钢质汽车轮毂相比，重量约为钢的 1/3，这意味着采用相同体积的镁合金轮毂将比钢质轮毂轻 2/3。

钛的密度仅是铁的 1/2，但强度和硬度超过了钢，且不易生锈。用钛合金铸造的汽车发动机部件更轻、更坚固和更耐腐蚀；钛合金制造的车身可以承受更大的作用力。图 1-2-21b 所示为钛合金气门。

a) 镁合金轮毂　　　　b) 钛合金气门

**图 1-2-21　镁合金和钛合金的应用**

## 课题三  非金属材料

汽车工业的发展趋势是朝着节能环保的大方向发展，而实现这个目标的途径主要就是新能源的应用和减轻车身重量这两个方向。根据专业机构研究所得，轿车重量每减轻10%，燃油消耗可减少6%，既实现了节能，又减少了排放，最终达到环保的目标。因此，越来越多的非金属材料在汽车上得到了应用。非金属材料在汽车中的应用主要有工程塑料、合成橡胶、工业陶瓷和复合材料。

### 一、工程塑料

塑料是一种高分子材料，其在汽车中的应用发展很快，从机械、热应力较小的内饰件和小机件，发展到大型结构件，如车身、车架悬挂弹簧等。用塑料取代金属制造汽车配件可以直接实现汽车轻量化的效果，还可以改善汽车的某些性能，如防腐、防锈蚀、减振、抑制噪声和耐磨等。

#### 1. 工程塑料的组成和特性

工程塑料是以树脂为基础，加入其他添加剂，在一定的温度与压力下制成的非金属材料。树脂是主要成分，是一种高分子化合物，起到黏结剂的作用；添加剂起到改善塑料的性能、防止老化、延长和稳定塑料使用寿命的作用。工程塑料具有重量轻、比强度高、吸水率低、耐蚀性好、成型工艺简单、加工性能好、生产率高的特性。

#### 2. 工程塑料的分类

工程塑料用于汽车实现轻量化和节能。常用的工程塑料分为热塑性塑料和热固性塑料两种。

（1）热塑性塑料  塑料受热软化，冷却后变硬，再加热又软化，冷却后又变硬，可多次重复。这类塑料具有较好的力学性能，但耐热性和刚性较差。常用的热塑性塑料有聚乙烯、聚氯乙烯、聚丙烯、ASS等。

（2）热固性塑料  加热时软化、可塑造成型，固化后的塑料不溶于溶剂，受热后不再软化，只能塑制一次。这类塑料具有较好的耐热性，但力学性能较差。常用的热固性塑料有环氧塑料和酚醛塑料等。

#### 3. 汽车常用工程塑料

汽车上应用工程塑料的地方非常广泛，如图1-2-22所示。

（1）外部饰件  汽车工程塑料应用的外部饰件有保险杠、挡泥板、散热器隔栅、导流板、车镜、轮毂盖等，如图1-2-23所示。

图1-2-22  工程塑料在汽车上的应用

（2）内部饰件  汽车工程塑料应用的内部饰件有仪表板、门板、座椅、立柱、转向盘、杂物箱、密封件等，如图1-2-24所示。

（3）电气部件  汽车工程塑料应用的电气部件有冷却风扇、风扇罩、空调滤清器和暖风壳，如图1-2-25所示。

（4）燃料系统  汽车工程塑料应用的燃料系统包括储油器、蓄电池外壳、燃油管和燃油箱，如图1-2-26所示。

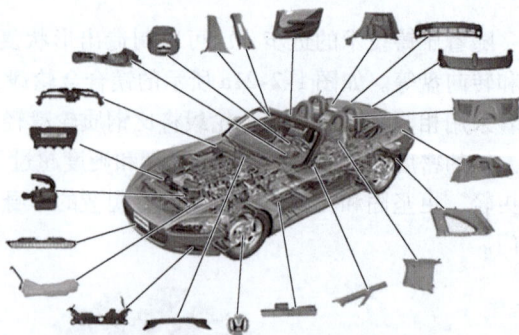

**图1-2-23　汽车外部饰件**

**图1-2-24　汽车内部饰件**

**图1-2-25　汽车电气部件**

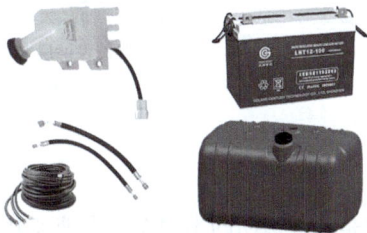

**图1-2-26　汽车燃料系统**

## 二、橡胶

橡胶是一种有机高分子弹性化合物，具有高弹性、耐油、耐腐蚀、耐热寒、耐老化和耐辐射等特点。汽车橡胶制品主要分布在汽车车身、传动、转向、悬架、制动和电气仪表系统内。一辆轿车的橡胶件约占轿车整体质量的 4%～5%。轮胎是汽车的主要橡胶件，其次有各种橡胶软管、密封件、传动带和减振件等约 300 件，如图1-2-27 所示。

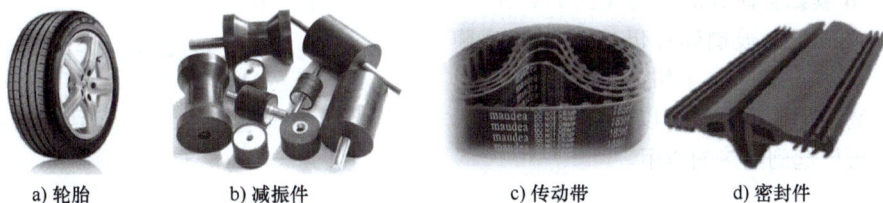

a) 轮胎　　　　b) 减振件　　　　c) 传动带　　　　d) 密封件

**图1-2-27　汽车上橡胶的应用**

### 1. 橡胶的组成和特性

橡胶是一种高分子材料，是以生胶为基础加入适量的配合剂制成的。生胶的来源为天然橡胶或合成橡胶。配合剂的作用是改善橡胶制品的性能，有硫化剂、软化剂等。

橡胶具有弹性大的特点，最高伸长率可达 1000%，且外力去除后能迅速恢复原状，同时具有吸振能力强，耐磨性、隔声性、绝缘性好，可积储能量，有一定的耐蚀性和足够的强度等优点。橡胶的主要缺点是易于老化，老化后橡胶会丧失弹性、变硬、变脆、发黏甚至龟裂。使用或存放周期过长时，光照、高温等因素均会加快橡胶老化。

### 2. 汽车常用橡胶

在机械和汽车工业中，橡胶是常用的轮胎材料、密封材料、减振防振材料（汽车底盘橡胶弹簧）和传动材料（V 带）。

汽车轮胎是汽车上橡胶用量最大的零件,如图 1-2-28 所示。日前,轿车轮胎用的生胶以合成橡胶为主,而载重轮胎用的生胶以天然橡胶为主。

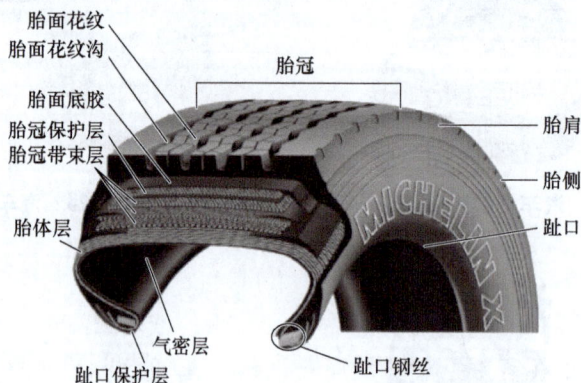

图 1-2-28　汽车轮胎及其结构

### 三、玻璃

玻璃是一种透明的半固态、半液态物质,在熔融时形成连续网络结构,冷却过程中黏度逐渐增大并硬化成不结晶的硅酸盐类非金属材料。

汽车玻璃是汽车车身中必不可少的附件,主要起到隔声、保温和防护的作用。汽车玻璃按所在的位置可分为前风窗玻璃、侧窗玻璃、后风窗玻璃和天窗玻璃等,如图 1-2-29 所示。汽车玻璃主要分为钢化玻璃、区域钢化玻璃和夹层玻璃等。

前风窗玻璃国家强制规定的必须是夹层玻璃。夹层玻璃是由两层或两层以上的玻璃用一层或数层透明的 PVB 膜黏合而成的玻璃(图 1-2-30a)。当夹层玻璃破碎后,玻璃碎片仍然黏在 PVB 膜上不脱落(图 1-2-30b),不伤人、具有安全性,

图 1-2-29　玻璃在汽车上的应用

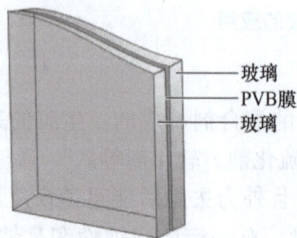

此外在加入高阻尼隔声材料可以一定范围内吸收令人最不舒服的噪声,从而起到降噪隔声功能,一定程度上可以起到隔热的作用。

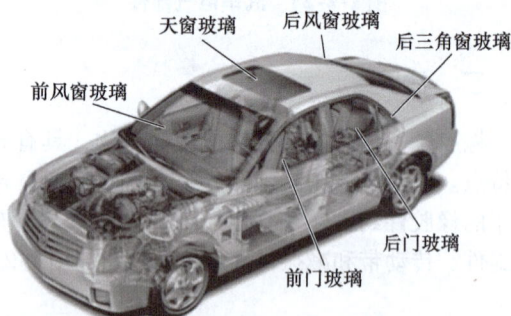

a) 结构图　　　　　　　b) 夹层玻璃破碎图

图 1-2-30　夹层玻璃

轿车后风窗玻璃、车门上的玻璃采用钢化玻璃制成,钢化玻璃的耐冲击能力是普通平板玻璃的 6~9 倍,能耐上百度的高温,而且一旦碎裂,其碎片呈蜂窝状的小块,不易伤人,有较好的安

全性，如图 1-2-31 所示。

a) 后窗钢化玻璃　　　　　　b) 钢化玻璃破裂

图 1-2-31　钢化玻璃

### 四、陶瓷材料

陶瓷是以天然或人工合成的各种化合物为基本原料，通过对原料进行处理、成形、干燥、高温烧结而成的一种无机非金属固体材料。

以氮化硅、氧化铝和二氧化锆为主要成分的陶瓷材料，用于制造挺杆、气门、轴承和摇臂等汽车零件，能充分发挥其强度高、耐热性、耐磨性、耐蚀性等优良特性。

特种陶瓷在汽车减振器、制动器上也有应用，如图 1-2-32 所示。陶瓷薄膜喷涂技术开始应用于汽车上，这种技术的优点是隔热效果好、能承受高温和高压、工艺成熟、质量稳定。为达到降低散热的目标，可对发动机燃烧室部件进行陶瓷喷涂。例如，活塞顶和气缸套可以喷氧化锆等。

a) 陶瓷制动片　　b) 陶瓷气缸套　　c) 陶瓷火花塞　　d) 陶瓷柱塞

图 1-2-32　陶瓷在汽车上的应用

### 五、复合材料

复合材料是由两种或两种以上不同化学性质或不同组织结构的材料组合而成的。

由于复合材料具有特殊的振动阻尼特性，可减振和减小噪声，而且抗疲劳性能好，损伤后易修理，便于整体成形，故可用于制造汽车车身、受力构件、传动轴、发动机架及其内部构件。目前，玻璃纤维增强树脂复合材料和碳纤维增强树脂复合材料在汽车上已有诸多应用。例如采用玻璃纤维增强树脂复合材料来制造轿车车身覆盖件、客车前后围覆盖件和货车驾驶室等零部件，碳纤维材料制作后视镜壳、内饰门板、门把手、变速杆、赛车座椅、空气套件等，如图 1-2-33 所示。

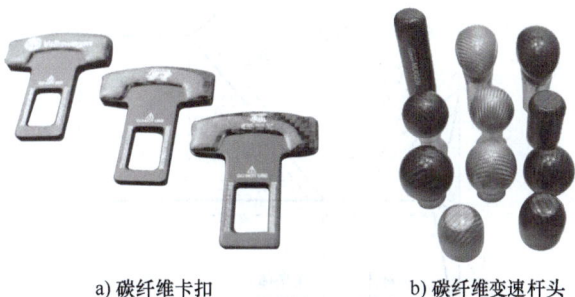

a) 碳纤维卡扣　　　　　b) 碳纤维变速杆头

图 1-2-33　碳纤维在汽车上的应用

# 单元三　金属材料的热处理

## 学习目标

**1. 知识目标**

1）了解钢热处理的定义、分类及应用范围。

2）掌握钢铁材料常用的热处理工艺方法。

3）了解钢热处理的目的。

**2. 能力目标**

能解释汽车典型零件的热处理。

汽车零件是组成汽车的重要部分，在汽车零件中大部分属于钢铁材料，钢材的热处理是提升钢铁材料性能的主要途径。例如，汽车后桥的主动齿轮未经热处理的使用寿命仅为 1500h，而经过热处理后能达到 6000h。

## 课题一　金属材料热处理概述

热处理指金属材料在固态下，采用适当的方式加热到一定温度，在此温度保持一定时间，用合适的冷却介质冷却到室温的过程。通过热处理可以改变材料的内部金相组织和结构（图 1-3-1），以获得所需要的性能。

钢在热处理过程中可分为加热、保温和冷却 3 个阶段，如图 1-3-2 所示。由于加热温度、保温时间和冷却速度的不同，将使钢产生不同的组织转变。

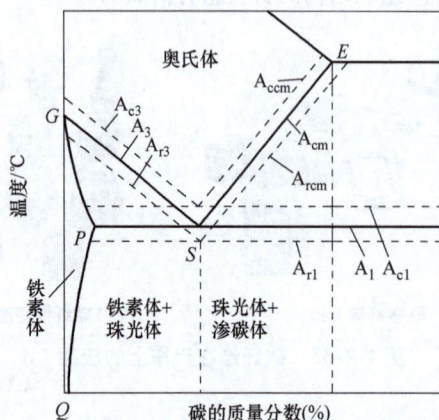

图 1-3-1　钢在加热和冷却时组织转变的临界温度

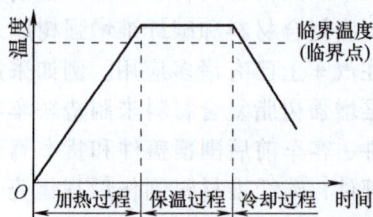

图 1-3-2　热处理工艺曲线

　　热处理的种类很多，根据热处理的目的和工艺方法不同，热处理可分为整体热处理和表面热处理；根据工序位置的不同，热处理可分为预备热处理和最终热处理。其中，预备热处理是在零件加工过程中进行的，目的在于改善铸造、锻造或焊接毛坯件的内部组织，消除内部应力，为后续机械加工或进一步的热处理做准备；最终热处理是在零件完成机械加工后进行的，目的在于获得零件所需的力学性能。

## 课题二　钢的整体热处理

　　钢的整体热处理是指对钢件整体进行加热，经保温后以一定方法冷却，以改变钢件的内部组织和整体力学性能的热处理工艺方法。钢的整体热处理工艺包括退火、正火、淬火和回火等。

### 一、退火

　　退火是将钢件加热到适当的温度，经过一定时间的保温后，缓慢冷却（一般为随炉冷却），以使内部组织均匀化，从而获得预期力学性能的热处理工艺。

　　退火的目的主要如下：

　　1）降低材料的强度和硬度，提高塑性，改善钢的成形和切削加工性能。

　　2）减小材料内部组织的不均匀性，细化晶粒，消除内部应力，提高尺寸稳定性。

　　3）为后续的热处理做好组织准备。

　　不同成分的钢件在退火时所需的加热温度和冷却方式各不相同，通常可将退火分为完全退火、等温退火、球化退火、均匀退火和去应力退火，如图1-3-3所示。

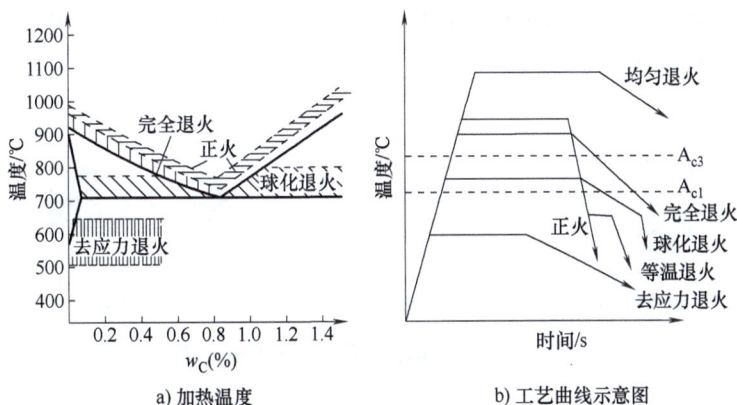

a) 加热温度　　　　　　　b) 工艺曲线示意图

**图1-3-3　几种退火方式的工艺曲线**

　　几种退火方式的处理方法、特点及应用范围见表1-3-1。

**表1-3-1　几种退火方式的处理方法、特点及应用范围**

| 类　别 | 处　理　方　法 | 特　　点 | 应　用　范　围 |
|---|---|---|---|
| 完全退火 | 将钢件加热到 $A_{c3}$ 以上 30～50℃，保温一段时间后，随炉冷却或将钢件埋入沙、石灰中，待冷却至500℃时取出空冷 | 降低钢件硬度，使组织均匀化，充分消除内部应力，为后续机械加工做好组织准备 | 适用于亚共析钢和合金钢的铸件、锻件和焊件等 |
| 等温退火 | 与完全退火的加热温度相同，先快速冷却到 $A_{c1}$ 以下的某一温度保温，待奥氏体转变为珠光体后出炉空冷 | 细化组织和降低硬度，获得的组织比完全退火更均匀 | 适用于中碳合金钢和低合金钢 |

（续）

| 类　别 | 处理方法 | 特　点 | 应用范围 |
|---|---|---|---|
| 球化退火 | 将钢件加热到 $A_{c1}$ 以上 10～30℃，保温一段时间后，随炉冷却至600℃后取出空冷 | 使钢件中碳化物球状化，以改善切削加工性能，减小后续淬火时工件的变形和开裂 | 适用于碳素工具钢、合金工具钢及轴承钢等，为后续淬火准备合适的组织 |
| 均匀退火 | 将钢件加热到 $A_{c3}$ 以上 150～200℃，保温 10～15h 后缓慢冷却 | 消除钢件内部化学成分的偏析和组织的不均匀性 | 适用于合金钢的大型铸件或锻件 |
| 去应力退火 | 将钢件加热到 $A_{c1}$ 以下 100～200℃，保温一段时间后，随炉冷却至250℃左右后取出空冷 | 用于消除上一步加工工序产生的残余应力，以减小变形，发生组织改变但不发生相变 | 主要用于锻造、铸造等毛坯去应力处理，为后续冷热加工做准备 |

## 二、正火

正火是将钢件加热到 $A_{c3}$（对于亚共析钢）或 $A_{c1}$（对于过共析钢）以上 30～50℃，经过一段时间保温后，在空气中冷却，以得到珠光体组织的热处理工艺。由于正火比退火的加热温度略高，冷却速度也较快，故正火后钢件的强度和硬度较高。

正火的目的主要如下：

1）提高低碳钢、低碳合金钢的硬度，改善切削加工性能。

2）细化晶粒和均匀组织，消除缺陷，为后续热处理工艺做好组织准备。

3）提高强度、硬度和韧性，可作为对力学性能要求不高的机械零部件的最终热处理。

汽车上的很多零件常采用锻造或铸造的毛坯，如图 1-3-4 所示。为了调整毛坯切削加工性能，消除毛坯内应力，通常采用正火或退火作为预先热处理。

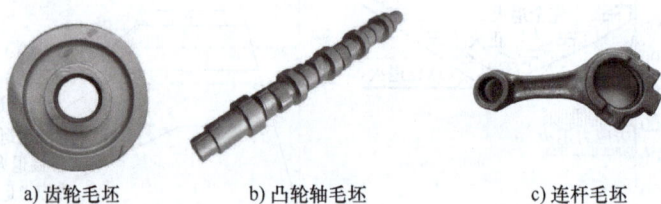

a) 齿轮毛坯　　　　　b) 凸轮轴毛坯　　　　　c) 连杆毛坯

图 1-3-4　汽车零件毛坯的预先热处理

## 三、淬火

### 1. 钢的淬火工艺

淬火是将钢件加热到 $A_{c3}$（对于亚共析钢）或 $A_{c1}$（对于过共析钢）以上 30～50℃，经过一定时间的保温后，在某种介质中快速冷却，获得马氏体或贝氏体组织的热处理工艺。

钢件进行淬火时所使用的冷却介质称为淬火介质。按照冷却能力从高到低的顺序，常用的淬火介质包括水及水溶液、各种矿物油、硝盐浴、碱浴及空气等。通常情况下，对钢件进行淬火时，在较高温度区间内，需要快速冷却，以获得较高的硬度；在较低的温度区间内，应缓慢冷却，以防止钢件开裂和变形。

淬火的目的是提高工件的硬度和耐磨，经过回火处理的淬火工件可得到良好的综合力学性能、较好的韧性和塑性。

## 2. 淬火方法

选择适当的淬火方法同选择介质一样，可以保证在获得所要求的淬火组织和性能的前提下，尽量减小淬火应力，避免零件的变形和开裂倾向。各种淬火方法的冷却曲线示意图如图 1-3-5 所示。

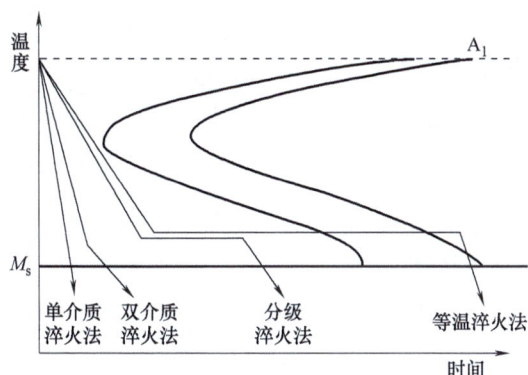

图 1-3-5　各种淬火方法的冷却曲线示意图

各种淬火方法的工艺特点及应用范围见表 1-3-2。

表 1-3-2　各种淬火方法的工艺特点及应用范围

| 类　　别 | 处理方法 | 工艺特点 | 应用范围 |
|---|---|---|---|
| 单介质淬火 | 将加热保温后的钢件直接放入一种介质中连续冷却。一般非合金钢采用水作为淬火介质，碳钢采用油作为淬火介质 | 操作简单，易于实现机械化；但在水中冷却时，容易造成钢件变形和开裂；在油中冷却时，难以达到所要求的硬度或硬度分布不均匀 | 适用于形状简单、尺寸较小的钢件 |
| 双介质淬火 | 先将加热保温后的钢件放入冷却能力强的介质中冷却，在钢件内部组织未向马氏体转变前将其取出，放入冷却能力弱的介质中冷却，如水＋油、油＋空气等 | 能综合两种淬火介质的优点，高温时快速冷却可以获得较高的组织硬度，低温时缓慢冷却可以减少钢件的变形和开裂；但钢件在第一种介质中的冷却时间难以掌握，操作技术要求较高 | 适用于形状复杂的高碳钢件或大型合金钢件 |
| 分级淬火 | 将加热保温后的钢件先放入接近马氏体转变温度的介质中冷却，如硝盐浴、碱浴，短时间停留后取出空冷 | 能够减小钢件内部应力，显著减少变形和开裂 | 适用于形状复杂、截面尺寸小、精度要求高的非合金钢件及碳素钢件 |
| 等温淬火 | 将加热保温后的钢件快速冷却至贝氏体转变所需温度区间（260～400℃），然后等温保持，以获得贝氏体组织 | 能够有效提高其强度和硬度，并具有良好的韧性和耐磨性；但生产周期长，效率低 | 适用于各种形状复杂、尺寸精度要求高，并要求具有良好综合力学性能的重要零件 |

## 3. 钢的淬透性

淬透性是指钢在淬火时所能得到的淬硬层深度。影响钢性能的因素主要是临界冷却速度 $v_c$ 的大小。$v_c$ 越小，钢的淬透性越大。影响临界冷却速度 $v_c$ 的因素有钢的碳含量、合金元素及钢中的未溶物质等。此外，工件的截面尺寸和淬火的冷却速度也会影响钢的淬硬层深度。对于截面承载均匀的重要工件，要全部淬透，如汽车的高强螺栓、发动机连杆、模具等；对于承受弯曲和扭转的零件可不必淬透（淬硬层深度一般为径的 1/3 ~ 1/2），如汽车的轴类、齿轮等，如图 1-3-6 所示。

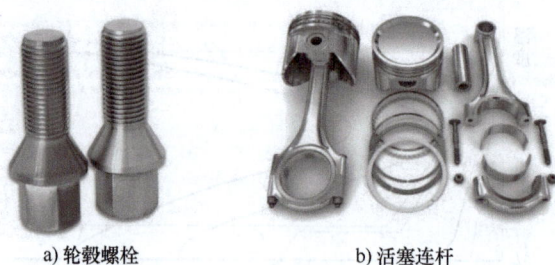

a) 轮毂螺栓                    b) 活塞连杆

**图 1-3-6　汽车典型零件的淬透性**

## 四、回火

回火是将淬火后的钢件重新加热到 $A_1$ 以下某个温度，保温一定时间后冷却至室温的热处理工艺。回火通常作为钢件的最终热处理工艺，在工业生产中应用十分广泛。

钢件经淬火后，内部存在着马氏体、贝氏体及残留奥氏体等不稳定组织，随着时间的推移很容易发生组织转变，因此一般需要马上进行回火。

回火具有以下方面的目的：

1）提高组织稳定性，避免钢件在使用过程中发生组织转变，从而造成开裂和变形。

2）消除内部应力，以稳定钢件几何尺寸并改善切削加工性能。

3）适当降低钢件硬度和强度，提高韧性和塑性，以获得良好的综合力学性能。

回火的温度越高，获得的钢件硬度、强度越低，塑性和韧性越高。按回火的目的不同，回火的温度也有所不同，回火分为低温回火、中温回火和高温回火。回火方法工艺特点及应用范围见表 1-3-3。

**表 1-3-3　回火方法工艺特点及应用范围**

| 类　别 | 保温温度 | 工艺特点 | 应用范围 |
|---|---|---|---|
| 低温回火 | 150 ~ 250℃ | 获得的组织为回火马氏体，硬度为 58 ~ 64 HRC；能够减小淬火时产生的内应力，降低钢件脆性，获得较高的硬度和耐磨性，并保持一定的韧性 | 适用于处理各种要求高硬度、高耐磨性的工件，如各种刀具、量具、模具、滚动轴承等 |
| 中温回火 | 350 ~ 500℃ | 获得的组织为回火托氏体，硬度为 58 ~ 64 HRC；钢件具有较高的弹性和一定的韧性 | 适用于处理各种弹性零件和热锻模具，如汽车板簧、弹簧钢丝等 |
| 高温回火 | 500 ~ 650℃ | 获得的组织为回火索氏体，硬度为 25 ~ 35 HRC；能够使钢件具有较高的强度、良好的塑性和韧性，提高钢件的综合力学性能 | 适用于各种重要的受力零部件，如传动轴、连杆、齿轮、丝杠等 |

习惯上将淬火加高温回火复合的热处理工艺称为调质处理。调质处理可使钢件获得良好的综合力学性能，在具有较高强度和硬度的同时保持一定的韧性和塑性。调质处理通常应用于汽车的各类轴、发动机连杆、螺栓、齿轮和重要拉杆等。

## 课题三　钢的表面热处理

表面热处理是指仅对钢件的表面进行热处理,以改变表层组织结构和力学性能的热处理工艺。工业技术的飞速发展,对机械零件提出了各种各样的要求,如发动机中的曲轴和传动齿轮(图1-3-7),一方面要求轴面和齿轮硬度高、耐磨性好,另一方面要求能够承受很大的冲击载荷和传递很大的转矩。这类零件表面和心部的要求不同,仅采用一种材料且经过一种的处理是很难实现的。表面热处理可以很好地满足这种零件"表里不一"的性能要求。

a) 曲轴　　　　　　　　　　　　b) 传动齿轮

**图1-3-7　汽车表面热处理的零件**

根据工艺方法和原理的不同,表面热处理可分为表面淬火和化学处理两大类。其中,表面淬火主要通过钢件表面进行快速加热和冷却,使钢件表面获得马氏体组织,提高表面硬度和耐磨性;化学热处理通过改变钢件表层的化学成分,从而改变表层组织并提高其力学性能。

### 一、表面淬火

仅对钢件表面进行淬火而不改变其组成成分的热处理工艺称为表面淬火。表面淬火需要对钢件表面进行快速加热,并在表层热量未传到心部之前进行快速冷却,从而使表层获得很高的硬度和耐磨性,同时心部保持良好的韧性和塑性。

#### 1. 火焰加热表面淬火

火焰加热表面淬火是利用乙炔等可燃气体剧烈燃烧时产生的热量加热钢件表面,然后喷水使其快速冷却,以获得表面硬化效果的热处理工艺。

图1-3-8所示为火焰加热表面淬火的原理示意图,其主要依靠改变火焰喷嘴与钢件间的距离来控制淬硬层深度,距离越近、速度越慢,则硬层深度越深,其一般为2~8mm。火焰加热表面淬火容易造成钢件表面加热不均,影响淬火质量,同时由于加热时间难以把握,获得的淬硬层深度难以统一,但加热设备简单,容易操作,成本低廉,故适用于单件、小批量工件的处理。

#### 2. 感应加热表面淬火

图1-3-9所示为感应表面加热淬火的原理示意图。将钢件置于加热线圈中,当加热线圈内通入交流电时,所产生的交变磁场会在钢件内部产生巨大的感应电流。其中,钢件表面的电流密度最大,心部的电流密度最小,几乎为零。感应电流的这种分布现象称为"趋肤效应"。由于钢件具有电阻,因此钢件表面迅速加热升温,在几秒钟内即可达到800~1000℃,而心部温度变化较小。加热后迅速向钢件表面喷水冷却即可完成表面淬火。

感应加热表面淬火时,钢件表层无氧化及变形现象,淬火质量好,且淬硬层深度可控,同时加热速度快、时间短,易于实现机械化和自动化;但加热设备结构复杂、成本昂贵。

汽车零件中传递动力转矩的轴类零件,如曲轴、半轴、花键轴、传动轴、凸轮轴以及各种销轴类零件一般都需要感应淬火。

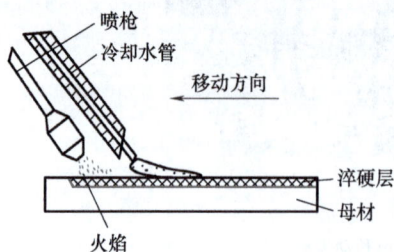

图 1-3-8　火焰加热表面淬火的原理示意图

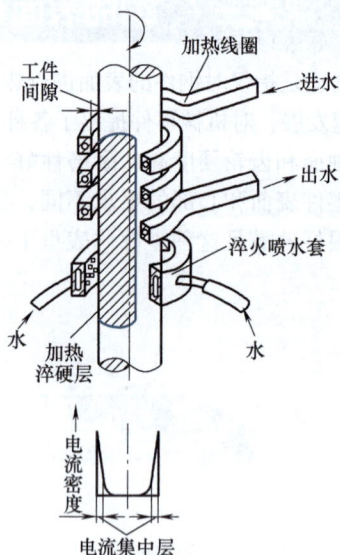

图 1-3-9　感应表面加热淬火的原理示意图

## 二、化学热处理

将钢件置于一定的介质中，通过加热、保温和冷却使介质中的一种或几种元素渗入钢件表面，以改变表层的化学成分和组织，从而使钢件表层和心部具有不同的性能的热处理工艺称为化学热处理。化学热处理是通过改变钢件的化学组成成分来改变其组织和性能的。

### 1. 渗碳

钢的渗碳是指向低碳钢或低碳合金钢工件表面渗入碳原子，以提高表层含碳量，使钢件表面具有高硬度和耐磨性，而心部仍保持良好韧性的表面热处理工艺。

图 1-3-10 所示为气体渗碳的原理示意图。将待渗碳工件放入密封的加热炉中，加热到临界温度（通常为 900 ~ 930℃），按一定流量滴入液体渗碳剂（如煤油、苯、甲醛、丙酮等），渗碳剂在高温下发生分解反应，提供大量活性炭原子，吸附在工件表面并逐步向工件内部扩散，从而完成渗碳过程。多余的气体燃烧后排出。

渗碳适用于工作在磨损情况下，且需承受冲击载荷、交变载荷的低碳钢、低合金钢工件，如汽车变速器中的变速齿轮、机床的传动齿轮和主轴等。零件渗碳后一般需要经过淬火 + 低温回火处理，以达到提高表面硬度和耐磨性的目的。

除气体渗碳外，还有固体渗碳和液体渗碳。

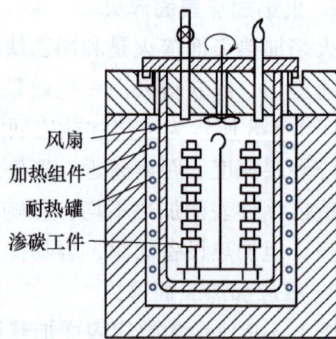

图 1-3-10　气体渗碳的原理示意图

### 2. 渗氮

渗氮又称为氮化，是将氮原子渗入钢件表面，以提高其硬度、耐磨性、疲劳强度和耐蚀性的一种化学热处理方法。

目前应用较广的是气体渗氮法：将工件放在专用炉内，加热到 500 ~ 600℃，同时通入 $NH_3$，在 450℃ 时，$NH_3$ 将分解出活性氮原子并扩散渗入钢件表层形成氮化层。影响氮化效果的因素有温度和时间，可以通过渗氮的时间来控制渗氮层厚度。

氮化处理的缺点是时间长（70h 左右）、成本高，常用于高精度、小冲击又需要抗磨能力的合金钢工件。

### 3. 碳氮共渗

碳氮共渗俗称为氰化，是在一定温度下将碳和氮同时渗入钢件表面的化学处理方法。碳氮共渗既具有渗碳的淬硬深度，又能获得渗氮的高硬度，因此能有效提高零件的硬度、耐磨性和疲劳强度。

# 模块二　汽车常用构件的受力与变形

## 单元一　工程构件的静力分析

### 学习目标

**1. 知识目标**

1）理解静力学的基本概念，掌握静力学公理、约束和约束反力。

2）掌握受力图画法，理解力在直角坐标轴上的投影和合力投影定理。

3）掌握平面汇交力系平衡方程、合力矩定理、力偶系的合成与平衡。

4）理解力的平移定理及平面一般力系的简化与平衡条件。

**2. 能力目标**

1）能绘制简单物体的受力图。

2）能对简单零件所受的矩进行分析。

3）能计算零件受到的任意力系的大小及方向。

　　由各种零部件组成的汽车、机床及起重机等机械在工作时，都会受到复杂的外力作用。因此，对机械的设计、制造及使用大部分都是以力学理论为基础的。图 2-1-1a 所示车载起重机的最大起吊重量如何确定？图 2-1-1b 所示桥梁为什么要设置限重标记？这些问题都可以利用工程力学的知识进行解答。

a) 车载起重机

b) 桥梁限重

图 2-1-1　工程实际中的力学问题

## 课题一　静力学基础

### 一、静力学的基本概念

工程中各种构件的受力问题以静力学为基础。静力学主要研究物体在力的作用下保持平衡时的各种规律。

#### 1. 力的概念

力是物体与物体之间的相互机械作用。力的这种作用使物体的运动状态发生变化或使物体的形状发生变化。力使物体的运动状态发生变化，称为力的外效应（图2-1-2）；力使物体的形状发生变化，称为力的内效应（图2-1-3）。例如运动员踢足球，足球瞬时产生局部变形，并向前快速滚动，这就是作用力的结果。

图 2-1-2　力的外效应

图 2-1-3　力的内效应

#### 2. 平衡的概念

物体相对于惯性参考系（如地球）保持静止或做匀速直线运动的状态称为平衡。实际上，任何物体都处于不断运动之中，故运动是绝对的，平衡是相对的。

如图2-1-4所示，起重机在底盘上安装的若干条支撑腿的作用就是保证起吊重物时，车体保持静止的平衡状态。

#### 3. 刚体的概念

在力的作用下形状和尺寸都不发生改变的物体称为刚体。在工程实际中，刚体并不存在，所有物体在受力时都会发生一定的变形。因此，刚体是对物体进行抽象简化后的一种理想模型。在静力学中，若物体本身的变化不影响问题的研究，可将该物体简化为刚体来处理。

#### 4. 力的三要素及表示方法

（1）力的三要素　力对物体的作用效果取决于力的三要素，即力的大小、力的作用方向和力的作用点。如图2-1-5所示，人在推车时，推力的作用点在车厢尾部，作用方向水平向右。改变三要素中任意一个要素，力的作用效果都会发生改变。

（2）力的表示方法　力是有大小和方向的物理量，所以力是矢量。矢量一般由黑体字母表示，例如 $F$ 表示力。力通常用具有一定长度的有向线段来表示，如图2-1-6所示，线段的长度表示力的大小，线段箭头的指向表示力的作用方向（图中虚线方向所示），线段的端点或箭头顶点表示力的作用点（图中为 $B$ 点）。

图 2-1-4　起重机

图 2-1-5　推力作用

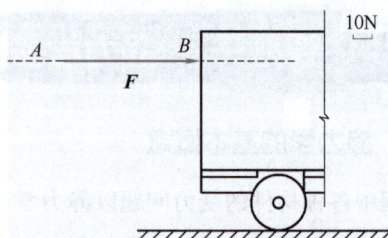

图 2-1-6　力的表示方法

**5. 力系**

作用于物体上的一组力称为力系。若物体在力系的作用下处于平衡状态，则这个力系称为平衡力系。力系平衡所满足的条件称为平衡条件。

## 二、力的基本性质

### 1. 作用力与反作用力定律

一个物体对另一个物体有作用力时，另一个物体对此物体必有一个反作用力，这两个力大小相等、方向相反、作用在同一条直线上，且分别作用在两个物体上。

这个定律概括了自然界物体间相互作用的关系，表明一切力都是成对出现的。

### 2. 二力平衡公理

刚体在两个力的作用下处于平衡状态的充分必要条件是：这两个力大小相等、方向相反、作用在同一条直线上，简称等值、反向、共线。

如图 2-1-7a 所示，刚体在 $F_1$ 和 $F_2$ 的作用下处于平衡状态，用公式表示为 $F_1 = -F_2$。需要注意的是，二力平衡公理只适用于刚体，对于变形体此条件只是必要条件，而不是充分条件。例如，对于绳子而言，在受到等值、反向、共线的一对拉力作用时，绳子处于平衡状态，如图 2-1-7b 所示；但当受到等值、反向、共线的一对压力作用时，绳子必将不能平衡。

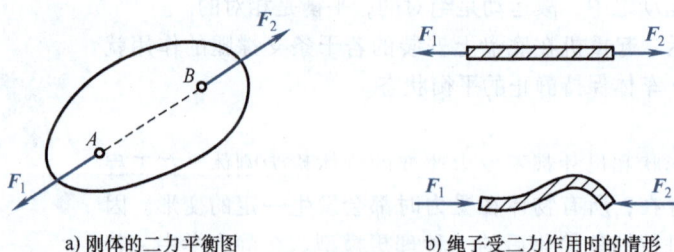

a) 刚体的二力平衡图　　　　　　　　b) 绳子受二力作用时的情形

图 2-1-7　二力平衡公理

只受二力作用而处于平衡状态的构件称为二力构件。工程中大部分二力构件都是杆件，因此又称为二力杆。二力杆的受力特点是两个力的作用线在两作用点的连线上。

### 3. 加减平衡力系公理

受已知力系作用的刚体上，加上或减去任意一个平衡力系，不会改变原力系对刚体的作用效应。

推论：力的可传性定理

力的可传性定理如图 2-1-8 所示，某刚体在 $A$ 点受力 $F$ 作用，在 $B$ 点加一对平衡力 $F_1$、$F_2$，且 $F_1 = F_2$，则 $F$ 与 $F_1$ 组成一对平衡力，将它们去掉后，刚体上只剩 $F_2$，推论得证。

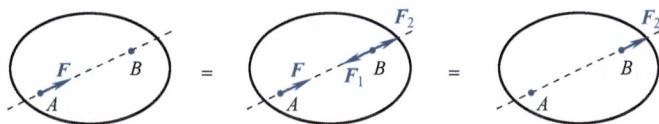

图2-1-8　力的可传性定理

### 4. 力的平行四边形法则

作用于刚体上某点的两个力可以合成一个合力，合力的作用点仍在该点，合力的大小和方向可用这两个力所构成的平行四边形的对角线来表示。

如图2-1-9a 所示，刚体上 $A$ 点作用有力 $F_1$ 和 $F_2$，用 $F_R$ 表示它们的合力，则 $F_R$ 的矢量表达式为

$$F_R = F_1 + F_2$$

在实际作图时，可直接将 $F_1$ 平移到 $F_2$ 的末端，通过 $\triangle ABD$ 可求得合力 $F_R$，如图2-1-9b 所示，这种求二力汇交时合力的方法称为三角形法则。

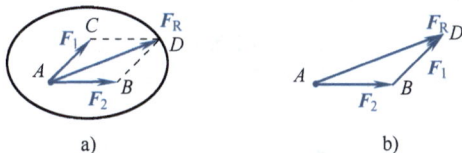

a)　　　　　　　　　　b)

图2-1-9　力的平行四边形法则

推论：三力平衡汇交定理

若刚体受到同平面内3个互不平行力的作用而平衡，则3个力的作用线必汇交于一点。

如图2-1-10 所示，刚体在3个力 $F_1$、$F_2$、$F_3$ 的作用下平衡，则它们作用线的延长线交于 $A$ 点，$F_1$、$F_2$ 的合力 $F$ 与 $F_3$ 组成一对平衡力。

### 5. 刚化公理

变形体在某一力系的作用下处于平衡，如果将此变形体换成刚体，则平衡状态保持不变。

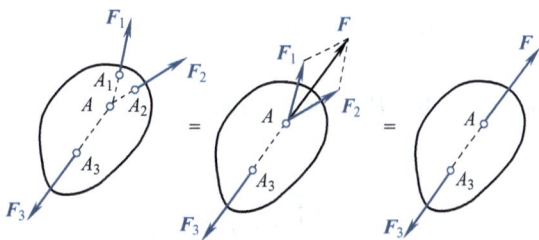

图2-1-10　三力平衡汇交定理

由刚化公理可知，处于平衡状态的变形体可用刚体静力学的理论进行分析，从而提供了将变形体抽象为刚体模型的条件。

## 课题二　力矩与力偶

### 一、力矩

#### 1. 力矩的定义

如图2-1-11 所示，根据经验，用扳手拧螺母时，影响螺母转动效果的因素有：施力的大小、施力点与螺母圆心间的距离、力的转动方向。在力学中，把力的大小与力臂的乘积称为力矩，通常用 $M$ 表示。

图2-1-11 中用 $F$ 拧螺母时，产生的力矩可表示为

$$M_O(F) = \pm Fd$$

式中　$M_O(F)$——力 $F$ 对力矩中心（矩心）$O$ 的力矩，单位
　　　　　　　为 N·m；

　　　　$F$——施加力的大小，单位为 N；

　　　　$d$——矩心到力的作用线的垂直距离，称为力臂，
　　　　　　单位为 m。

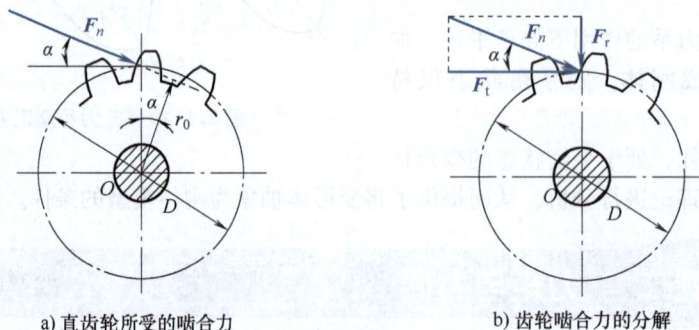

图 2-1-11　力矩

通常情况下，力对物体上不同点产生的力矩是不同的，因此，在求解和表示力矩时，必须指明矩心。当力通过矩心时，此力对该矩心的力矩等于零。

力对点的矩是一个代数量，用来表示力 $F$ 使物体绕 $O$ 点转动效果的大小，前面的正、负号用来表示力矩的转动方向。通常规定，逆时针转向的力矩为正，顺时针转向的力矩为负。

**2. 合力矩**

平面力系中，合力对平面内任一点 $O$ 的力矩等于各分力对 $O$ 点力矩的代数和。用公式表示为

$$M_O(F) = M_O(F_1) + M_O(F_2) + \cdots + M_O(F_n)$$

**例 2-1-1**　如图 2-1-12a 所示，直齿轮上某齿受啮合力 $F_n$ 作用，啮合角（啮合力与节圆切线的夹角）为 $\alpha$，齿轮节圆直径为 $D$。其中，$F_n = 1500\text{N}$，$D = 0.1\text{m}$，$\alpha = 20°$，试求啮合力对齿轮轴线 $O$ 的力矩。

**解**：方法 1：根据力矩的定义进行计算。啮合力对 $O$ 的力矩为

$$M_O(F_n) = -F_n r_0 = -F_n \frac{D}{2}\cos\alpha = -1500 \times \frac{0.1}{2}\cos 20°\text{N·m} = -70.5\text{N·m}$$

方法 2：按合力矩定理进行计算。首先将啮合力 $F_n$ 沿半径方向和垂直半径方向分解为 $F_r$ 和 $F_t$，如图 2-1-12b 所示。

其中，$M_O(F_t) = -F_t \dfrac{D}{2}$，$M_O(F_r) = 0$，则由合力矩定理可得

$$M_O(F_n) = M_O(F_t) + M_O(F_r) = -F_t \frac{D}{2} + 0 = -F_n\cos\alpha \frac{D}{2} = -1500\cos 20° \times \frac{0.1}{2}\text{N·m} = -70.5\text{N·m}$$

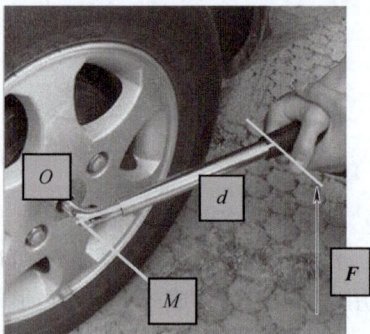

a) 直齿轮所受的啮合力　　　　　b) 齿轮啮合力的分解

图 2-1-12　轮齿受力分析

## 二、力偶

**1. 力偶的概念**

在日常生活和生产实践中，经常会遇到两个大小相等、方向相反，且不共线的两平行力使物体发生转动的情形，如驾驶人用双手转动转向盘（图 2-1-13a）、用扳手拧螺栓（图 2-1-13b）等。

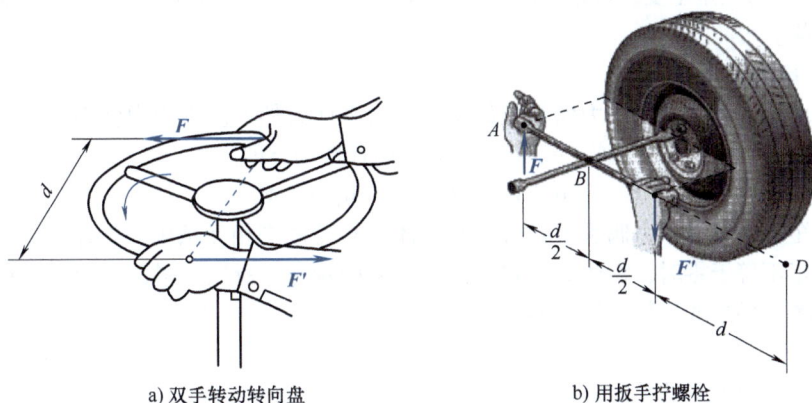

a) 双手转动转向盘　　　　　　　b) 用扳手拧螺栓

图 2-1-13　力偶概念

这种由两个大小相等、方向相反，且不共线的两平行力 $F$ 与 $F'$ 组成的力系称为力偶，记作（$F$、$F'$）。力 $F$ 与 $F'$ 作用线之间的垂直距离 $d$ 称为力偶臂，两个力的作用线所在的平面称为力偶作用面。

力偶对物体的转动效应主要取决于力偶的三要素：力偶矩的大小、力偶的转向、力偶作用面的方位。其中，力偶矩是力偶中 $F$ 与力偶臂 $d$ 的乘积，记作 $\pm Fd$ 或 $M$

即

$$M = \pm Fd$$

式中　$F$——力偶中作用力的大小，单位为 N；

　　　$d$——力偶臂，单位为 m。

公式中的正负号表示力偶的转动方向。通常规定，力偶逆时针转动时取正号，顺时针转动时取负号。力偶矩的单位为 kN·m 或 N·m，两者的换算关系为

$$1kN \cdot m = 1000N \cdot m$$

**2. 力偶的性质**

1）力偶在任意坐标轴上的投影之和为零，如图 2-1-14a 所示。

2）力偶没有合力，既不能与一个力等效，也不能简化为一个力。

3）力偶对其作用面内任意一点的力矩恒等于力偶矩，与矩心的位置无关，如图 2-1-14b 所示。

4）作用在同一个平面内的两个力偶，只要二者的力偶矩大小相等、转动方向相同，则这两个力偶矩等效。力偶的这种性质称为平面力偶的等效定理。例如，在图 2-1-14c 中，3 个力偶矩的大小均为 12kN·m，且转向都为逆时针方向，故三者等效。

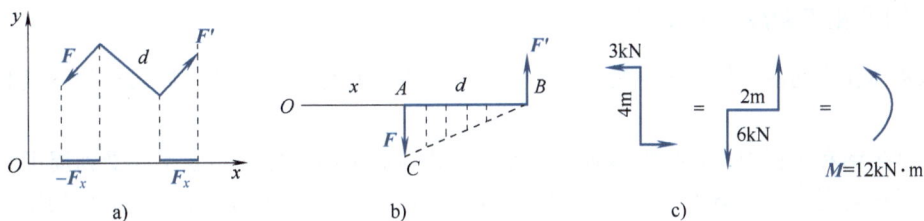

图 2-1-14　力偶性质

由此可得出以下两个重要推论：

1）只要不改变力偶矩的大小和力偶的转向，力偶就可以在它的作用平面内任意移动或转动，而不改变它对物体的作用效果。

2）只要保持力偶矩不变，可以同时改变力偶的力的大小和力偶臂的长短，而不会改变力偶对物体的作用效果。

### 3. 平面力偶系的合成

平面内由两个或两个以上的力偶组成的系统称为平面力偶系。平面力偶系中各个力偶的作用可以等效为一个合力偶，合力偶矩等于各个力偶矩的代数和，即

$$M = M_1 + M_2 + \cdots + M_n = \sum M_i$$

当合力偶矩等于零时，力偶系中各力偶对物体的转动效应相互抵消，物体处于平衡状态；反之，当合力偶矩不等于零时，物体处于转动而不平衡的状态。所以，平面力偶系平衡的充要条件是：力偶系中各力偶矩的代数和等于零，即

$$M = \sum M = 0$$

此式称为平面力偶系的平衡方程。

### 4. 力的平移定理

力的平移定理：作用在刚体上的力可以等效地平移到刚体上任意指定点，但必须在该力与指定点所决定的平面内附加一个力偶，其力偶矩等于原力对新作用点之矩。

推导过程如图2-1-15a所示，刚体上 $A$ 点作用有力 $\boldsymbol{F}$，为了将 $\boldsymbol{F}$ 等效平移到其他任意一点（假设为 $B$ 点），先在 $B$ 点附加一对平衡力系 $\boldsymbol{F}'$ 和 $\boldsymbol{F}''$，这对平衡力的作用线与 $\boldsymbol{F}$ 平行，如图2-1-15b所示。与作用在 $A$ 点的 $\boldsymbol{F}$ 组成一个力偶（ $\boldsymbol{F}$、$\boldsymbol{F}'$），称为附加力偶，且力偶矩大小为

$$M = M_B(\boldsymbol{F}) = Fd$$

根据加减平衡力系公理，增加的平衡力系不会改变力 $\boldsymbol{F}$ 对刚体的作用效应，于是作用在 $A$ 点的力 $\boldsymbol{F}$ 与作用在 $B$ 点的力 $\boldsymbol{F}'$ 及附加力偶 $M$ 等效，如图2-1-15c所示。

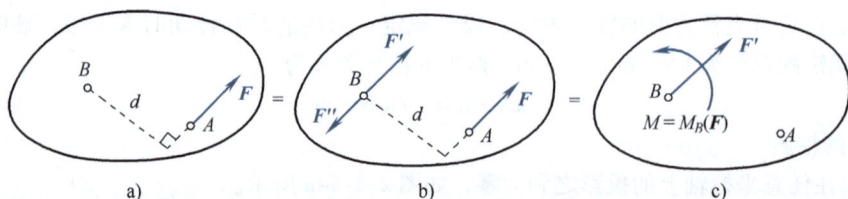

图 2-1-15　力的平移定理

---

### 课题三　约束与约束反力

#### 一、约束和约束反力的概念

如果物体在空间沿任何方向的运动都不受限制，则该物体为自由体，如飞行的飞机和水中的鱼等。

在日常生活和工程中，有些物体通常以各种形式与周围的物体互相联系并受到周围物体的限制而不能做任意运动，这类物体为非自由体，如图2-1-16所示。例如活塞受气缸体的限制只能沿气缸运动，转向盘受转轴限制只能转动，地铁受钢轨限制只能沿轨道运动。

一个物体受到周围物体的限制时，这种限制称为该物体的约束。约束对物体运动的限制是通过力来实现的，这些约束中限制物体运动的力称为约束反力，简称为约束力。约束力是阻碍物体运动的力，因此属于被动力，其作用点在被约束物体与约束的接触处，其方向与其所限制物体的运动或运动趋势的方向相反。促使物体运动或产生运动趋势的力称为主动力，如重力、推力、拉力等。

a) 活塞　　　　　　　b) 转向盘　　　　　　　c) 地铁

**图 2-1-16　非自由体**

## 二、工程中常见的约束类型

根据约束性质分析约束力是受力分析的重要内容。

### 1. 柔性约束

工程上常见的由柔软的绳索、链条和传动带等物体所形成的约束称为柔性约束。约束力通常用符号 $F_T$ 表示，其作用点在接触处，方向沿柔索中心线背离物体，只能承受拉力而不能承受压力，如图 2-1-17 所示。

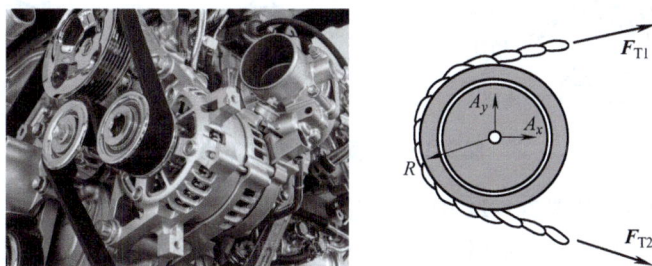

**图 2-1-17　柔性约束**

### 2. 光滑接触面约束

若两个物体直接接触，且接触面的摩擦力很小可忽略不计，则这种光滑约束面所形成的约束称为光滑接触面约束。其约束力通常用符号 $F_N$ 表示，其方向必沿接触面的公法线指向被约束的物体，如图 2-1-18 所示。

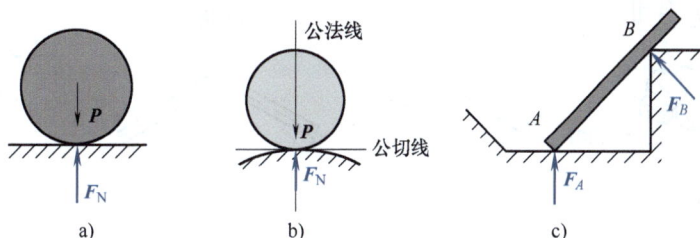

**图 2-1-18　光滑接触面约束**

### 3. 铰链约束

铰链又称为合页，是用来连接两个构件并允许两者相互转动的机械装置。如图 2-1-19a 所示，销插入构件 1 和构件 2 的圆孔内构成一个铰链。铰链对两个构件形成铰链约束，使两构件间只能做相对转动，而不能做相对移动。铰链约束具有广泛的应用，例如，门窗开关时，内燃机中曲柄与连杆、连杆与活塞如图 2-1-19b 运动时都存在铰链约束。

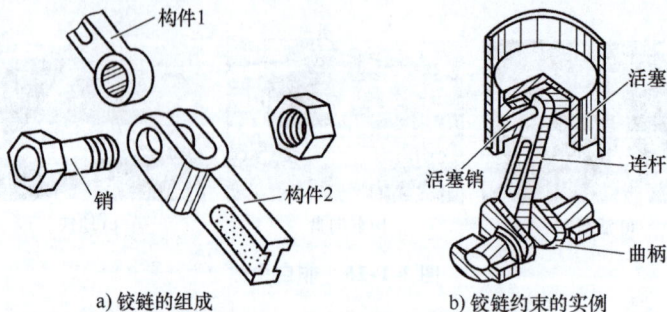

图 2-1-19　铰链约束

（1）固定铰链约束　铰链的两个构件之一固定在支承面上，称为固定铰链约束，如图 2-1-20 所示。这种支座铰链的特点是构件只能绕铰链轴线转动而不能发生移动，所以，固定铰链支座约束的反力在垂直于圆柱销轴线的平面内，常用相互垂直的两个分力 $F_x$ 与 $F_y$ 表示。

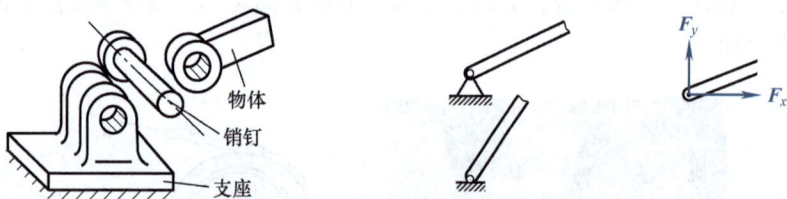

图 2-1-20　固定铰链支座约束

（2）中间铰链约束　如图 2-1-21 所示的气缸中，曲柄 $AB$ 和 $BC$ 连杆中的这类约束称为中间铰链约束。如图 2-1-21a 所示，中间铰链约束的约束力应通过物体的圆孔中心，但接触点不确定，结构简图如图 2-1-21b 所示。所以中间铰链约束力的特点是：作用线通过销钉中心，垂直于销钉轴线，方向不定，通常可以用两个相互垂直的分力 $F_x$ 和 $F_y$ 来表示，如图 2-1-21c 所示。

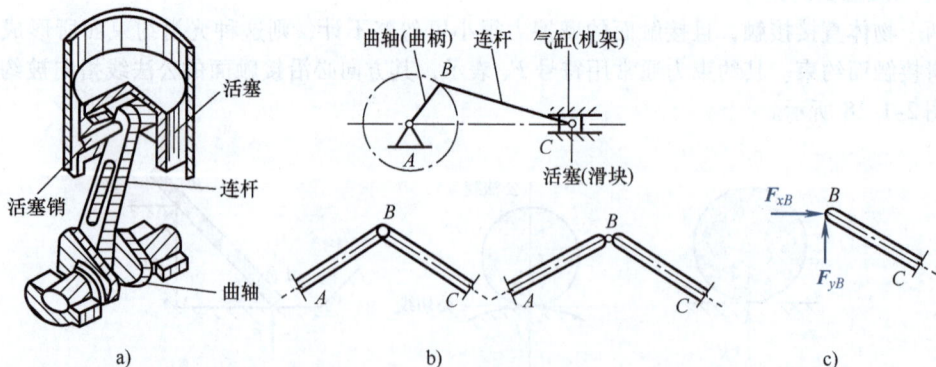

图 2-1-21　中间铰链支座约束

（3）活动铰链约束　如果在固定铰链支座的底部安装一排滚轮，如图 2-1-22a 所示，就可以使支座沿固定支承面移动，称为活动铰链支座。这种支座常用于桥梁、屋架等结构中，可以避免由温度变化引起结构内部的变形应力。在不计摩擦的情况下，活动铰链支座只能限制构件沿支承面垂直方向的移动。因此活动铰链支座的约束力方向必垂直于支承面且通过铰链中心，如图 2-1-22b 所示。

**4. 固定端约束**

如图 2-1-23 所示，构件不能沿任意方向移动和转动，构件所受的这种约束称为固定端约束。

这种约束的特点是两物体既不能产生相对移动，也不能产生相对转动，常用两个相互垂直的约束分力 $F_x$ 和 $F_y$ 表示限制构件移动的约束作用，一个阻止转动的力矩 $M_A$ 表示限制转动的约束作用。

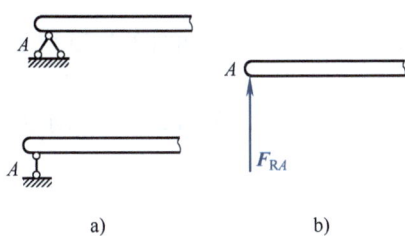

图 2-1-22　活动铰链支座约束

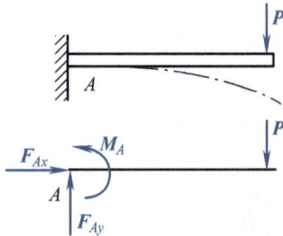

图 2-1-23　固定端约束

## 三、受力图

画受力图，对物体进行受力分析，是求解静力学问题的关键。

### 1. 受力分析

在工程实际中，为了求出未知的约束反力，需要根据已知力，应用平衡条件求解。为此，首先要确定构件受了几个力、每个力的作用位置和力的作用方向，这个分析过程称为物体的受力分析。

### 2. 受力图

为了清晰地表示物体的受力情况，可以把需要研究的物体（称为受力体）从周围的物体（称为施力体）中分离出来，单独画出它的简图。这个步骤称为取研究对象或取分离体。画出分离体上所有作用力的图称为物体的受力图。

画受力图的一般步骤如下：

1）明确研究对象。

2）取隔离体（一般画简图）。

3）画出研究对象所受的全部主动力（主动力照抄下来）。

4）画出研究对象所受的全部约束反力（在存在约束的地方，按约束类型逐一画出约束反力，并解除全部约束）。

**例 2-1-2**　如图 2-1-24a 所示，分析梁 AB 的受力情况，并画出受力图。

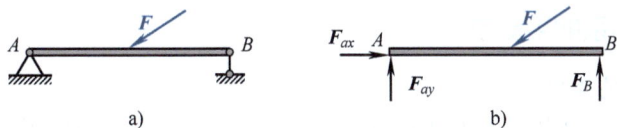

图 2-1-24　梁 AB 受力分析

**解：**1）取出隔离体 AB。

2）画出受力图。

因 A 点处为固定铰链连接，B 点处为活动铰链连接，故杆 AB 的受力图如图 2-1-24b 所示。

## 课题四　平面力系

### 一、平面力系的分类

若力系中各力的作用线都在同一平面内，则该力系称为平面力系。

根据各力作用线的位置情况，平面力系可分为平面汇交力系、平面平行力系、平面力偶系和平面任意力系。

**1. 平面汇交力系**

所有力的作用线都汇交于一点的平面力系称为平面汇交力系，如图 2-1-25 所示吊钩的受力。

**2. 平面平行力系**

所有力的作用线均相互平行的平面力系称为平面平行力系，如图 2-1-26 所示火车车轮的受力。

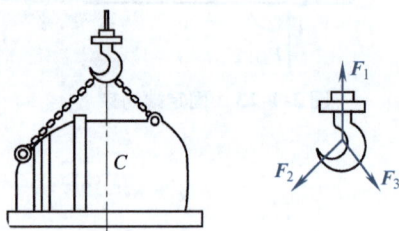

图 2-1-25　平面汇交力系

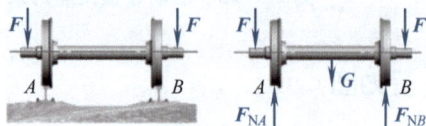

图 2-1-26　平面平行力系

**3. 平面力偶系**

由若干个力偶组成的平面力系称为平面力偶系，如图 2-1-27 所示联轴器的受力。

**4. 平面任意力系**

若平面力系中各力的作用线既不一定完全平行，又不一定完全汇交于一点，则这类力系称为平面任意力系，如图 2-1-28 所示活塞连杆的受力。

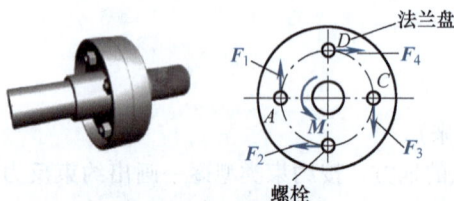

图 2-1-27　平面力偶系

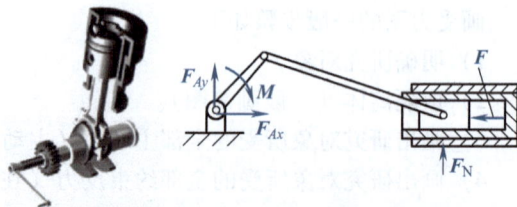

图 2-1-28　平面任意力系

## 二、平面任意力系的平衡方程

**1. 平面任意力系的简化**

如图 2-1-29a 所示，刚体受平面任意力系（$F_1$，$F_2$，$\cdots$，$F_n$）的作用。取任意点 $O$ 作为简化中心，根据力的平移定理，将各力向 $O$ 点平移，得到一个汇交于 $O$ 点的平面汇交力系（$F_1'$，$F_2'$，$\cdots$，$F_n'$），以及一组附加力偶系（$M_1$，$M_2$，$\cdots$，$M_n$），如图 2-1-29b 所示。其中

$$F_1' = F_1, F_2' = F_2, \cdots, F_n' = F_n$$

$$M_1 = M_O(F_1), M_2 = M_O(F_2), \cdots, M_n = M_O(F_n)$$

如图 2-1-29c 所示，平面汇交力系（$F_1'$，$F_2'$，$\cdots$，$F_n'$）可以合成为一个作用于 $O$ 点的合矢量 $F_R$，它等于原力系中各力的矢量和，称为原力系的主矢，有

$$F_R = F_1 + F_2 + \cdots + F_n = F_1' + F_2' + \cdots + F_n' = \sum F_i$$

附加平面力偶系（$M_1$，$M_2$，$\cdots$，$M_n$）可以合成为一个力偶 $M_O$，称为原力系对简化中心点 $O$ 的主矩，它等于附加平面力偶系中各力偶的代数和，即

$$M_O = M_1 + M_2 + \cdots + M_n = M_O(F_1) + M_O(F_2) + \cdots + M_O(F_n) = \sum M_O(F_i)$$

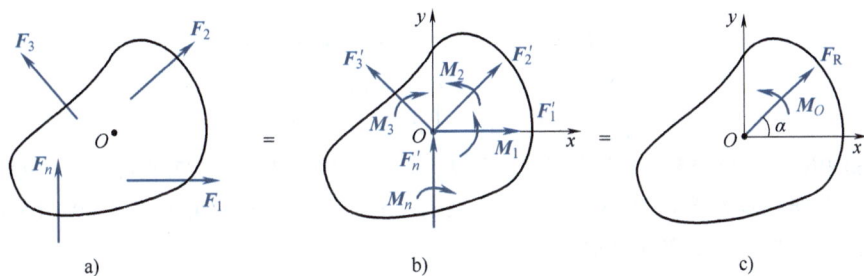

图 2-1-29　平面任意力系的简化

### 2. 平面任意力系的平衡方程及应用

平面任意力系平衡的充分必要条件为：力系的主矢和对任意点的主矩都等于零，用公式表示为

$$F_R = \sum F'_i = 0$$
$$M = \sum M_O(F_i) = 0$$

将上述平衡条件进行转化，即可得到平面任意力系的平衡方程。

平衡条件可以用解析式表示为

$$\begin{cases} \sum F_x = 0 \\ \sum F_y = 0 \\ \sum M_O(F_i) = 0 \end{cases}$$

物体在平面任意力系的作用下处于平衡时，可利用平衡方程求解未知力，一般步骤为：

1）根据题意选取研究对象，画出受力图。

2）建立适当的直角坐标系（使尽可能多的力与坐标轴处于特殊位置，力矩中心尽量选在未知力交点上）。

3）根据平衡条件列平衡方程并求解。

若解出结果为正，则表明该力的作用方向与假定的作用方向相同；若解出的结果为负，则表明该力的作用方向与假定的作用方向相反。

**例 2-1-3**　图 2-1-30a 所示为工件外圆车削示意图，车刀杆固定在刀架上，形成固定端约束。车刀伸出长度 $L = 55\text{mm}$，车削时车刀所受的切削力 $F = 6000\text{N}$，切削力与工件轴线夹角为 $65°$，试求车刀在刀架固定处所受的约束力。

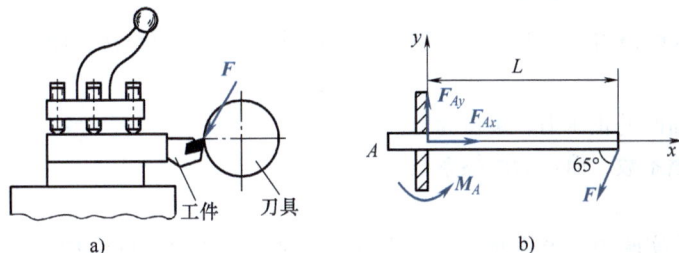

图 2-1-30　工件外圆车削示意图

**解**：取车刀为研究对象，画出其受力图，如图 2-1-30b 所示。车刀所受的力包括主动力 $F$、固定端的约束力 $F_{Ax}$ 和 $F_{Ay}$，以及约束力偶 $M_A$（假定为逆时针方向）。取坐标轴，根据平衡条件列出

平衡方程为

$$\begin{cases} \sum F_x = 0 \\ \sum F_y = 0 \\ \sum M_O(F_i) = 0 \end{cases} \Rightarrow \begin{cases} F_{Ax} - F\cos65° = 0 \\ F_{Ay} - F\sin65° = 0 \\ M_A - FL\sin65° = 0 \end{cases}$$

将 $F = 6000\text{N}$、$L = 0.055\text{m}$ 代入方程，求得 $F_{Ax} = 2535.7\text{N}$，$F_{Ay} = 5437.8\text{N}$，$M_A = 299.1\text{N} \cdot \text{m}$。故车刀在刀架固定处受到 2535.7N 横向约束力、5437.8N 纵向约束力以及 299.1N·m 力偶的作用，它们的方向如图 2-1-30b 所示。

## 课题五　摩擦与自锁

在前面分析物体受力时，都假定物体表面是绝对光滑的，忽略了物体间的摩擦。其实，完全光滑的表面并不存在。两物体的接触面之间一般都有摩擦，有时摩擦还起着决定性的作用，例如，汽车中的离合器与 V 带传动要依靠摩擦力才能工作，制动器依靠摩擦力来制动，螺钉利用摩擦力起紧固作用等。

### 一、摩擦力

当两个相互接触的物体具有相对滑动或相对滑动趋势时，彼此间产生的阻碍相对滑动或相对滑动趋势的力，称为摩擦力。摩擦力作用于相互接触处，其方向与相对滑动的趋势或相对滑动的方向相反，它的大小根据主动力作用的不同而不同。摩擦力可分为静摩擦力和动摩擦力等。

#### 1. 静摩擦力

两个相互接触的物体有相对滑动趋势时，接触面间存在阻碍这种趋势的切向阻力，这种阻力称为静摩擦力，一般用符号 $F_f$ 表示。

如图 2-1-31 所示，水平桌面上有一个重为 $G$ 的滑块，现向右施加一个较小的拉力 $T$，滑块保持静止。根据平衡方程可知，滑块受到的静摩擦力 $F_f$ 水平向左，其大小与拉力 $T$ 相等。当拉力 $T$ 逐渐增大时，静摩擦随之增大，可见静摩擦力与外力保持平衡。

当拉力 $T$ 增大到一定值时，滑块即将开始滑动，此时的状态称为临界状态。临界状态下，滑块所受的静摩擦力达到最大值 $F_{fmax}$，因此，静摩擦力的大小为

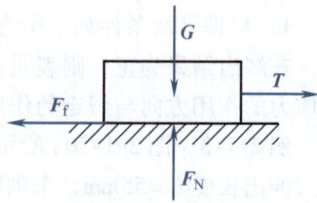

图 2-1-31　摩擦力

$$F_f = T$$

实验表明，最大摩擦力 $F_{fmax}$ 的大小与物体接触面间的正压力成正比，即

$$F_{fmax} = \mu F_N$$

式中　$F_N$——接触面间的正压力，单位为 N；

　　　$\mu$——静摩擦系数，简称为摩擦系数。

#### 2. 动摩擦力

在上面的摩擦力实验中，当静摩擦力达到最大值时，若拉力 $T$ 继续增大，则滑块将在桌面上开始滑动，此时，滑块所受的摩擦力称为动摩擦力，一般用 $F_f'$ 表示。大量实验表明，动摩擦力的大小与物体接触面间的正压力成正比，即

$$F_f' = \mu' F_N$$

式中　$\mu'$——动摩擦系数，略小于静摩擦系数，一般取 $\mu' = \mu$。

## 二、摩擦角与自锁现象

### 1. 摩擦角的概念

如图 2-1-32a 所示，物体静止在地面上，当存在摩擦时，地面对物体的约束力包含法向反力 $F_N$ 和切向摩擦力 $F_f$，它们的合力称为全约束反力，即 $F_R = F_N + F_f$，它与地面间的夹角 $\varphi$ 将随主动力的变化而变化。当物体处于临界状态时，角 $\varphi$ 达到最大值 $\varphi_m$。全约束力与法线间夹角的最大值 $\varphi_m$ 称为摩擦角。

根据图 2-1-32a 中的几何关系可知，摩擦角 $\varphi_m$ 与静摩擦系数 $\mu$ 之间满足下列关系：

$$\tan\varphi_m = \frac{F_{fmax}}{F_N} = \frac{\mu F_N}{F_N} = \mu$$

关系式表明，摩擦角的正切值等于静摩擦系数，两者存在一一对应的关系，故摩擦角的大小同样只与物体的材料和接触面状况有关。

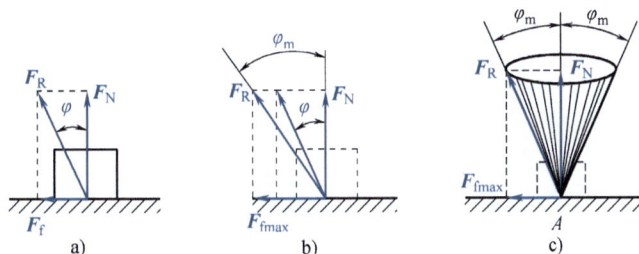

图 2-1-32　摩擦角和摩擦锥

当物体的滑动趋势方向改变时，全约束反力 $F_R$ 作用线的方位也将随之改变，在临界状态下，$F_R$ 达到最大值，其作用线将画出一个以接触点 $A$ 为顶点的圆锥面，这个圆锥面称为摩擦锥，如图 2-1-32b 所示。

### 2. 自锁现象

由于静摩擦力的范围是 $0 \leq F_f \leq F_{fmax}$，则全约束反力 $F_R$ 作用线不会超出摩擦角界限。

若作用于物体上的全部主动力的合力 $F_R$ 的作用线在摩擦锥之内，则无论主动力多大，物体必定保持静止，这种现象称为摩擦自锁。

（1）斜面上的自锁　如图 2-1-33a 所示，当斜面倾角 $\alpha$ 小于摩擦角 $\varphi_m$ 时，无论在斜面上放多重的物体，由于重力沿斜面的分力始终与静摩擦力平衡，并且小于最大静摩擦力，物体将静止不动，这种现象称为斜面的自锁现象。斜面的自锁条件是斜面的倾角小于或等于摩擦角。

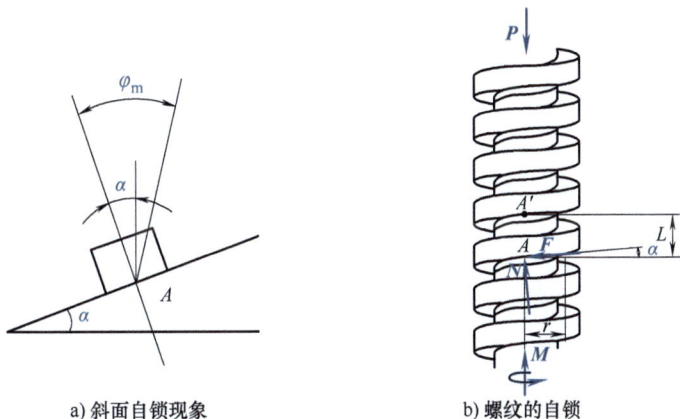

a) 斜面自锁现象　　　　b) 螺纹的自锁

图 2-1-33　自锁现象

（2）螺纹的自锁　如图 2-1-33b 所示，螺纹可以看成是绕在一个圆柱体上的斜面，螺纹的升角 $\alpha$ 就是斜面的倾角。螺母相当于斜面上的滑块 $A$，施加在螺母上的轴向载荷 $P$ 相当于滑块 $A$ 的重力，要使螺纹自锁（无论轴向载荷 $P$ 多大，螺母保持静止），必须使螺纹的升角 $\alpha$ 小于或等于摩擦角 $\varphi_m$。因此螺纹的自锁条件是 $\alpha \leqslant \varphi_m$。

自锁现象在工程上经常被利用，如螺旋千斤顶顶起重物后撤去外力，要满足自锁条件以免重物下落。在一些机构中，则要求避免出现自锁，如汽车发动机中的凸轮机构要求挺柱在任何位置均不发生自锁。

单元二 | 工程构件的变形

## 学习目标

**1. 知识目标**

1）了解材料力学的基本概念。

2）掌握轴的基本变形形式。

**2. 能力目标**

1）能够计算轴的各种内力。

2）能够绘制扭矩图、剪力图和弯矩图。

任何构件在外力的作用下，其形状和尺寸都会发生改变。当外力超过构件的承受范围时，构件将发生破坏，引起机械故障，甚至造成严重事故，如图 2-2-1 所示。

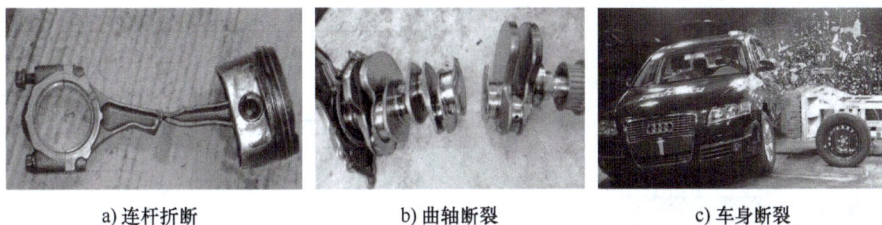

a) 连杆折断          b) 曲轴断裂          c) 车身断裂

**图 2-2-1　构件的破坏**

## 课题一　拉伸与压缩

为了避免构件在使用中发生破坏，保证各种机械的正常工作，必须要求各个构件具有承受足够载荷的能力，简称为承载能力。构件的承载能力包括强度、刚度和稳定性 3 个方面。

强度：构件在载荷作用下抵抗破坏的能力。

刚度：构件在载荷作用下抵抗变形的能力。

稳定性：细长杆件或薄壁构件在受压时维持原有直线平衡状态的能力。

工程构件的种类很多，大多数可以简化为杆件（即长度尺寸远远大于其他两个方向尺寸的构件）。杆件变形的基本形式见表 2-2-1。

工程中有许多杆件在工作时主要承受拉力或压力的作用，如内燃机中的连杆、机械维修时使用的千斤顶、螺纹联接时使用的紧固螺栓等，如图 2-2-2 所示。这类杆件的受力方式和变形都有相同的特点，受力方式都是受到沿轴线方向作用的两个大小相等、方向相反的拉力或压力，变形特点都是沿轴线伸长或缩短。杆件如果在外力作用下沿其轴向伸长，称为轴向拉伸；如果在外力作用下沿其轴向发生缩短，称为轴向压缩。构件的这种变形称为拉伸变形或压缩变形，如图2-2-3所示。

**表 2-2-1  杆件变形的基本形式**

| 杆件变形形式 | 工 程 案 例 | 杆件受力简图 | 变 形 图 示 |
|---|---|---|---|
| 轴向拉伸或压缩 |  |  |  |
| 剪切与挤压 |  |  |  |
| 圆轴扭转 |  |  |  |
| 平面弯曲 |  |  |  |

a) 内燃机中的连杆　　　　　b) 随车千斤顶　　　　　c) 紧固曲轴的螺栓

**图 2-2-2  受拉（压）力的杆件**

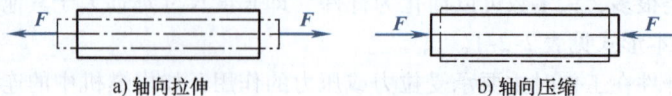

a) 轴向拉伸　　　　　　　　b) 轴向压缩

**图 2-2-3  轴向拉伸与压缩简图**

产生轴向拉伸（或压缩）变形的杆，简称为拉（压）杆。

图 2-2-4 所示为自卸车及其简易受力图，在载荷 $F$ 的作用下，斜杆 $AC$ 承受拉力，发生拉伸变形，水平杆 $BC$ 承受压力，发生压缩变形。对发生拉伸或压缩变形的杆件在形状和受力方面进行简化，即可得到图 2-2-4b 所示的简图。

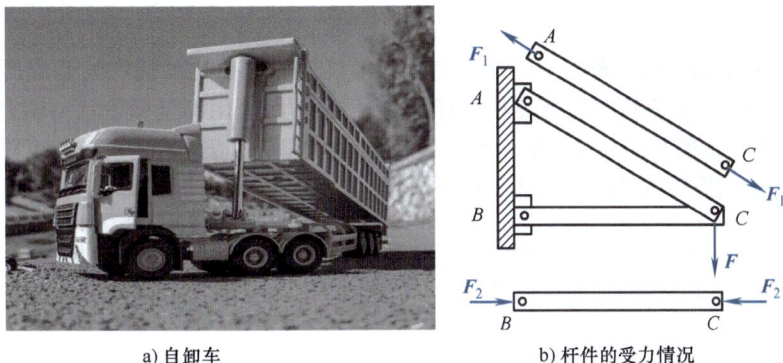

a) 自卸车　　　　　　　　　　b) 杆件的受力情况

图 2-2-4　自卸车及其简易受力图

### 1. 轴力及其求法

（1）内力的概念　研究杆件的承载能力时，需要先分析杆件所承受的作用力，包括外力和内力。作用于杆件上的载荷和约束反力统称为外力。杆件受外力的作用时，材料内部颗粒间产生的保持其形状和大小不变的反作用力称为内力。该反作用力随外力的作用而产生，随外力的消失而消失。

由于内力是物体内部的相互作用力，求内力时必须将物体分成两部分才能使内力体现出来。截面法是求杆件内力的基本方法。

（2）截面法求内力　工程中通常采用截面法求杆件的内力，一般包括 4 个步骤，可归纳为切、取、代、求。

切：假想用某一截面从要求内力处将杆件切开分成两段。

取：取其中任意一段为研究对象，弃去另一段。

代：将抛掉部分对留下部分的作用用内力代替。

求：利用静力学中的平衡条件，列平衡方程并求解未知的内力。

图 2-2-5a 所示为一个受拉杆件，在外力 $F$ 的作用下处于平衡状态。为了求截面 1-1 处的内力，假想沿截面 1-1 将杆件切开，取左段为研究对象。由于内力均匀分布在整个截面，可以用 $\sum F$ 表示左段截面上的合内力，则左段杆件的受力情况如图 2-2-5b 所示，根据平衡条件列出平衡方程为

$$\sum F = 0 \Rightarrow F_N - F = 0$$

解得

$$F_N = F$$

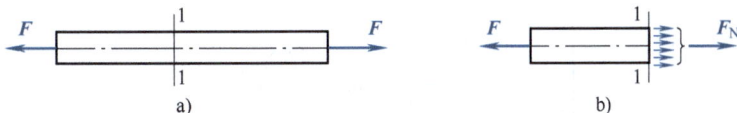

a)　　　　　　　　　　　　b)

图 2-2-5　截面法求内力

（3）轴力　对于发生轴向拉伸或压缩变形的杆件，由于外力的作用线与杆件的轴线重合，由共线力系平衡条件可知，其任一截面内力的作用线必然也通过轴线，因此这种内力称为轴力，通常用符号 $F_N$ 表示。

为了区分杆件拉伸或压缩时的不同轴力，对轴力的正、负号做如下规定：若轴力的方向背离所取截面，则杆件发生拉伸变形，轴力取正号，称为拉力；若轴力的方向指向所取截面，则杆件发生压缩变形，轴力取负号，称为压力。例如，在图 2-2-5 所示的例子中，左段 1-1 截面上的轴力背离截面 1-1，则它取正号。

**2. 轴力图**

为了形象地表示轴力的分布情况，通常将轴力沿杆件方向变化的情况绘制成图形，称为轴力图。在绘制轴力图时，横截面的位置用横坐标 $x$ 表示，轴力 $F_N$ 用纵坐标表示，轴力为正值时画在 $x$ 轴的上方，轴力为负值时画在 $x$ 轴的下方。因此，轴力图可以清楚地表示杆件不同位置轴力大小的分布规律及受拉或受压的情况。图 2-2-6 所示为拉压杆的轴力图。

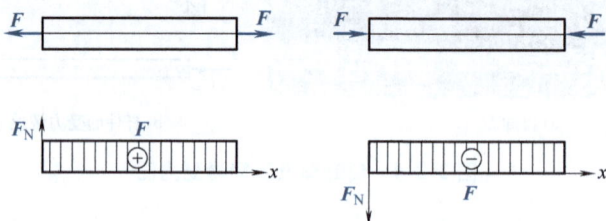

图 2-2-6　拉压杆的轴力图

注意：用截面法求内力的过程中，在截面取分离前，作用于物体上的外力（载荷）不能任意移动或用静力等效的相当力系替代。

**例 2-2-1**　图 2-2-7 所示为汽车一阶梯轴截面内受力图，假设被如下截面截开，已知 $F_1 = 18kN$，$F_2 = 10kN$，$F_3 = 20kN$，求指定各截面上的轴力并做出轴力图。

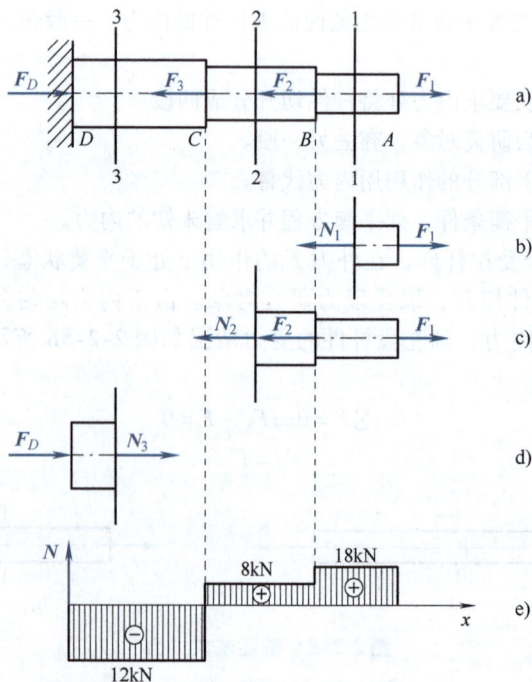

图 2-2-7　汽车阶梯轴截面内受力图

**解：**1）计算 $D$ 端支座反力。由受力图 2-2-7a 建立沿 $x$ 轴方向的平衡方程：

$$\sum F = 0$$
$$F_D + F_1 - F_2 - F_3 = 0$$
$$F_D = F_2 + F_3 - F_1 = (10 + 20 - 18)\text{kN} = 12\text{kN}$$

2）分段计算轴力，如图 2-2-7b、c、d 所示。在横截面 AB 和 BC 上作用有外力，将杆分为 3 段。应用截面法取 AB 段和 BC 段的右端为研究对象，取 CD 段的左端为研究对象，假定所求截面 1-1、2-2、3-3 的轴力 $F_{N1}$、$F_{N2}$、$F_{N3}$ 都为正，由平衡方程分别求得：

$$AB : F_{N1} = F_1 = 18\text{kN}$$
$$BC : F_{N2} = F_1 - F_2 = 8\text{kN}$$
$$CD : F_{N3} = -F_D = -12\text{kN}$$

式中力的数值为负值，表示在 3-3 横截面上轴力的实际方向与图中所假定的方向相反，CD 段的轴力为压力；AB 和 BC 段的轴力为正，其轴力为拉力。

3）画轴力图。根据所求得的轴力值，取与杆轴平行的坐标轴为 x 轴，选定比例尺，用 x 表示杆横截面的位置，用 N 为纵坐标表示横截面上的轴力，根据各横截面上的轴力大小和正负号（拉力为正，压力为负）画出轴力图，如图 2-2-7e 所示。由轴力图可以看出，$\left| F_{\text{Nmax}} \right| = 18\text{kN}$ 发生在 AB 段内。

从上面的例题中可以看出，轴力（即内力）$F_N$ 与横截面的直径（形状）、各段的长度无关，只与保留段上轴向力的大小、方向有关。

## 课题二　剪切与挤压

在工程实际中，为了将构件互相连接起来，通常要用到各种各样的连接。例如图 2-2-8a 所示为桥梁结构中常用的钢板之间的铆钉连接，图 2-2-8b 所示为拖车挂钩的销钉连接，图 2-2-8c 所示为两块钢板间的搭接焊缝连接，图 2-2-8d 所示为传轴与齿轮之间的键联结，图 2-2-8e 所示为两零件间的螺栓联接。这些起连接作用的铆钉、销轴、键块、螺栓及焊缝等统称为连接件。这些连接件的体积虽然比较小，但对于保证整个结构的牢固和安全却具有重要作用。

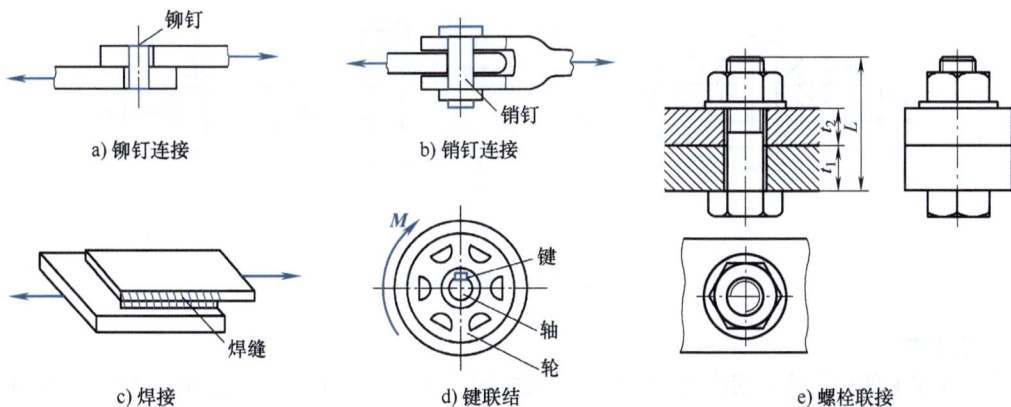

a) 铆钉连接　　　b) 销钉连接　　　e) 螺栓联接

c) 焊接　　　d) 键联结

图 2-2-8　工程中的连接

## 一、剪切

### 1. 剪切变形

图 2-2-9a 所示为铆钉连接示意图，一块钢板将所受的拉力 F 通过铆钉传递到另一块钢板上，

此时铆钉的右上侧面和左下侧面受到压力作用，如图 2-2-9b 所示，使铆钉上、下两部分在压力作用下沿两力之间的 $n-n$ 截面发生相对错动，如图 2-2-9c 所示。当钢板承受的拉力足够大时，铆钉将被剪断。

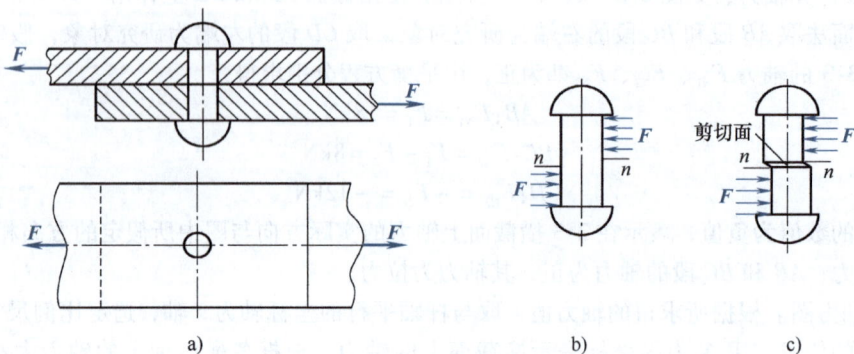

图 2-2-9　铆钉的剪切变形

因此，杆件发生剪切变形的受力特点是杆件两侧面上外力的合力大小相等、方向相反、作用线距离很近，如图 2-2-9b 所示。变形的特点是两合力作用线之间的截面发生相对错动，如图 2-2-9c 所示，这种变形称为剪切变形，发生相对错动的截面称为剪切面。

### 2. 剪力

杆件发生剪切变形时，在剪切面内会产生沿截面分布的抵抗剪切变形的内力，称为剪力，一般用 $F$ 表示。如图 2-2-10a 所示的销轴连接中，销轴受剪切作用，截面 $m-m$ 和 $n-n$ 为切面，如图 2-2-10b 所示。现用截面法分析销轴中的内力和应力。假想沿 $m-m$ 和 $n-n$ 面将轴切开，取中间部分为研究对象，如图 2-2-10c 所示，根据平衡条件可知，剪切面 $m-m$ 和 $n-n$ 上的剪力与外力 $F$ 平衡，可计算出

$$F_Q = \frac{F}{2}$$

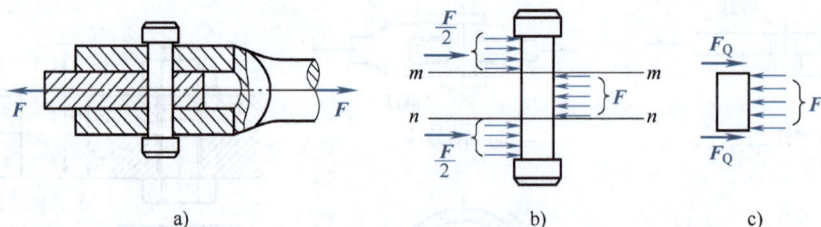

图 2-2-10　销轴连接

### 3. 切应力

单位面积上的剪力称为切应力或剪应力，通常用 $\tau$ 表示，单位为 Pa 或 MPa。切应力在切面内的分布规律比较复杂，工程实际中通常假定它是均匀分布的，其大小计算公式为

$$\tau = \frac{F_Q}{A}$$

式中　$\tau$——切应力，单位为 MPa；

　　　$F_Q$——剪力，单位为 N；

　　　$A$——剪切面的面积，单位为 mm²。

## 二、挤压

### 1. 挤压变形

通常情况下，各种连接构件在发生剪切变形的同时，由于局部压力较大，两构件在传速力的接触面上会出现压陷、起皱等塑性变形的现象，如图 2-2-11 所示，这种现象称为挤压变形。发生挤压变形的接触面称为挤压面，如图 2-2-11 中钢板内孔与铆钉的接触面。作用于接触面间的压力称为挤压力，常用 $F_{bs}$ 表示。

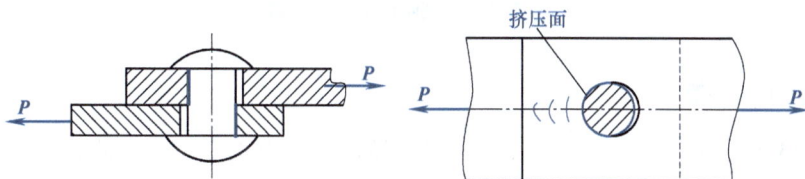

**图 2-2-11　铆钉连接中的挤压变形**

### 2. 挤压应力

挤压力在挤压面上引起的应力称为挤压应力，常用 $\sigma_{bs}$ 表示，单位为 Pa 或 MPa。挤压应力在挤压面上的分布规律很复杂，工程中为简化计算，通常认为挤压应力在挤压面上均匀分布，其计算公式为

$$\sigma_{bs} = \frac{F_{bs}}{A_{bs}}$$

式中　$F_{bs}$——挤压力，单位为 N；

　　　$A_{bs}$——挤压面积，单位为 mm$^2$。

挤压面积 $A_{bs}$ 的计算需要考虑接触面的形状。当接触面为平面时，挤压面积为有效接触面积，对于图 2-2-12a 所示的平键，其挤压面积 $A_{bs} = S_{ABCD}$；当接触面为圆柱形曲面时，接触面积为半圆柱面的正投影面积，例如，图 2-2-12b 所示的销钉，其挤压面积 $A_{bs} = d\delta$。

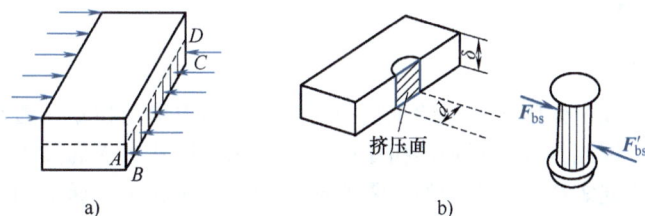

**图 2-2-12　挤压面积的计算**

注意：在工程实际中，应注意区分挤压应力与杆件压缩变形时的压应力，挤压应力只分布在挤压面附近的区域，相当于接触面上的压强，而压应力是均匀分布在杆件单位截面上的内力。

## 课题三　圆轴扭转

机械中的轴类零件主要用来传递旋转运动，需要承受扭矩的作用，并发生扭转变形。图 2-2-13a 所示的汽车传动轴将发动机的动力传递给驱动系统，图 2-2-13b 所示的转向轴将转向盘的转动传递给转向系统，图 2-2-13c 所示的齿轮轴将扭转传递给下级传动系统。除此之外，带传动轴、丝锥、钻头、螺钉等零部件在工作时均会受到扭矩的作用。

a)                                   b)                                   c)

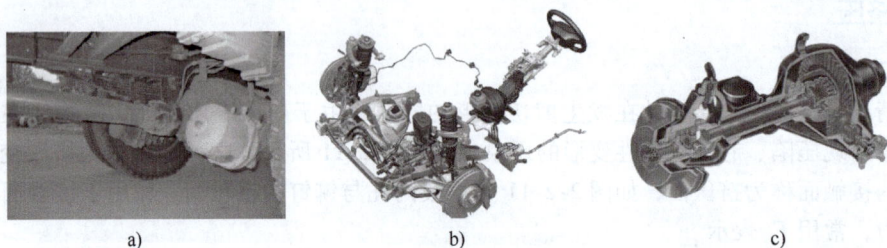

图 2-2-13    轴类零件的扭转

## 一、扭转的基本概念

从图 2-2-13 所示的实例可以看出，受扭转作用的杆件工作时具有相同的受力特点：在垂直于构件轴线的平面内作用有一对大小相等、方向相反的外力偶。在这对外力偶的作用下，杆件的横截面形状保持不变，但将绕其轴线产生相对转动，这样的变形称为扭转变形。通常把以发生扭转变形为主的杆件称为轴。在工程实际中，轴的横截面面积大多为圆形，故又称为圆轴。

如图 2-2-14 所示的圆轴在力偶 $M$ 的作用下发生扭转变形，任意两个截面之间相对转过的角度称为扭转角，用符号 $\varphi$ 表示；圆柱面上的纵向直线 $AB$ 转过一定角度 $\gamma$，变为螺旋线，$\gamma$ 称为切应变（用弧度来度量）。

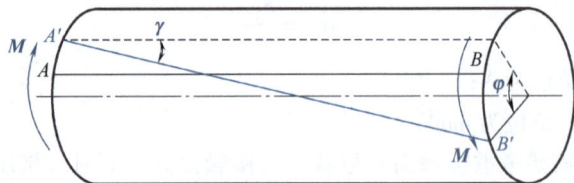

图 2-2-14    圆轴的扭转

## 二、扭矩和扭矩图

### 1. 扭矩

圆轴内部由于外力偶的作用而产生的抵抗扭转变形的内力称为扭矩，通常用 $T$ 表示。扭矩的大小与外力偶矩有关，因此在分析圆轴的扭矩时，需要先计算其所受的外力偶矩 $M$。在工程实际中，作用于轴上的外力偶矩往往是未知的，需要通过轴的转速和所传递的功率进行求解，计算公式为

$$M = 9550 \frac{P}{n}$$

式中   $M$——外力偶矩，单位为 N·m；

$P$——轴所传递的功率，单位为 kW；

$n$——转速，单位为 r/min。

（1）截面法求扭矩   与杆件拉压内力的求法类似，扭矩的计算方法通常采用截面法，同样分为切、取、代、求 4 个步骤。如图 2-2-15a 所示，某圆轴受一对外力偶 $M_e$ 作用处于平衡状态。为求解横截面上的扭矩，假想沿任意横截面 $m-m$ 将圆轴切开为 Ⅰ、Ⅱ 两部分，两部分截面上的扭矩分别用 $T$ 和 $T'$ 表示。取 Ⅰ 部分为研究对象，其受力情况如图 2-2-15b 所示，根据平衡条件，列平衡方程为

$$\sum M = 0$$

即

$$M_e - T = 0$$

解得扭矩的大小

$$T = M_e$$

同理，取 II 部分为研究对象，其受力情况如图 2-2-15c 所示，同样可求得扭矩的大小为

$$T' = M_e$$

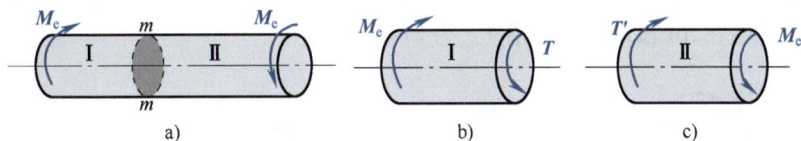

图 2-2-15　截面法求扭矩

（2）扭矩的正负号　为了保证用截面法求出的左、右两段轴上的扭矩具有相同的符号，通常采用右手螺旋法则来判定扭矩的正负号。具体方法为：以右手四指弯曲方向代表扭矩的转向，则大拇指的指向表示扭矩的方向，当大拇指的指向离开截面时，扭矩为正，如图 2-2-16a 所示，反之扭矩为负，如图 2-2-16b 所示。

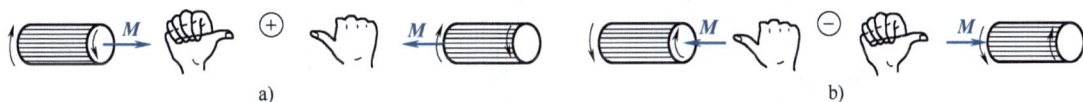

图 2-2-16　右手螺旋法则判断扭矩符号

### 2. 扭矩图

当轴上同时作用有多个外力偶时，为了直观地表示各截面扭矩的大小和方向，可绘制出扭矩随截面位置变化而变化的图形，这种图形称为扭矩图。扭矩图中通常用横坐标 $x$ 表示横截面在轴上的位置，纵坐标表示截面上的扭矩。

画扭矩图时，扭矩的大小采用一定比例的线段长度表示，并标明特性点扭矩的数值，同一扭矩图中的线段比例相同；一般正扭矩画在轴线上侧，负扭矩画在轴线下侧。

提示：当轴上同时存在多个外力偶作用时，各段轴横截面上的扭矩通常是不相等的，此时可先采用截面法求出各段轴横截面上的扭矩，再根据结果画扭矩图。

**例 2-2-2**　图 2-2-17a 所示为某变速器的齿轮轴，已知转速 $n = 1440\mathrm{r/min}$，齿轮 $A$ 的输入功率 $P_A = 41.3\mathrm{kW}$，齿轮 $B$、$C$ 的输出功率 $P_B = 30\mathrm{kW}$、$P_C = 11.3\mathrm{kW}$，试画出该主轴的扭矩图。

**解：**（1）计算各齿轮处的外力偶矩

$$M_A = 9550\frac{P_A}{n} = 9550 \times \frac{41.3}{1440}\mathrm{N \cdot m} = 274\mathrm{N \cdot m}$$

$$M_B = 9550\frac{P_B}{n} = 9550 \times \frac{30}{1440}\mathrm{N \cdot m} = 199\mathrm{N \cdot m}$$

$$M_C = 9550\frac{P_C}{n} = 9550 \times \frac{11.3}{1440}\mathrm{N \cdot m} = 75\mathrm{N \cdot m}$$

（2）计算各截面的扭矩　该齿轮轴受 3 个外力偶的作用，故将其分为 $AB$、$BC$ 两段，沿截面 1-1、2-2 切开。

$AB$ 段：如图 2-2-17b 所示，由平衡方程

$$T_1 + M_A = 0$$

可得

$$T_1 = -M_A = -274\text{N} \cdot \text{m}$$

$BC$ 段：如图 2-2-17c 所示，由平衡方程

$$T_2 + M_A - M_B = 0$$

可得

$$T_2 = -M_A + M_B = -75\text{N} \cdot \text{m}$$

（3）画扭矩图　根据上述计算结果，按比例画扭矩图，如图 2-2-17d 所示。由图可知，该齿轮轴的最大扭矩发生在 $AB$ 段内，扭矩值 $T_{max}$ 为 274N·m。

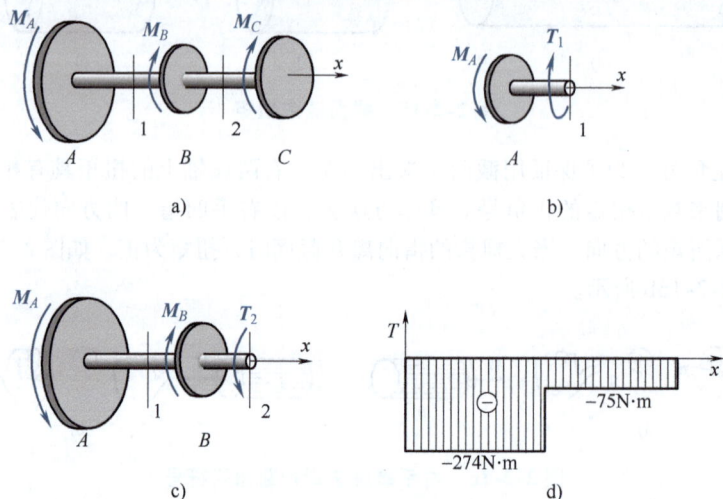

图 2-2-17　某变速器的齿轮轴扭矩分析

## 课题四　梁的弯曲

工程中有许多杆件在工作时发生弯曲变形，例如，汽车大梁由于承受整体车重而向下弯曲（图 2-2-18a），火车轮轮轴在两端承受重量而发生向上弯曲（图 2-2-18b）。

a) 汽车大梁

b) 火车轮轮轴

图 2-2-18　平面弯曲实例

## 一、平面弯曲

### 1. 平面弯曲的概念

汽车大梁、火车轮轮轴等杆件具有相同的受力特点：外力垂直于轴或在轴线所在平面内受到

力偶的作用,具有相同的变形特点,构件轴线由直线变为曲线。这种变形称为弯曲变形。工程中通常将以弯曲变形为主的直杆称为直梁,简称为梁。

机械和工程结构中梁的截面大多具有对称轴,如图 2-2-19 所示,对称轴($y$ 轴)与梁的轴线($x$ 轴)构成的平面称为纵向对称面。当作用在梁上的所有外力或力偶都位于纵向对称面且所有力的作用线都与梁的轴线垂直时,梁发生的变形称为平面弯曲,如图 2-2-20 所示。梁发生平面弯曲变形时,其轴线将在纵向对称面内由直线变为一条光滑曲线。

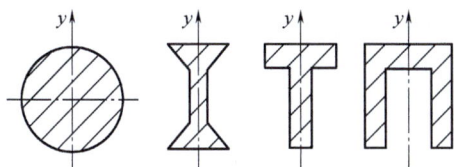

图 2-2-19　梁截面的对称轴

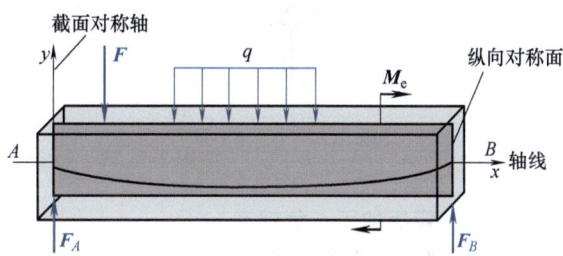

图 2-2-20　火车轮轮轴及直梁的纵向对称平面

### 2. 梁的分类

梁的结构形式很多,根据梁支座的不同,梁可简化为简支梁、外伸梁和悬臂梁等 3 种基本形式,如图 2-2-21 所示。

(1)简支梁　一端是固定铰链支座,另一端是活动铰链支座的梁称为简支梁,如图 2-2-21a所示。

(2)外伸梁　支座与简支梁相同,一端或两端伸出在支座之外的梁称为外伸梁,如图 2-2-21b所示。

(3)悬臂梁　一端自由而另一端固定的梁称为悬臂梁,如图 2-2-21c 所示。

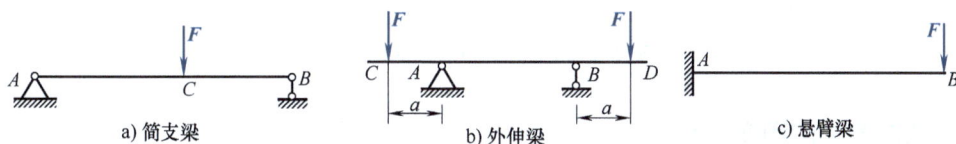

a)简支梁　　　　　b)外伸梁　　　　　c)悬臂梁

图 2-2-21　梁的示意图

### 3. 梁上载荷的简化

梁上的载荷可简化为集中力、集中力偶和分布载荷 3 种情况。

(1)集中力　集中力作用在梁上一段很小的范围内,可近似简化为作用于一点,如图 2-2-22 所示的力 $F$,其单位为 N 或 kN。

(2)集中力偶　作用在微小梁段上的外力偶可近似简化为作用于一点,如图 2-2-22 所示的力偶 $M$,其单位为 N·m 或 kN·m。

(3)分布载荷　分布载荷是指沿梁轴线方向、在一定长度上连

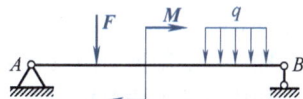

图 2-2-22　梁上的载荷

续分布的力系,如图 2-2-22 所示的均布载荷 $q$,其大小用载荷密集度表示,单位为 N/m 或 kN/m。

## 二、平面弯曲的内力——剪力和弯矩

### 1. 剪力和弯矩的概念

梁在平面弯曲时所产生的内力可以采用截面法求解。如图 2-2-23a 所示,简支梁受外力 $F$ 作

用,$A$、$B$ 端铰链分别对梁作用有约束力 $F_A$、$F_B$。假想沿距 $A$ 端 $x$ 处的截面 $n-n$ 将梁切开,取左段为研究对象,如图 2-2-23b 所示,由于整个梁是平衡的,故左段也是平衡的。根据平衡条件可知,截面上必然存在两个分量:力 $F_Q$ 和力偶 $M$。其中,$F_Q$ 是作用线平行于横截面的内力合力,称为剪力;$M$ 是力偶面垂直于横截面的内力系的合力偶矩,称为弯矩。

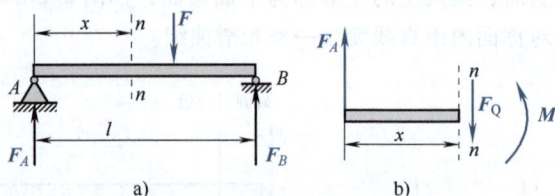

图 2-2-23  简支梁的弯曲内力

### 2. 剪力和弯矩的正、负规定

为了保证梁弯曲时同一截面两侧的剪力和弯矩的符号分别相同,需要对梁任意截面内剪力与弯矩的正、负号进行统一规定。

(1)剪力的正、负号  剪力的正、负号规定为:截面上的剪力对梁上任意一点的矩为顺时针转向时,则该力所产生的剪力为正,反之则为负,如图 2-2-24a 所示。

(2)弯矩的正、负号  弯矩的正、负号规定为:截面上的弯矩使得梁呈凹形,则该力所产生的弯矩为正,反之则为负,如图 2-2-24b 所示。

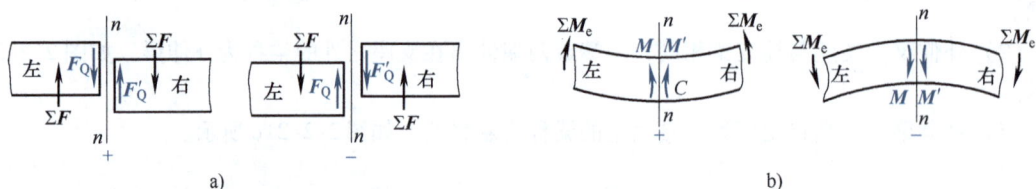

图 2-2-24  剪力和弯矩的正负号

### 三、绘制剪力图和弯矩图

#### 1. 剪力图和弯矩图的概念

为了描述梁弯曲时各横截面剪力或弯矩的分布情况,可用 $x$ 表示横截面的位置,则剪力 $F_Q$ 和弯矩 $M$ 是 $x$ 的函数,即 $F_Q = F_Q(x)$,$M = M(x)$,两式分别称为剪力方程和弯矩方程。同时,可以用图线来描述剪力或弯矩随着截面位置变化而变化的情况,这种图线称为剪力图或弯矩图。

提示:绘制剪力图或弯矩图时,用 $x$ 坐标表示横截面的位置,纵坐标 $y$ 按一定的比例表示各截面上相应的剪力或弯矩大小,其中,正剪力和正弯矩画在 $x$ 轴的上方,负剪力和负弯矩画在 $x$ 轴的下方。

#### 2. 绘制剪力图和弯矩图的步骤

通常按照以下步骤绘制剪力图和弯矩图:

1)根据受力分析和平衡条件,建立所选横截面的剪力方程或弯矩方程。

2)分别计算出各特殊点的剪力值或弯矩值。

3)利用方程函数的图像特点绘制剪力图或弯矩图。

**例 2-2-3**  图 2-2-25a 所示为某种型号的货车,货物和车的总质量为 5t,前、后车轮之间的距离为3.5m，后轮到车厢尾端距离为1.5m，前部重量较轻，故前轮到车头距离忽略不计，假设所有重量均匀分布在货车大梁上，试绘制货车大梁的剪力图和弯矩图。

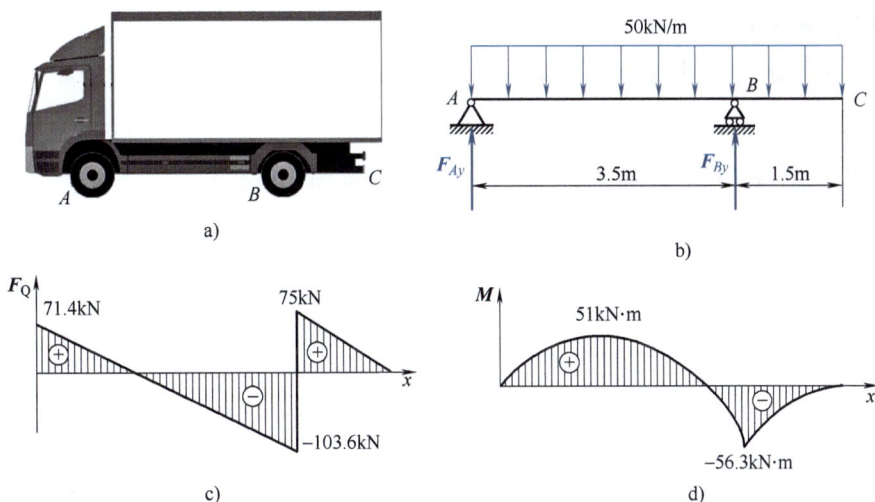

图 2-2-25　货车大梁剪力图和弯矩图

**解**：根据题目条件，将货车大梁简化为图 2-2-25b 所示的简支梁模型，均布载荷 $q = 50\text{kN}$，$L_{AB} = 3.5\text{m}$，$L_{BC} = 1.5\text{m}$。设前、后轮对大梁的作用反力分别为 $F_{Ay}$、$F_{By}$。

（1）求约束反力（支座力）$F_{Ay}$、$F_{By}$　根据平衡条件，列平衡方程为

$$\begin{cases} F_{Ay} + F_{By} = q(L_{AB} + L_{BC}) \\ F_{Ay}L_{AB} = \dfrac{1}{2}q(L_{AB} + L_{BC})^2 \end{cases}$$

代入数据可求得

$$F_{Ay} = 71.4\text{kN}, F_{By} = 178.6\text{kN}$$

（2）画剪力图

1）根据支座约束的特点，将梁分为 AB、BC 两段，分别列出 AB、BC 段的剪力方程。

AB 段：

$$F_{QAB}(x) = F_{Ay} - qx = 71.4 - 50x (0 < x < 3.5)$$

BC 段：

$$F_{QBC}(x) = F_{Ay} + F_{By} - qx = 250 - 50x (3.5 < x < 5)$$

2）计算各特性点的剪力值。

A 右截面：$F_{QA+} = F_{Ay} = 71.4\text{kN}$

B 左截面：$F_{QB-} = (71.4 - 50 \times 3.5)\text{kN} = -103.6\text{kN}$

B 右截面：$F_{QB+} = (250 - 50 \times 3.5)\text{kN} = 75\text{kN}$

C 左截面：$F_{QC-} = 0$

3）根据以上计算出的各截面剪力值绘制剪力图，如图 2-2-25c 所示。

（3）画弯矩图

1）用截面法分别列出 AB、BC 的弯矩方程为

AB 段：$M_{x1} = F_{QAB}(x)x - \dfrac{1}{2}qx^2 = 71.4x - 25x^2 (0 < x < 3.5)$

$BC$ 段：$M_{x2} = \dfrac{1}{2}q(5-x)^2 = 25(5-x)^2\ (3.5 < x < 5)$

2）计算各特性点的弯矩值。

A 右截面：$M_A = 0$

B 截面：$M_B = F_{By}L_{AB} - \dfrac{1}{2}qL_{AB}^2 = -56.3\text{kN} \cdot \text{m}$

C 截面：$M_C = 0$

3）根据以上计算出的各截面的弯矩值画出弯矩图，如图 2-2-25d 所示。

# 模块三　汽车常用机构

## 单元一　机构的组成及运动简图

**1. 知识目标**

1）掌握机器、机构、构件和零件的概念。

2）掌握高副和低副的区别。

3）掌握识读机构运动简图的方法。

**2. 能力目标**

能绘制常用机构的运动简图。

汽车是由各种机构，如曲柄连杆机构、配气机构（图 3-1-1）、转向机构等来实现特定形式运动的机器，而机构是由各种零件组成的，那么它们之间有怎样的联系和区别呢?

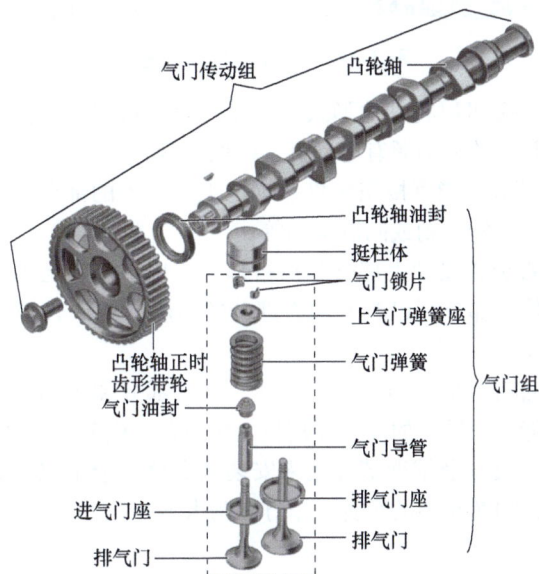

**图 3-1-1　配气机构**

**课题一　机构的结构分析**

### 一、机器

机器是人们根据使用要求而设计制造的一种执行机械运动的装置，它可以用来变换或传递能量、物料与信息，从而减轻人类的体力和脑力劳动。随着社会的不断进步，各种机器在人们的日常生活和生产活动中扮演着重要的角色，如汽车、洗衣机、起重机、数控车床等，虽然这些机器的形状、结构和用途各不相同，但是它们具有以下的共同特征：

1）属于人为的实体组合体。

2）各运动实体之间具有确定的相对运动。

3）能代替或减轻人类的劳动，利用机械能做功或进行能量转换。

#### 1. 机器的组成

根据组成部分功能的不同，一部完整的机器一般包括 5 个部分。下面以轿车为例，介绍机器各组成部分的含义：

轿车的组成部分如图 3-1-2 所示，可以看出，完整的机器一般由动力部分、执行部分、传动部分、控制部分、支撑及辅助部分组成。

动力部分：发动机
执行部分：车轮
传动部分：变速器、传动轴等
控制部分：转向盘、加速踏板、制动踏板等

**图 3-1-2　轿车的组成部分**

（1）动力部分　动力部分可以将其他形式的能量转化为机械能，是整个机器的动力源，如轿车中的发动机。各种机器常用的动力源有电动机、内燃机等。

（2）执行部分　执行部分是能直接完成机器预定工作任务的部分，如轿车中的车轮。执行部分的运动形式有直线运动、回转运动或间歇运动等。

（3）传动部分　传动部分连接动力部分和执行部分，用来传递运动和动力，如轿车中的离合器、变速器和差速器等。传动部分可以改变动力部分的运动形式或转矩的大小，从而满足执行部分的各种要求。

（4）控制部分　控制部分控制机器中动力部分、执行部分和传动部分协调工作，以使机器完成预定动作或实现预定功能，如轿车的离合器踏板、转向盘、变速杆、制动踏板和加速踏板等。

（5）支撑及辅助部分　支撑及辅助部分用来安装和支撑其余组成部分，通常包括基础件、支撑构件、润滑及照明部分，如轿车中的车身、车灯和刮水器等。

#### 2. 机器的类型

根据用途的不同，机器可分为动力机器、加工机器、运输机器和信息机器，它们各自的用途及应用举例见表 3-1-1。

**表 3-1-1　机器的用途及应用举例**

| 类　型 | 用　途 | 应用举例 |
|---|---|---|
| 动力机器 | 实现其他能量与机械能之间的转换 | 电动机　　　　　内燃机 |
| 加工机器 | 用来改变加工对象的尺寸形状、性质和状态 | 车床　　　　　铣床 |
| 运输机器 | 用来运输人员或物品 | 客车　　　　　叉车 |
| 信息机器 | 用来获取或变换信息 | 照相机　　　　传真机 |

需要指出的是，现在机器的种类和功能越来越丰富，所以机器按功能的分类逐渐变得模糊。例如，对于工业机器人来说，进行焊接和装配时它属于加工机器，用来搬运物料时它属于运输机器。

## 二、机构

机构是具有确定相对运动的构件的组合，它是用来传递运动和动力的构件系统。机器可以看作是一个或若干个机构的组合。如果从结构和运动的观点来看，机器和机构两者之间没有明显区别，故通常将机器和机构统称为机械。常用的机构类型有连杆机构、带传动机构、齿轮机构和凸轮机构等。例如，汽车发动机为一台机器，它由曲柄连杆机构（图 3-1-3）和凸轮机构等组成。机器与机构的区别和联系见表 3-1-2。

图 3-1-3　发动机曲柄连杆机构

**表 3-1-2　机器与机构的区别和联系**

| 名称 | 特　征 | 功　用 | 备　注 |
|---|---|---|---|
| 机器 | 1）属于人为的实体组合体<br>2）各运动实体之间具有确定的相对运动<br>3）能代替或减轻人类的劳动，利用机械能做功或进行能量转换 | 利用机械能做功或实现能量转换 | 从结构或运动的角度来看，机器与机构相同 |
| 机构 | 具有机器1）和2）两个特征，无机器3）特征 | 传递或转变运动的形式 | |

### 三、构件与零件

构件是指组成机构的各个具有相对运动关系的实体，它是机构中的运动单元。如图 3-1-4 所示，内燃机的曲柄连杆机构中包括曲柄、连杆和活塞等构件。构件可以是一个整体，也可以由更小的单元装配而成，如图 3-1-5 所示，内燃机连杆由连杆体、轴瓦、连杆盖、螺母和螺栓等装配而成。机器中不可拆卸的制造单元称为机械零件，简称为零件。

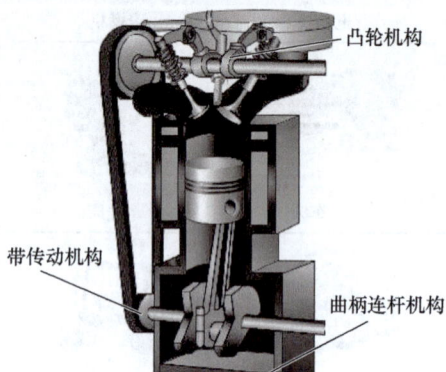

图 3-1-4　内燃机

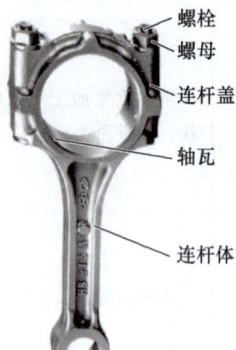

图 3-1-5　内燃机连杆

零件是组成机器的基本单元，按照适用范围的不同，零件可分为通用零件和专用零件两类。其中，通用零件在各种机器中都能用到，如螺栓、螺母、销钉、轴承和齿轮等，专用零件仅用于实现特定功能的机器，如内燃机的曲轴、连杆等。构件与零件的区别和联系见表 3-1-3。

表 3-1-3　构件与零件的区别和联系

| 名　称 | 区　别 | 联　系 |
|---|---|---|
| 构件 | 从运动角度而言，相互间能做相对运动的运动单元 | 构件可以是一个零件，也可以是若干个零件组成的单元体 |
| 零件 | 从制造角度而言，是不可拆的最小的制造单元 | |

## 课题二　运动副及其分类

### 一、运动副

使两个构件直接接触，又能保持一定的相对运动的连接形式称为运动副。例如，活塞与气缸的连接构成移动副，连接门与门框的合页构成转动副。两构件只能位于同一平面或平行平面内做相对运动的运动副称为平面运动副，反之，则为空间运动副。

### 二、运动副的分类

根据运动副中两构件的接触形式不同，平面运动副可分为低副和高副。

**1. 低副**

两个构件之间通过面接触的运动副称为低副。低副可分为转动副和移动副。

转动副为两构件在接触面做相对转动的运动副，如汽车车门铰链，如图 3-1-6 所示。

移动副为两构件在接触面做相对直线移动的运动副，如活塞在气缸的移动，如图 3-1-7 所示。

a) 结构图　　　　　b) 汽车车门铰链

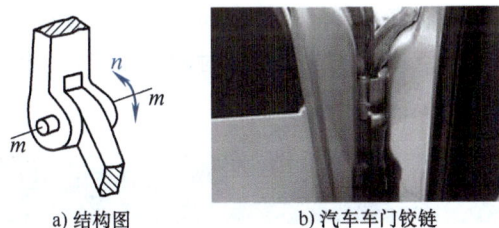

**图 3-1-6　转动副的结构**

转动副

a) 结构图　　　　　b) 气缸中活塞移动

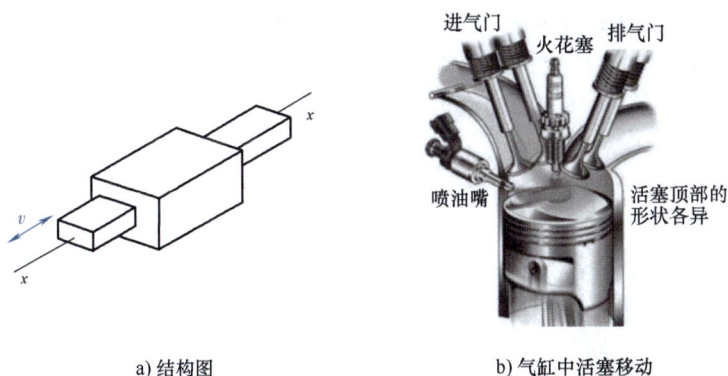

**图 3-1-7　移动副的结构**

移动副

两构件螺纹与螺母接触处做螺旋面转动的运动副称为螺旋副，也属于低副。构成螺旋副的两构件的运动为空间的螺旋曲面，不属于平面运动副的范畴，如活扳手的螺旋副，如图 3-1-8 所示。

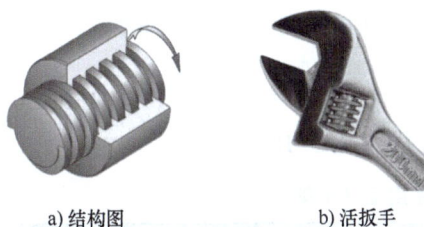

a) 结构图　　　　　b) 活扳手

**图 3-1-8　螺旋副的结构**

螺旋副

**2. 高副**

两个构件之间通过点或线接触的运动副称为高副，如图 3-1-9 所示的火车轮与钢轨、两啮合齿轮为线接触；凸轮与推杆间为点接触。

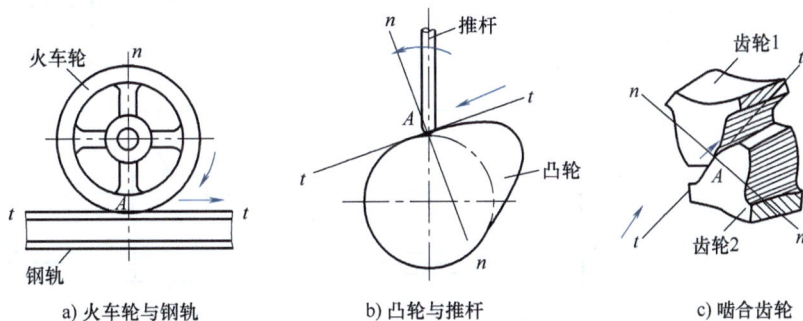

a) 火车轮与钢轨　　　　　b) 凸轮与推杆　　　　　c) 啮合齿轮

**图 3-1-9　高副的结构**

高副、低副是指承载时相对于接触处产生的压强高低而言的。低副的接触处一般是圆柱面或平面，承受载荷时的压强较小；高副的接触处一般是点或线，承受载荷时的压强较大，接触处易磨损。

## 课题三 平面机构的运动简图

工程实际中的机构往往具有复杂的外形和结构，在研究这些机构的运动规律时，为了简化问题，可忽略机构中不影响运动关系的因素（如构件的形状、组成构件的零件数目和运动副的具体结构等），而仅用简单的线条或符号画出运动方案以供分析。这种用规定的符号和线条表示构件和运动副，按一定的比例表示运动副的相对位置，并准确反映平面机构运动特征的简图，称为机构运动简图。图 3-1-10 所示为用机构运动简图表示的汽车曲柄连杆机构。

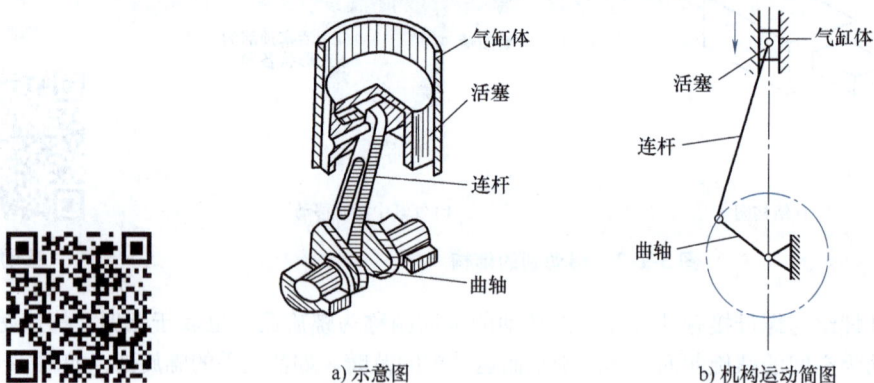

a) 示意图　　　　　　b) 机构运动简图

曲柄摇杆机构

**图 3-1-10　用机构运动简图表示的汽车曲柄连杆机构**

为了便于绘制机构运动简图，运动副常常用简单的符号来表示（GB/T 4460—2013）。表 3-1-4 所示为常用运动副符号（图中画有阴影线的构件代表固定构件）。

**表 3-1-4　常用运动副符号**

| 运动副名称 | | 运动副符号 | |
| --- | --- | --- | --- |
| | | 两运动构件构成的运动副 | 两构件之一为固定时的运动副 |
| 平面运动副 | 转动副 | （V级） | （V级） |
| | 移动副 | （V级） | （V级） |

（续）

| 运动副名称 | | 运动副符号 | |
| --- | --- | --- | --- |
| | | 两运动构件构成的运动副 | 两构件之一为固定时的运动副 |
| 平面运动副 | 平面高副 | （Ⅳ级） | （Ⅳ级） |
| 空间运动副 | 点接触高副与线接触高副 | （Ⅰ级） （Ⅱ级） | （Ⅰ级） （Ⅱ级） |
| | 圆柱副 | （Ⅳ级） | （Ⅳ级） |
| | 球面副及球销副 | （Ⅲ级） （Ⅳ级） | （Ⅲ级） （Ⅳ级） |
| | 螺旋副 | （Ⅴ级） | （Ⅴ级） |

# 单元二　铰链四杆机构

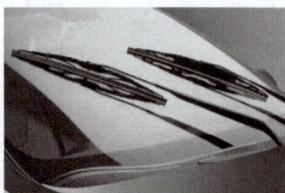 省略

## 学习目标

**1. 知识目标**

1) 掌握常见铰链四杆机构的类型、特点及应用。

2) 掌握铰链四杆机构曲柄存在的条件及类型判别方法。

3) 了解铰链四杆机构的演化形式及应用。

4) 理解铰链四杆机构的传动特性。

**2. 能力目标**

1) 能够正确分析常用机构的类型。

2) 能够正确分析常用机构的运动特性。

生活中常常可以看到，汽车前风窗玻璃的刮水器开启后，能够通过左右摆动刮掉玻璃上的雨水（图 3-2-1a），货车的车厢能自动升起完成卸货（图 3-2-1b）；公交车门在开启按钮后能自动开启和关闭（图 3-2-1c）。那么，这些机械装置是怎么工作的呢？

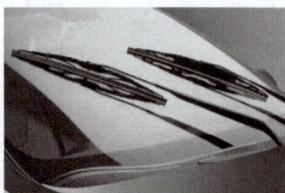

a)汽车刮水器　　　　　　　b)自卸货车　　　　　c)车门

**图 3-2-1　铰链四杆机构应用实例**

## 课题一　铰链四杆机构的组成及类型

平面连杆机构是由若干构件以低副连接组成的平面机构。最常见的平面连杆机构为平面四杆机构，其中全部运动副为转动副的四杆机构称为铰链四杆机构。

### 一、铰链四杆机构的组成

在图 3-2-2 所示的铰链四杆机构中，固定不动的构件称为机架，以转动副与机架相连的两个杆称为连架杆，不与机架相连的杆称为连杆。能绕机架旋转整周 360°的连架杆称为曲柄，相对机架做小于 360°范围内往返摆动的连架杆称为摇杆。

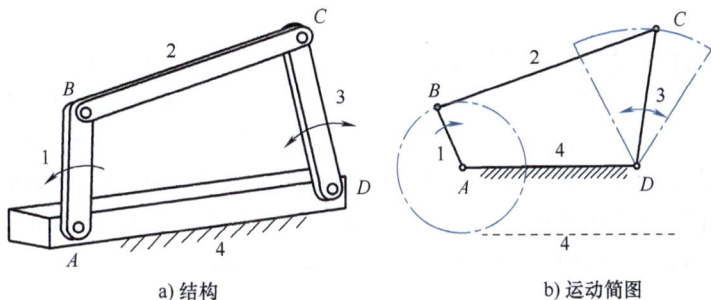

**图 3-2-2　铰链四杆机构的组成**
1—曲柄　2—连杆　3—摇杆　4—机架

a) 结构　　　　b) 运动简图

## 二、铰链四杆机构的类型

铰链四杆机构的类型主要有曲柄摇杆机构、双曲柄机构和双摇杆机构，如图 3-2-3 所示。

a) 曲柄摇杆机构　　b) 双曲柄机构　　c) 双摇杆机构

**图 3-2-3　铰链四杆机构的 3 种基本形式**

双曲柄机构

双摇杆机构

### 1. 曲柄摇杆机构

如果铰链四杆机构中的两连架杆中有一个为曲柄，另一个为摇杆，则该机构称为曲柄摇杆机构。如图 3-2-3a 所示，当曲柄做连续等速整周转动时，摇杆将在一定角度内做变速的往复摇动。曲柄摇杆机构能将主动件的整周回转运动转换成从动件的往复摇动。

曲柄摇杆机构在工程机械中应用非常广泛，如雷达设备、搅拌机、缝纫机和鳄式破碎机等。图 3-2-4 所示为雷达天线仰俯角调整机构。

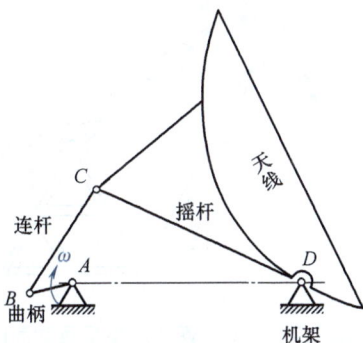

**图 3-2-4　雷达天线仰俯角调整机构**

雷达仰俯机构

## 2. 双曲柄机构

如果铰链四杆机构中的两个连架杆都是能做整周转动的曲柄，则该机构称为双曲柄机构。如图 3-2-3b 所示，当其中一个曲柄做等速整周转动时，另一个从动曲柄也做整周转动。如果两曲柄的长度不等，则从动曲柄只能做变速转动。如果两曲柄的长度相等且平行，称该双曲柄机构为平行双曲柄机构，连杆在该机构的运动中做平动。当双曲柄的转向相同时，双曲柄的角速度相等，称该双曲柄机构为同向双曲柄机构，如图 3-2-5a 所示；当双曲柄的转向相反时，双曲柄的角速度不相等，称该双曲柄机构为反向双曲柄机构，如图 3-2-5b 所示。

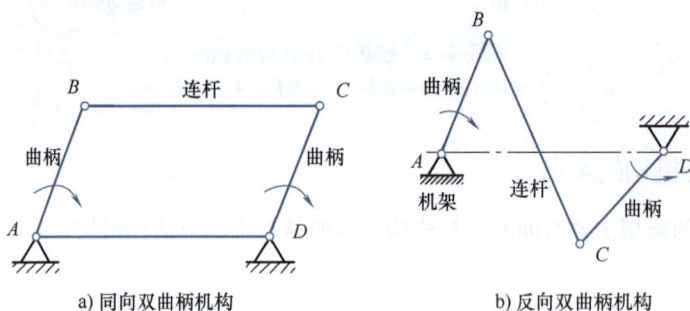

a) 同向双曲柄机构　　　　　　　b) 反向双曲柄机构

图 3-2-5　双曲柄机构运动简图

同向双曲柄机构应用于车窗刮水器的联动机构，如图 3-2-6 所示。反向双曲柄机构应用于公共汽车双开门的开启与关闭机构中，如图 3-2-7 所示。

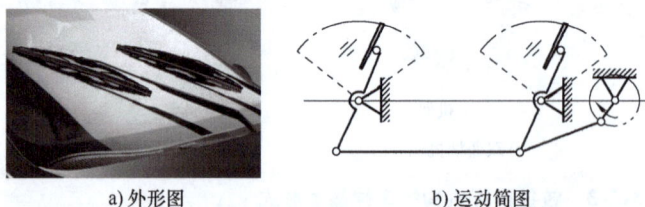

a) 外形图　　　　　　　b) 运动简图

图 3-2-6　车窗刮水器的外形图与同向双曲柄机构运动简图

## 3. 双摇杆机构

如果铰链四杆机构中的两连架杆都为摇杆，该机构称为双摇杆机构。如图 3-2-3c 所示，双摇杆机构中不存在曲柄。它可将主动摇杆的往复摆动经连杆转变为从动摇杆的往复摆动。图 3-2-8 所示为港口鹤式起重机运动简图。其中，构件 AB 和 CD 为两个摇杆。当原动摇杆 AB 摆动时，摇杆 CD 跟着摆动，带动重物做近似水平直线移动，从而避免在移动重物时由于不必要的升降而引起额外的能量消耗。

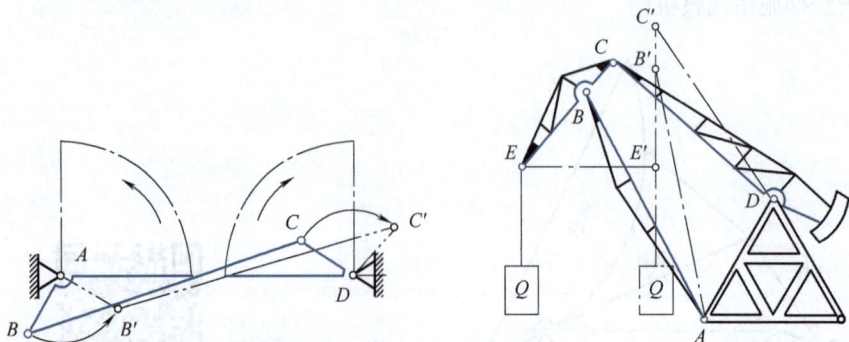

图 3-2-7　公共汽车双开门的反向
双曲柄机构运动简图

图 3-2-8　港口鹤式起重机运动简图

鹤式起重机

当双摇杆的长度相等时，称为等腰梯形机构。双摇杆机构在工程实际中应用很广泛，图3-2-9所示为汽车前轮转向结构示意图与运动简图。

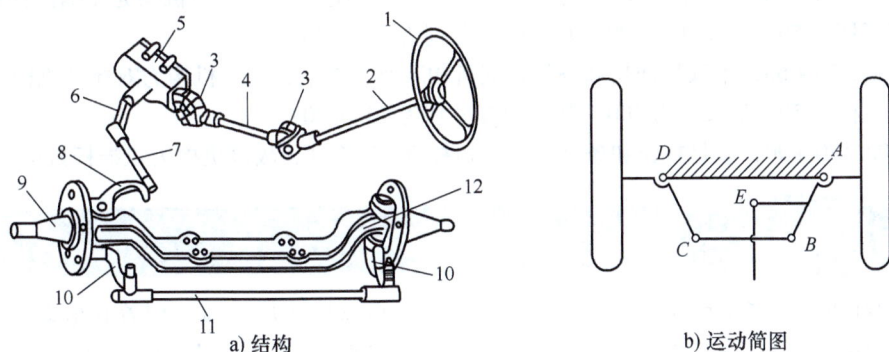

a) 结构　　　　　　　　　　　b) 运动简图

**图3-2-9　汽车前轮转向结构示意图与运动简图**

1—转向盘　2、4、7、11—传动杆　3—联轴器　5—传动装置　6—拨杆

8、10—摇杆　9—传动轴　12—支撑架

### 三、铰链四杆机构类型的判别

铰链四杆机构是根据机构中曲柄和摇杆的数目进行分类的，因此要判断铰链四杆机构的类型，必须要先判断机构中是否存在曲柄。

**1. 曲柄存在的条件**

分析表明，曲柄的数目取决于铰链四杆机构中各构件的相对长度和最短杆所处的位置。连架杆成为曲柄必须满足下列两个条件：

1）最长杆与最短杆长度之和，小于或等于其余两杆长度之和。

2）连架杆与机架两者之一为最短杆。

**2. 铰链四杆机构基本类型的判别方法**

1）如果满足杆长和条件，铰链四杆机构的形式取决于最短杆。

① 若最短杆为连架杆，则机构为曲柄摇杆机构。

② 若最短杆为机架，则机构为双曲柄机构。

③ 若最短杆为连杆，则机构为双摇杆机构。

2）如果不满足杆长和条件，则铰链四杆机构为双摇杆机构。

**例3-2-1**　已知各构件的尺寸如图3-2-10所示，试判断下列机构的类型。

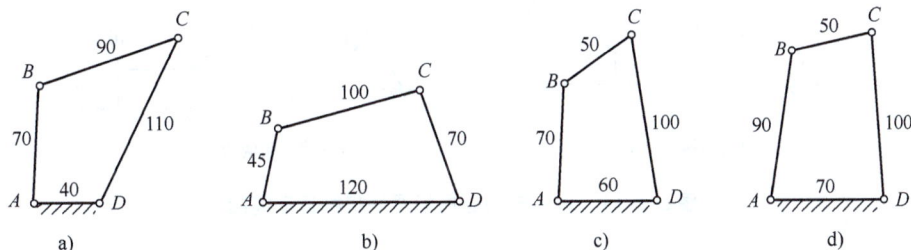

a)　　　　　　　　b)　　　　　　　　c)　　　　　　　　d)

**图3-2-10　铰链四杆机构的类型判断**

**解：**1）最短杆为40，最长杆为110，其他两杆分别为70和90；

$40 + 110 < 70 + 90$，满足杆长和条件，且最短杆 $AD$ 为机架，故该机构为双曲柄机构。

2）最短杆为 45，最长杆为 120，其他两杆分别为 70 和 100；

$45 + 120 < 70 + 100$，满足杆长和条件，且最短杆 $AB$ 为连架杆，故该机构为曲柄摇杆机构。

3）最短杆为 50，最长杆为 100，其他两杆分别为 60 和 70；

$50 + 100 > 70 + 60$，不满足杆长和条件，则机构不存在曲柄，故该机构为双摇杆机构。

4）最短杆为 50，最长杆为 100，其他两杆分别为 70 和 90；

$50 + 100 < 70 + 90$，满足杆长和条件，且最短杆 $BC$ 为连杆，故该机构为双摇杆机构。

## 课题二 铰链四杆机构的演化

铰链四杆机构除了上面 3 种类型之外，在实际的机器中还广泛地应用着其他多种形式的四杆机构。这些形式的四杆机构可以认为是通过改变铰链四杆机构中某些构件的形状和相对尺寸，或改变某些运动副形式，或选择不同构件作为机架的办法，由铰链四杆机构的基本形式演变而成的。

### 一、曲柄滑块机构

在图 3-2-11 所示的曲柄摇杆机构中，如果摇杆的长度越长，摇杆到左、右极限位置时的摇动夹角变得越小。当摇杆的长度为无限长时，摇杆的左、右极限位置的夹角将变成零，摇杆的摇动变成了滑动，曲柄摇杆机构将转化成曲柄滑块机构，如图 3-2-12 所示。

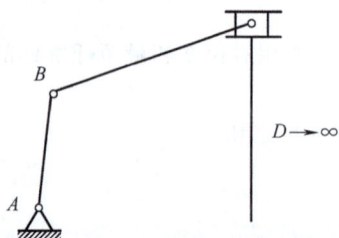

图 3-2-11 曲柄摇杆机构转换简图

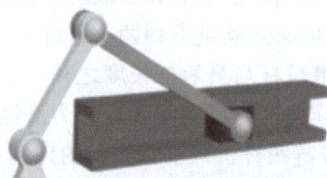

图 3-2-12 曲柄滑块机构

曲柄滑块机构按曲柄转动中心与滑块是否在同一条直线上，分为对心曲柄滑块机构和偏心曲柄滑块机构两种，如图 3-2-13 所示。

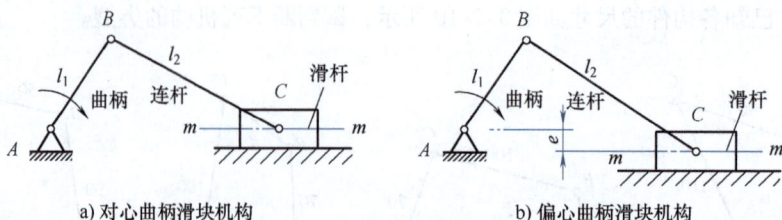

a) 对心曲柄滑块机构      b) 偏心曲柄滑块机构

图 3-2-13 对心与偏心曲柄滑块机构运动简图

曲柄滑块机构的功能是：将主动滑块的往复直线运动经连杆转换为从动曲柄的连续转动，如图 3-2-14 所示的内燃机气缸。另外，在曲柄滑块机构中，可将主动曲柄的连续转动经连杆转变为从动滑块的往复直线运动，如冲压机、往复式液体泵、自动送料机、手动冲孔钳等。

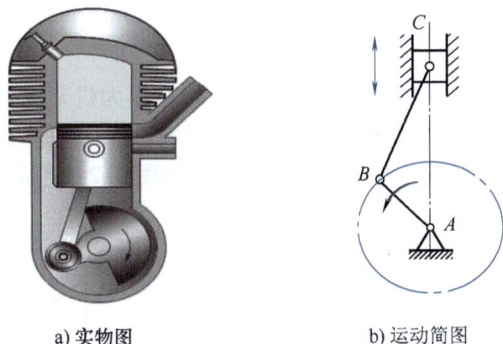

a) 实物图　　　　　　b) 运动简图

图 3-2-14　内燃机气缸

## 二、导杆机构

导杆机构是指连架杆中至少有一个构件为导杆的平面四杆机构。

导杆机构包括曲柄转动导杆机构和曲柄摆动导杆机构。

在曲柄滑块机构中，如图 3-2-15 所示，如果 $l_1 \leqslant l_2$，将构件 1 作为机架，构件 2 作为原动件，则当构件 2 做圆周转动时，构件 3（滑块）沿导杆 4 移动并做平面运动，导杆 4 将做整周回转运动，该机构称为曲柄转动导杆机构。

曲柄转动导杆机构的功能是：将曲柄的匀速圆周运动转换为导杆的变角速度运动。如图 3-2-16 所示的简易刨床的主运动机构就利用了曲柄转动导杆机构。

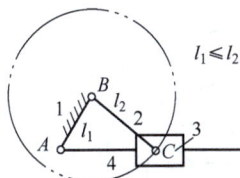

图 3-2-15　曲柄转动导杆机构

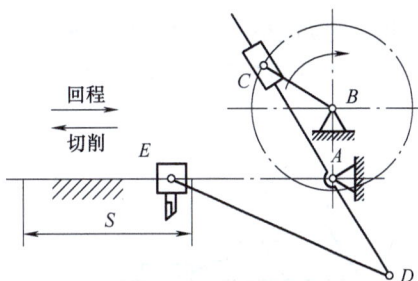

图 3-2-16　简易刨床的主运动机构运动简图

在曲柄滑块机构中，如图 3-2-17 所示，如果 $l_1 > l_2$，将构件 1 作为机架，构件 2 作为原动件，则当构件 2 做圆周转动时，构件 3（滑块）沿导杆 4 移动并做平面运动，导杆 4 将做往复摆动运动，该机构称为曲柄摆动导杆机构。

曲柄摆动导杆机构的功能是：将曲柄的圆周运动转换为导杆的往复摆动。如图 3-2-18 所示的牛头刨床的主运动机构就利用了曲柄摆动导杆机构。

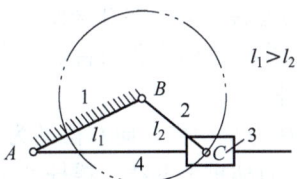

图 3-2-17　曲柄摆动导杆机构

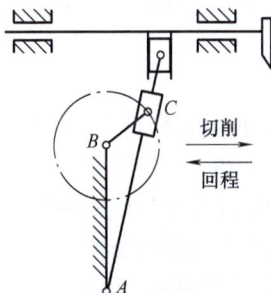

图 3-2-18　牛头刨床的主运动机构运动简图

### 三、摇杆滑块机构

在曲柄滑块机构中，如图 3-2-19 所示，如果将滑块 C 作为机架，BC 杆作为绕滑块 C 摆动的摇杆，AC 杆在滑块中做往复移动，则该机构称为摇杆滑块机构（或称为定块机构）。摇杆滑块机构的功能是：将连杆的往复摆动转换为导杆的往复移动。如图 3-2-20 所示的手压抽水机机构就利用了摇杆滑块机构。

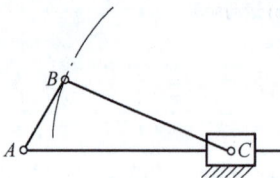

图 3-2-19　摇杆滑块机构　　　　图 3-2-20　手压抽水机机构运动简图

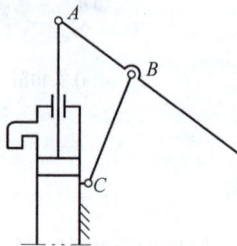

### 四、曲柄摇块机构

在曲柄滑块机构中，如图 3-2-21 所示，如果将连杆 BC 作为机架，曲柄 AB 做整周转动，滑块只能绕滑块 C 摆动，导杆 AC 在滑块中做往复摆动，则该机构称为曲柄摇块机构（或称为摇块机构）。

曲柄摇块机构的功能是：将曲柄的整周转动（或往复摆动）转换为滑块的往复摆动。如图 3-2-22 所示的自卸汽车的翻斗机构就利用了曲柄摇块机构。

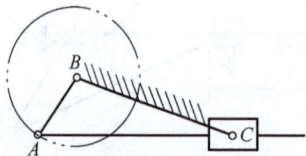

图 3-2-21　曲柄摇块机构　　　　图 3-2-22　自卸汽车的翻斗机构运动简图

## 课题三　铰链四杆机构的基本特性

铰链四杆机构具有传递、变换运动和力的功能，了解铰链四杆机构的工作特性，对于正确选择铰链四杆机构的类型和设计有着重要的意义。

### 一、急回特性

图 3-2-23 所示为曲柄摇杆机构急回特性分析。当曲柄做匀速转动时，摇杆来回摆动的速度不相等。摆动回来的速度快，摆动过去的速度慢，摇杆快速摆回的特性称为急回特性。应用曲柄摇杆机构的急回特性可以减少摇杆回程的工作时间，提高工作效率。

设曲柄 AB 为主动件，以等角速 $\omega$ 做顺时针转动；摇杆 CD 为从动件，向右摆动为工作行程，向左摆动为返回行程。当曲柄转至 $AB_1$ 时，连杆位于 $B_1C_1$，与曲柄重叠共线，摇杆处于左极限位置 $C_1D$；当曲柄由 $AB_1$ 转过（$180° + \theta$）到达 $AB_2$ 时，连杆位于 $B_2C_2$，与曲柄的延长线共线，摇杆

则向右摆动 $\psi$ 角，到达右极限位置 $C_2D$，完成了工作行程。工作行程所用的时间 $t_1 = (180° + \theta)/\omega$，摇杆上 $C$ 点平均速度 $v_1 = C_1C_2/t_1$。曲柄由 $AB_2$ 继续转过 $(180° - \theta)$ 回到 $AB_1$ 时，摇杆则向左摆动 $\psi$ 角，到达左极限位置 $C_1D$，完成了返回行程。返回行程所用的时间 $t_2 = (180° - \theta)/\omega$，摇杆上 $C$ 点的平均速度 $v_2 = C_2C_1/t_2$。因为转角 $(180° + \theta) > (180 - \theta)$，即 $t_1 > t_2$，所以，摇杆的运动速度 $v_2 > v_1$。当主动件做等速转动时，做往复运动的从动件在返回行程中的平均速度大于工作行程的平均速度的特性，称为急回特性。急回的程度可用 $v_2$ 和 $v_1$ 的比值 $K$ 来表达，$K$ 称为行程速度变化系数，即

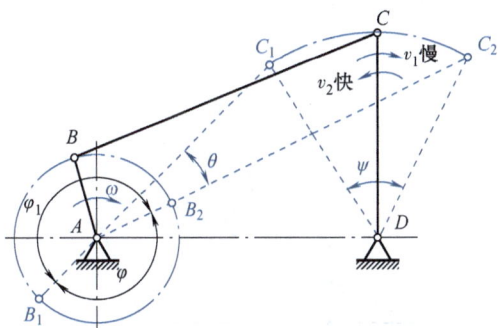

图 3-2-23 曲柄摇杆机构急回特性分析

$$K = v_2/v_1 = (C_2C_1/t_2)(C_1C_2/t_1) = t_1/t_2 = (180° + \theta)/(180° - \theta)$$

可见，行程速度变化系数与 $\theta$ 的大小有关，$\theta$ 是从动件（摇杆）处于两极限位置时，对应主动件（曲柄）的一位置与另一位置的反向所夹的角度，称为极位夹角。当 $\theta > 0°$ 时，则 $K > 1$，机构具有急回特性；当 $\theta = 0°$ 时，则 $K = 1$，机构无急回特性；$\theta$ 越大，急回的特性越明显，但机构的传动平稳性下降。

## 二、传力特性

图 3-2-24 所示的曲柄摇杆机构中，主动件曲柄经连杆传递到从动件摇杆上 $C$ 点的力 $F$，与受力点运动速度 $v_C$ 之间所夹的锐角 $\alpha$ 为机构在该位置的压力角。压力角 $\alpha$ 的余角 $\gamma$ 称为传动角。

压力角 $\alpha$ 和传动角 $\gamma$ 在机构运动过程中是变化的。压力角 $\alpha$ 越小（或传动角 $\gamma$ 越大），分解到推动摇杆的有效分力越大，对机构的传动越有利；反之，压力角 $\alpha$ 越大（或传动角 $\gamma$ 越小），分解到推动摇杆的有效分力越小，对摇杆的有害压力越大，会加剧磨损，降低机构的效率。因此，压力角 $\alpha$ 不能太大（或传动角 $\gamma$ 不能太小），规定工作行程中的最小传动角 $\gamma \geqslant 40° \sim 50°$。

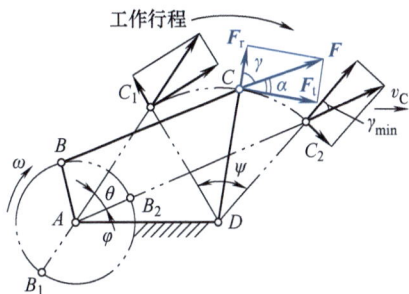

图 3-2-24 传力特性分析

对于行程速度变化系数 $K > 1$ 的机构，工作行程中的最小传动角 $\gamma$ 一般出现在摇杆处于右极限的位置，即工作行程的终了位置。

## 三、死点位置

图 3-2-25 所示的曲柄摇杆机构中，如果取摇杆作为主动件，曲柄作为从动件，当摇杆在左、右两个极限位置时，连杆与曲柄共线，通过连杆施加于曲柄的作用力正好经过曲柄的转动中心，$AB_1C_1$ 或 $AB_2C_2$ 在一条直线上，连杆对曲柄 $A$ 点的推动力矩为零，无法使曲柄转动，出现顶死现象，使整个机构处于静止状态。机构的这种位置称为死点位置。

为了使机构可以顺利地通过死点，可以在曲柄上安装飞轮，利用飞轮的转动惯性渡过死点位置，或用错位的方法来渡过死点位置。如缝纫机卡死时，可以借助旋转飞轮来通过死点，让其重新转动。

死点位置对运动会产生不利的效果，但是可以利用死点位置来满足工程上一些特殊的工作要求。如图 3-2-26 所示的飞机起落架、折叠式家具的固定、夹具的锁紧等机构，利用死点位置可以

得到可靠的工作状态。

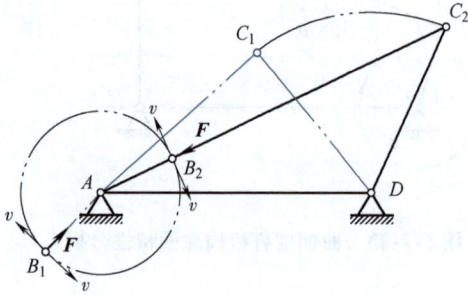

图 3-2-25　曲柄摇杆机构的死点位置

a) 实物图

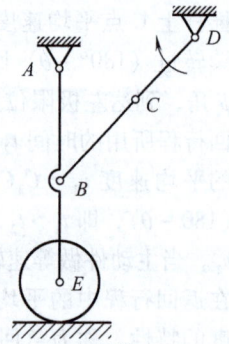

b) 运动简图

图 3-2-26　飞机起落架

# 单元三

## 凸轮机构

### 学习目标

**1. 知识目标**

1) 掌握常见凸轮机构的类型、特点及应用。

2) 熟悉从动件运动规律。

3) 了解凸轮机构的材料与结构。

**2. 能力目标**

1) 能区分凸轮机构的类型。

2) 能进行凸轮机构材料的选用。

3) 能讲出凸轮机构的应用实例。

内燃机中的配气机构（图3-3-1）是发动机中的重要机构，工作时要求在一个工作循环内，气门迅速打开，随即迅速关闭，然后保持关闭不动。这种要求用平面四杆机构是不能实现的，那么配气机构是如何实现气门启闭的？

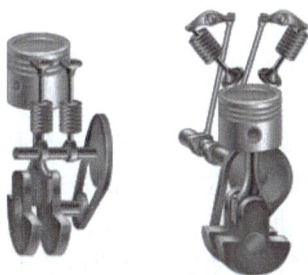

**图 3-3-1　配气机构**

## 课题一　凸轮机构的组成与分类

### 一、凸轮机构的组成

凸轮机构是由凸轮、从动件和机架3个构件组成的高副机构，如图3-3-2所示。其中，凸轮是具有特定曲线或曲面轮廓形状的构件，通常作为主动件。凸轮连续等速地转动，带动从动件完成一定规律的移动或摆动。

在图3-3-3所示的内燃机的配气机构中，凸轮做匀速转动时，外轮廓曲线迫使从动件的气门杆做断续往复移动，控制气门有规律地开启和关闭，使可燃气体进入气缸或排出废气。具有特殊外廓曲线形状的构件称为凸轮，与凸轮始终保持接触的气门杆称为从动件，凸轮与从动件的支撑固定件称为机架。

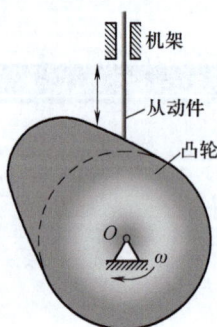

图 3-3-2 凸轮机构的组成

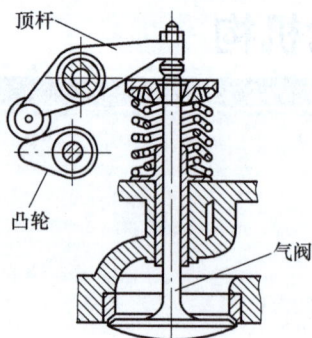

图 3-3-3 内燃机配气机构

内燃机配气机构

## 二、凸轮机构的特点

与组成铰链四杆机构至少需要 4 个构件相比，凸轮机构具有构件数少、结构紧凑的特点。由于凸轮与从动件之间的接触为点、线状的高副连接，接触面积小、压强大，容易磨损，所以，凸轮机构只能应用于传递功率不大的自动机械、仪器、控制装置，不适于在重载荷的条件下工作。凸轮机构从动件的位移、速度、加速度的大小随凸轮转角的变化而变化，变化的规律由凸轮轮廓的形状决定。凸轮机构可以实现从动件的多种运动形式，它主要用于转换运动的形式，可以把凸轮的转动变换成从动件的连续的或间歇的往复移动或摆动，或者将凸轮的移动变换成从动件的移动或摆动。

## 三、凸轮机构的分类

凸轮机构的形式多种多样，可以按凸轮的形状、从动件的端部形状、从动件的运动形式分类。

### 1. 按凸轮的形状分类

（1）盘形凸轮 盘形凸轮是凸轮的基本形式，盘形凸轮是一个绕固定轴转动且径向尺寸变化的盘形构件，如图 3-3-4 所示。其轮廓曲线位于凸轮的外边缘，盘形凸轮轮廓上各点到转动中心的距离不等。当凸轮做匀速转动时，从动件随凸轮轮廓向径的变化而上下移动。盘形凸轮的结构简单，应用最广泛。由于盘形凸轮的径向尺寸变化受到传动压力角的限制，从动件的行程不能太大，因此盘形凸轮机构多用于行程较短的场合。如图 3-3-3 所示的内燃机配气机构中的凸轮即为盘形凸轮。

滚子盘形凸轮

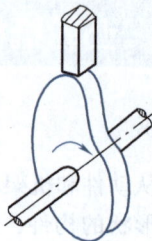

图 3-3-4 盘形凸轮

（2）移动凸轮 移动凸轮的外形呈板状，又称为板状凸轮。移动凸轮沿左右直线运动时，从动件沿竖直方向上下移动。与盘形凸轮相比，移动凸轮的从动件位移可以比盘形凸轮大一些。在日常生活中，应用移动凸轮的原理制成了电子配钥匙机，原装钥匙相当于移动凸轮，触头相当于从动件。工作时，触头随钥匙的齿形做上下移动，做旋转切削的碗形铣刀随之做上下移动，切削出一个同样齿形的新钥匙，如图 3-3-5 所示。

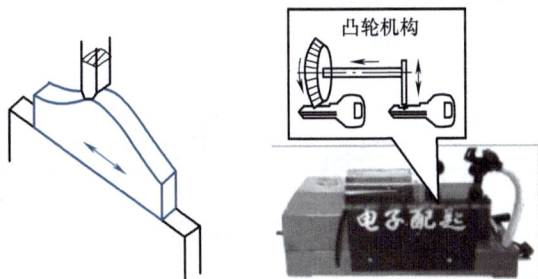

图 3-3-5　移动凸轮

移动凸轮

（3）圆柱凸轮　圆柱凸轮的圆柱端面具有曲线凹槽，如图 3-3-6a 示。与其他凸轮不同的是圆柱凸轮属于空间凸轮。图 3-3-6b 所示的圆柱凸轮应用于刀架的自动进给中，调整扇形摆动从动杆的长度，可以改变刀架的移动距离。

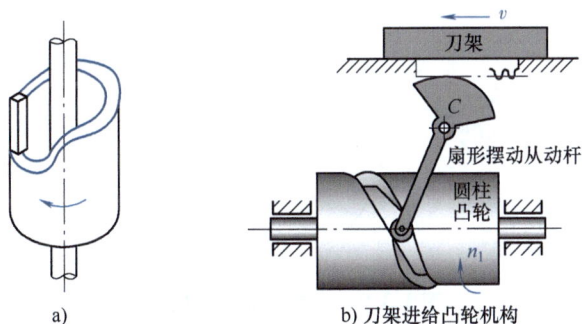

a)　　　　　　　　b) 刀架进给凸轮机构

图 3-3-6　圆柱凸轮

### 2. 按从动件的端部形状分类

（1）尖顶从动件　从动件的顶部为尖形，如图 3-3-7a 所示。从动件与盘形凸轮呈尖点接触，结构简单、紧凑，但点接触的压强大，承受载荷小，容易磨损，只能用于轻载低速的场合。

（2）滚子从动件　从动件的顶端装有滚子，如图 3-3-7b 所示。从动件与盘形凸轮之间形成滚动接触，摩擦小，转动灵活，可传递较大的力，应用较为广泛。

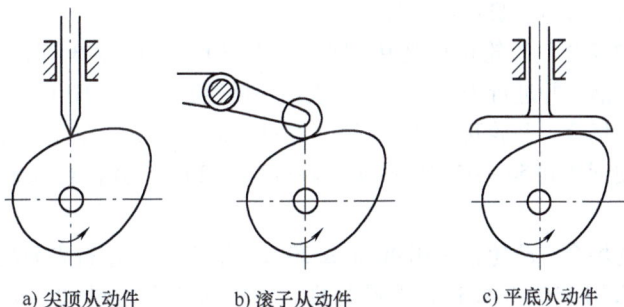

a) 尖顶从动件　　　b) 滚子从动件　　　c) 平底从动件

图 3-3-7　从动件的形状

（3）平底从动件　从动件的顶端做成较大的平底，如图 3-3-7c 所示，从动件与盘形凸轮之间形成平底接触，在接触处容易形成油膜，润滑较好，磨损小，适用于高速场合。例如，汽车内燃机的进出气阀门杆端部采用平底结构。

**3. 按从动件的运动形式分类**

（1）移动式从动件　从动件做往复直线移动（图 3-3-8a、c、e）。

（2）摆动式从动件　从动件做往复摆动（图 3-3-8b、d、f）。

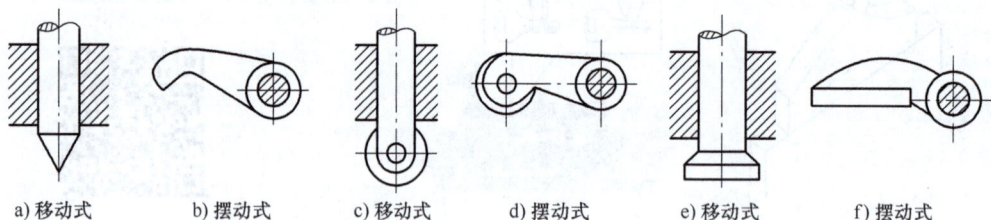

　　a) 移动式　　　b) 摆动式　　　c) 移动式　　　d) 摆动式　　　e) 移动式　　　f) 摆动式

**图 3-3-8　从动件运动形式**

部分轿车发动机的配气机构由上置凸轮轴的凸轮直接驱动摇臂，这个摇臂就属于摆动式从动件，如图 3-3-9 所示。

**图 3-3-9　上置凸轮配气机构**

## 课题二　凸轮机构的材料与结构

### 一、凸轮机构的材料

凸轮机构属于高副机构，凸轮与从动件之间的接触应力大，容易出现磨损和点蚀，而且多数凸轮机构在工作时还会承受一定的冲击，因此要求凸轮和从动件的工作表面具有高硬度、高耐磨性及高接触强度，同时心部具有良好的韧性。

对于低速、轻载的场合，凸轮可以选用 HT200、HT300、QT600-3 等；从动件需承受弯曲应力，可选用 40 钢或 45 钢，并进行表面淬火，使表面硬度达到 40 ~ 50HRC。

对于中速、中载的场合，凸轮可选用 45 钢，并进行表面淬火，或选用 15 钢、20Cr 等，并进行渗碳淬火，使表面硬度达到 56 ~ 62HRC；从动件可选用 20Cr，并进行渗碳淬火，使表面硬度达到 55 ~ 60HRC。

对于高速、重载的场合，凸轮常采用 40Cr 或 20CrMnTi 等，并进行表面高频淬火，使表面硬度达到 55 ~ 60HRC，或选用 38CrMoAl 进行渗碳处理，使表面硬度达到 60 ~ 67HRC；从动件可选用 T8、T10 等碳素工具钢，并进行表面淬火，使表面硬度达到 58 ~ 62HRC。

### 二、凸轮机构的结构

#### 1. 整体式凸轮

当凸轮的轮廓与轴的直径相差不大时，将凸轮和轴做成一体就成为凸轮轴，如图 3-3-10 所示。整体式凸轮轴的结构紧凑，所占的空间小，可减小机器的体积。

#### 2. 组合式凸轮

当凸轮的轮廓与轴的直径相差较大时，可将凸轮和轴分别做成零件，然后紧固连接在一起。连接的方式有螺栓连接、销连接、镶块连接。

凸轮与轴用螺栓连接，如图 3-3-11 所示，凸轮与轴的相对位置可通过螺栓做调整。

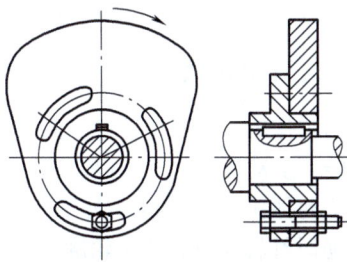

图 3-3-10　凸轮轴　　　　　　　图 3-3-11　螺栓连接凸轮与轴

凸轮与轴用销联接，如图 3-3-12 所示。该连接简单，但凸轮与轴的相对位置不能调整。

镶块式凸轮如图 3-3-13 所示。在鼓轮上做出许多螺孔，供镶块灵活地选用固定，这种凸轮可按使用要求变换从动件的运动形式。

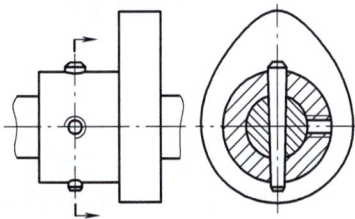

图 3-3-12　销联接凸轮与轴　　　　　　图 3-3-13　镶块式凸轮

### 课题三　凸轮机构的运动分析

在凸轮机构中，从动件的运动是由凸轮的轮廓曲线决定的。具有特定轮廓曲线的凸轮驱动从动件按照预定的规律运动，不同运动规律要求的从动件，要求凸轮具有不同的运动曲线。因此，凸轮轮廓曲线应根据凸轮机构的工作或按照从动件的运动规律来设计。

#### 一、从动件的运动曲线

图 3-3-14a 所示为凸轮机构的运动过程。从动件在图示位置 $A$ 时，离凸轮轴心 $O$ 的距离最近，称为起始位置。以凸轮最小向径为半径所作的圆称为基圆，其半径用 $r_b$ 表示。从起始位置开始，以凸轮的转角 $\delta$ 为横坐标，从动件的运动距离 $s$ 为纵坐标，绘制出从动件的位移曲线，如图 3-3-14b 所示。

从动件从离凸轮圆心 $O$ 最近位置 $A$ 到最远位置 $B'$ 之间的距离称为升程，用 $h$ 表示。

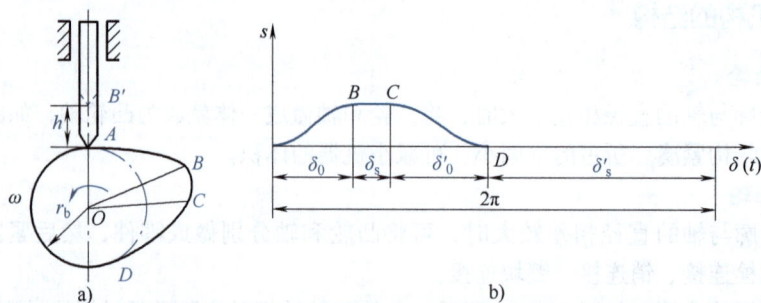

图 3-3-14　凸轮机构的运动过程

## 二、盘形凸轮的运动分析

凸轮机构工作时，凸轮每转过一圈，从动件经历升程、远停程、回程、近停程 4 个运动阶段。凸轮不断旋转，从动件重复升、停、降、停的运动循环。

升程：从动件在图 3-3-14 中处于即将上升的起始位置，其尖顶与凸轮在 $A$ 点接触。当凸轮以等角速度 $\omega$ 逆时针转动时，凸轮轮廓 $AB$ 段推动从动件以一定的运动规律上升到最高位置 $B'$ 点，从动件移动的距离 $h$ 对应的凸轮转角 $\delta_0$ 称为升程角。

远停程：凸轮继续转过角度 $\delta_s$ 时，从动件停留在最高位置不动，并与凸轮的 $BC$ 圆弧段连续接触，该行程称为远停程，角度 $\delta_s$ 称为远休止角。

回程：凸轮继续转过角度 $\delta_0'$，从动件在重力或弹簧力的作用下，从最高位置返回最低位置（凸轮轮廓 $CD$ 段），该行程称为回程。角度 $\delta_0'$ 称为回程角。

近停程：凸轮继续转过角度 $\delta_s'$，在 $DA$ 段从动件一直停在离凸轮轴圆心 $O$ 最近的位置 $A$，该过程称为近停程。凸轮转过的角度 $\delta_s'$ 称为近停程角。

## 三、从动件的常用运动规律曲线

从动件的运动规律是指在凸轮机构运动过程中，从动件的位移 $s$、速度 $v$、加速度 $a$ 随时间 $t$ 而变化的规律。由于凸轮多以等角速度 $\omega$ 转动，其转角 $\delta$ 与时间 $t$ 成正比，故从动件的运动规律常表示为各变量随凸轮转角 $\delta$ 变化的规律。从动件常用的运动规律有以下几个。

**1. 等速运动规律**

当凸轮以等角速度 $\omega$ 转动时，从动杆在升程或回程的速度 $v$ 为一个常数，这个运动规律称为等速运动规律（直线运动规律）。

等速运动是指凸轮匀速转动时，从动件在推程或回程的运动速度保持不变。等速运动线图如图 3-3-15 所示。其中，位移线图（$s$-$\delta$）为斜直线，速度线图（$v$-$\delta$）为水平直线，加速度线图（$a$-$\delta$）为零。

由图 3-3-15 所示的等速运动线图可知，在推程的开始点和回程的结束点，从动件的速度 $v$ 发生突变，加速度 $a$ 为无穷大，由此产生的惯性力在理论上趋于无穷大，凸轮机构将承受强烈的冲击，称为刚性冲击。因此，符合等速运动规律的从动件仅适用于低速、轻载的场合。

**2. 等加速等减速运动规律**

等加速等减速运动规律是指从动件在推程的前半程做等加速运动，后半程做等减速运动，且两阶段加速度的绝对值相等。从动件的等加速等减速运动线图如图 3-3-16 所示。

由图 3-3-16 可知，符合等加速等减速运动规律的从动件在运动的起点 $O$、中点 $A$、终点 $B$ 的速度发生有限突变，即加速度为有限值，引起的冲击较为平缓。此时，凸轮机构受到的冲击称为柔性冲击。符合这个运动规律的从动件适合中低速运动场合。

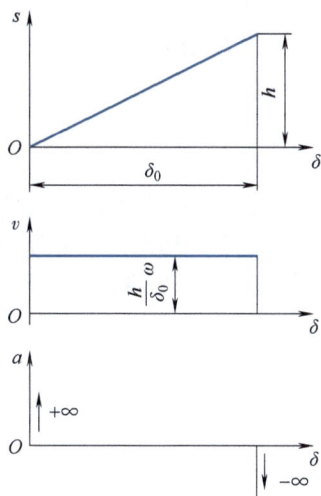

图 3-3-15 等速运动线图

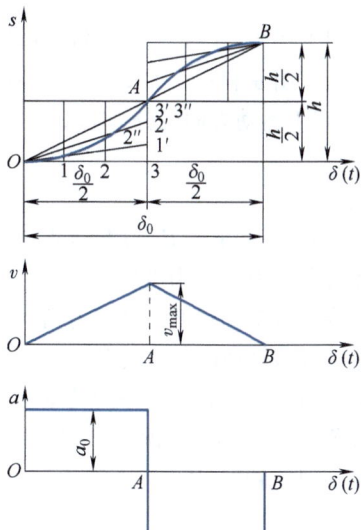

图 3-3-16 从动件的等加速等减速运动线图

### 3. 余弦加速度运动规律

如图 3-3-17 所示，余弦加速度运动规律的加速度按余弦曲线变化。加速度曲线是余弦曲线，速度曲线是正弦曲线，而位移曲线是简谐运动曲线，故这个运动规律又称为简谐运动规律。由加速度曲线可见，在升程或回程的始点和终点，从动杆停歇（停程角不为零）时，该点才有柔性冲击。如果从动杆做无停歇的往复运动（停程角为零），加速度曲线变成连续的余弦曲线，运动中可以消除柔性冲击。符合这个运动规律的从动件可用于高速的场合。

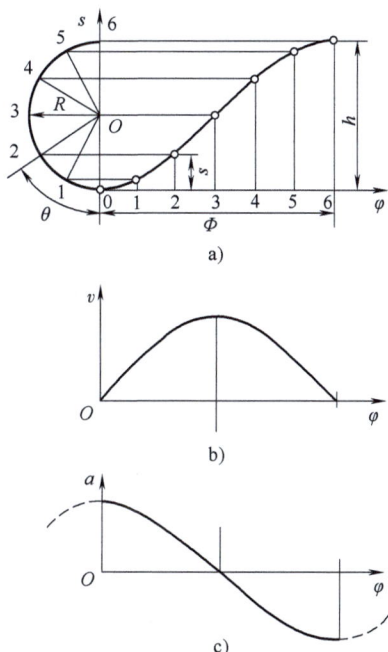

图 3-3-17 余弦加速度运动规律

## 四、凸轮机构的压力角

凸轮机构工作时，凸轮对从动件的法向力 $F_n$ 与作用点的速度 $v$ 方向之间所夹的锐角称为凸轮机构的压力角，用 $\alpha$ 表示，如图3-3-18所示。当不计摩擦时，可将 $F_n$ 分解为沿从动件运动方向的分力 $F_1$ 和垂直于运动方向的分力 $F_2$，其大小分别为

$$F_1 = F\cos\alpha \tag{3-3-1}$$

$$F_2 = F\sin\alpha \tag{3-3-2}$$

由式（3-3-1）可知，$F_1$ 为推动从动件运动的力，称为有效分力；$F_2$ 为增加从动件与移动导路之间摩擦阻力的力，称为有害分力。由式（3-3-2）可知，压力角 $\alpha$ 越大，有害分力 $F_2$ 越大，凸轮机构的传动效率就越低。当压力角达到一定值时，凸轮机构将出现自锁现象。因此，压力角 $\alpha$ 是衡量凸轮机构传动性能的重要参数。

为了保证凸轮机构具有良好的传动效率，需要对压力角的最大值进行限制，使其不得超过某一许用压力角 $[\alpha]$。通常情况下，移动式从动件的许用压力角 $[\alpha] = 30° \sim 38°$，摆动式从动件的许用压力角 $[\alpha] = 40° \sim 45°$。

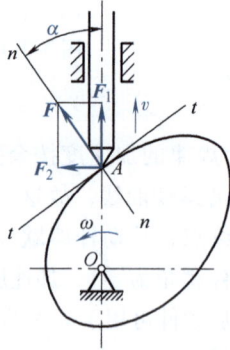

图3-3-18　压力角与凸轮机构的传力特性分析

# 单元四 间歇运动机构

## 学习目标

**1. 知识目标**

1）了解棘轮机构、槽轮机构和不完全齿轮机构的组成、工作原理。

2）了解各种间歇机构的特点和应用。

**2. 能力目标**

能识别间歇运动机构的组成和类型，并能举出在汽车及生活中的应用实例。

在许多机械中，特别是在各种自动和半自动机械中，常需将原动件的连续运动变为从动件的周期性间歇运动，能够实现这种功能的机构称为间歇运动机构。常见的间歇运动机构有棘轮机构和槽轮机构。图3-4-1所示为汽车驻车制动器，俗称为手刹，其内部结构就是一种典型的棘轮机构。

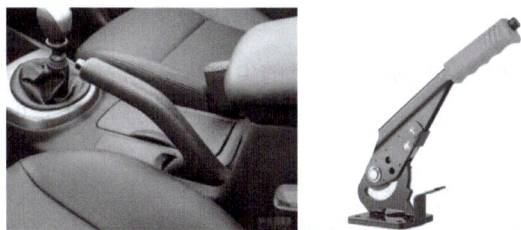

**图3-4-1 汽车驻车制动器**

## 课题一 棘轮机构

棘轮机构是工程实际中常用的机械机构之一，在自动化、机械和仪表中有着广泛的应用。它能够将主动件的连续匀速转动转换成从动件的周期性间歇运动。

### 一、棘轮机构的组成

棘轮机构的组成如图3-4-2所示，它主要由棘爪、棘轮和机架组成。棘爪安装在摇杆上，止回棘爪在弹簧的压力作用下始终顶住棘轮，防止棘轮逆时针方向转动。棘轮机构主要将连续转动或往复运动转换成单向间歇运动。

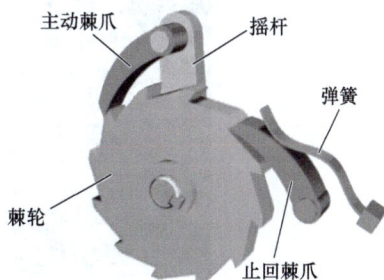

**图3-4-2 棘轮机构的组成**

（主动棘爪、摇杆、弹簧、棘轮、止回棘爪）

## 二、棘轮机构的类型

### 1. 根据止回原理的不同分类

棘轮机构的类型很多，根据止回原理的不同，棘轮机构可分为齿啮合式和摩擦式两种。其中，齿啮合式棘轮机构按棘爪位置的不同可分为外接棘轮机构、内接棘轮机构和棘条机构，如图 3-4-3 所示；摩擦式棘轮机构可分为外摩擦式棘轮机构、内摩擦式棘轮机构和滚子内接摩擦式棘轮机构，如图 3-4-4 所示。

a) 外接棘轮机构　　b) 内接棘轮机构　　c) 棘条机构

**图 3-4-3　齿啮合式棘轮机构**

a) 外摩擦式棘轮机构　　b) 内摩擦式棘轮机构　　c) 滚子内接摩擦式棘轮机构

**图 3-4-4　摩擦式棘轮机构**

1）齿啮合式。齿啮合式棘轮机构是靠棘爪的尖齿与棘轮的凹齿之间的啮合来传递运动的。齿啮合式棘轮机构从动件转动的角度大小是由主动棘爪摇过的角度决定的。齿啮合式棘轮机构分为外接式和内接式两种。

外接式啮合形式的棘轮机构的尺寸较大，一般以棘爪为主动件，棘轮为从动件。

内接式啮合形式的棘轮机构的结构较为紧凑，一般以棘轮为主动件、棘爪为从动件，但是，棘爪可以超越主动棘轮转动（称为超越离合器）。例如，自行车的飞轮装置即是内接式啮合形式的棘轮机构，当链条带动飞轮转动时，飞轮内的棘轮推动棘爪与车轮一起转动；当链条带不动飞轮时，飞轮内的棘爪与车轮一起滑过棘轮，靠惯性作用向前转动，如图 3-4-5 所示。

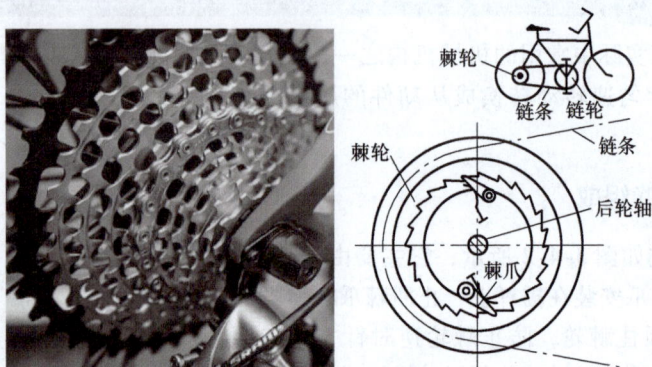

棘轮
链条　链轮
链条
棘轮
后轮轴
棘爪

**图 3-4-5　自行车超越离合器**

齿啮合式棘轮机构的噪声、冲击和磨损都较大，不适用于高速场合。

2）摩擦式。摩擦式棘轮机构的棘爪与棘轮之间靠摩擦楔块或滚子的挤压力传递运动，其特点是可实现无级调整转角，运动平稳无噪声，但会出现打滑现象，使转角的精度不够高，仅应用于低速、轻载的场合。

### 2. 根据棘轮运动形式的不同分类

根据棘轮运动形式的不同分类，棘轮机构分为以下 3 种：

1）单动式棘轮机构。如图 3-4-2 所示，该棘轮机构只有 1 个主动棘爪，当摇杆往复摆动 1 次时，棘轮只能间歇地转动 1 次。

2）双动式棘轮机构。如图 3-4-6 所示，该棘轮机构中装有两个主动棘爪，当摇杆往复摆动 1 次时，两个主动棘爪分别拨动 1 次棘轮，使棘轮沿同一个方向间歇地转动两次。其中棘爪形状不同，可分为勾头形和直头形两种。

**单动式棘轮机构**

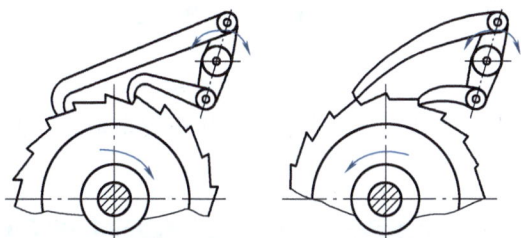

a) 勾头形棘爪　　　　　b) 直头形棘爪

**图 3-4-6　双动式棘轮机构**　　　　　　　**双动棘轮**

3）可变向式棘轮机构。棘轮轮齿为方形，如图 3-4-7a 所示，在可变向式棘轮机构中，当棘爪处于图示实线位置时，棘轮可逆时针方向间歇运动；当棘爪处于双点画线位置时，棘轮可顺时针方向间歇运动。图 3-4-7b 所示为牛头刨床进给机构中所使用的棘轮机构，当棘爪处于图示位置时，棘轮能沿逆时针方向间歇转动，若将棘爪提起，绕自身轴线旋转 180° 后再插入棘轮齿槽中，棘轮变为沿顺时针方向间歇运动；若棘爪提起后只转动 90°，棘爪将失去作用，棘轮静止不动。

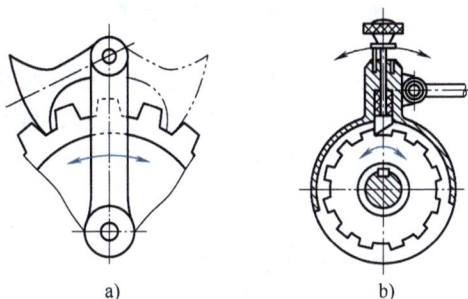

a)　　　　　　　　　b)

**图 3-4-7　可变向式棘轮机构**　　　**摆动可变向棘轮**　　　**转动可变向棘轮**

### 三、棘轮机构的特点及应用

#### 1. 棘轮机构的特点

齿啮合式棘轮机构具有结构简单、棘轮和棘爪制造方便、运动可靠等特点，但棘爪在棘轮表面划过会产生较大的噪声，且容易造成机构的磨损，故齿啮合式棘轮机构多用于低速、轻载的间歇式运动场合。摩擦式棘轮机构具有噪声小。运动平稳、从动件转角可无级调节等特点，但工作时容易打滑，故摩擦式棘轮机构不适用于需要精确传动的间歇式场合。

### 2. 棘轮机构的应用

如图3-4-1所示的汽车驻车制动手柄应用了棘轮机构。当拉动手柄时，手柄带动拉索使后轮的卡钳或制动蹄片锁紧制动盘，实现制动，而棘爪卡住棘轮使手柄固定在相应的位置不动。需要解除制动时，先按下按钮使棘爪张开并与棘轮脱离，即可放下手柄，以解除制动。

锁止机构是汽车安全带原理中最复杂的一部分，如图3-4-8所示。目前有两种常用的锁定系统：由汽车运动触发的系统和由安全带运动触发的系统。第一种系统在汽车迅速减速（例如，当汽车撞上某物体）时锁定卷轴。这种机构中的核心元件是一个加重摆锤，当汽车突然停止时，摆锤在惯性作用下向前摆动，摆锤

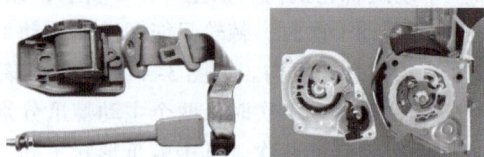

图3-4-8 汽车安全带卷收器

另一端的棘爪会抓住固定在卷轴上的一个带齿棘轮。由于棘爪卡住了其中一个轮齿，因而齿轮便无法逆时针旋转，从而使与之相连的卷轴无法旋转。当撞击后再次松开安全带时，齿轮会顺时针旋转，并与棘轮分开。

## 课题二 槽轮机构

槽轮机构主要由带有圆销的主动拨盘、具有若干径向槽的槽轮和机架组成，如图3-4-9所示，主动拨盘在匀速转动时，带动槽轮做时转时停的间歇式旋转运动。

### 一、槽轮机构的工作原理和分类

#### 1. 槽轮机构的工作原理

在图3-4-10所示的外啮合槽轮机构中，当拨盘上的圆销A进入径向槽时，拨盘的锁止弧与槽轮的锁止弧重合，槽轮被锁住不动；当拨盘转动使圆销A进

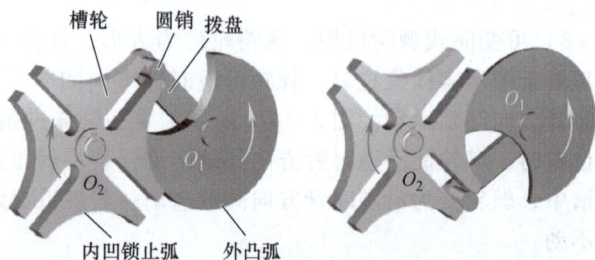

图3-4-9 槽轮机构的组成

入径向槽时，槽轮在圆销A的驱动下转动；拨盘继续转动，圆销A转出径向槽，锁止弧再次与槽轮的锁止弧重合，槽轮再次被锁住不动。故拨盘匀速转动时，槽轮重复上述过程，做间歇式转动。对于图示的槽轮机构，当拨盘转动1圈时，槽轮将转动1/4圈。

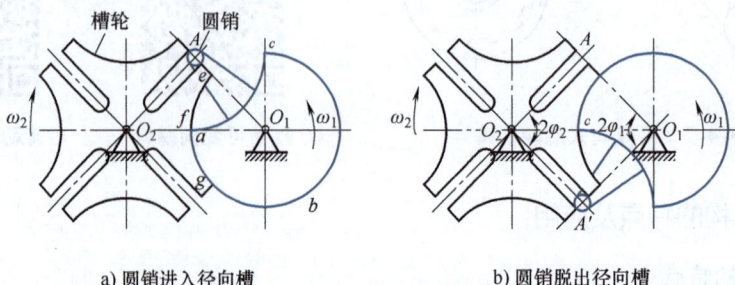

a) 圆销进入径向槽      b) 圆销脱出径向槽

图3-4-10 槽轮机构的工作原理图

### 2. 槽轮机构的分类

槽轮机构的种类很多，根据圆销与槽轮啮合位置的不同，槽轮机构可分为外槽轮机构和内槽轮机构两类。图 3-4-11 所示为外槽轮机构，其中的拨盘与槽轮转向相反；图 3-4-12 所示为内槽轮机构，其中的拨盘与槽轮转向相同，内槽轮停歇的时间较短，机构所占空间较小。

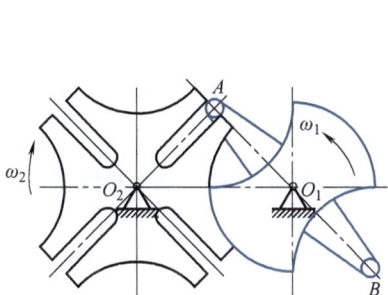

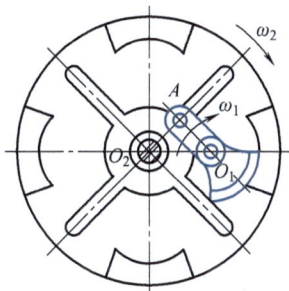

图 3-4-11　外槽轮机构　　图 3-4-12　内槽轮机构　　内啮合槽轮

槽轮机构根据拨盘上圆销的数量，可以分成单销式和双销式。圆销的个数取决于工作要求。在图 3-4-11 所示的外槽轮机构中，拨盘有两个圆销，槽轮有 4 个径向槽，则拨盘转动 1 圈时，槽轮将转动 1/2 圈。

## 二、槽轮机构的特点及应用

槽轮机构具有结构简单、传动可靠和机械效率高等特点，但圆销与槽轮径向槽之间的配合要求具有较高的精度，且圆销在进入径向槽时有较大的冲击，因此槽轮机构常用于低速、定转角的间歇式运动场合。

现代化的汽车零部件生产线中，数控加工中心是必不可少的生产设备。图 3-4-13 所示为数控加工中心自动换刀机构的示意图，槽轮与刀架同轴，刀架上安装有 4 把不同的刀具。拨盘每转动一圈，槽轮转动 1/4 圈并带动刀具转过 90°，即实现一次换刀动作。

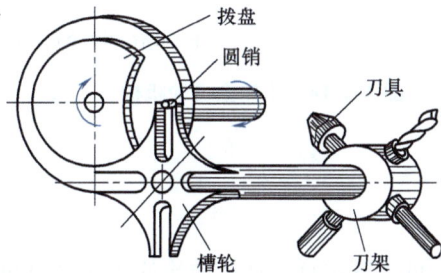

图 3-4-13　数控加工中心自动
换刀机构的示意图

单销槽轮机构　　双销槽轮机构

## 课题三　不完全齿轮机构

不完全齿轮机构是由普通渐开线齿轮传动机构演变而来的间歇运动机构。不完全齿轮与普通渐开线齿轮的区别在于齿轮圆周只有一部分轮齿，剩下的部分为锁止弧。图 3-4-14 所示为外啮合不完全齿轮机构，图 3-4-15 所示为内啮合不完全齿轮机构。

图 3-4-14　外啮合不完全齿轮机构　　　　　图 3-4-15　内啮合不完全齿轮机构

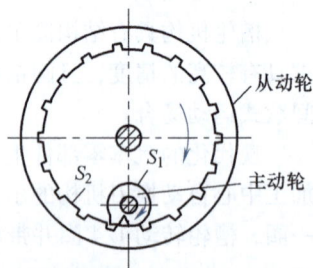

## 一、不完全齿轮机构的工作原理

在图 3-4-16 所示的不完全齿轮机构中，图 3-4-16a 所示为外啮合不完全齿轮机构，图 3-4-16b 所示为内啮合不完全齿轮机构。在图 3-4-16a 中，主动轮做匀速运动，当其锁止弧 $S_1$ 与从动轮 $S_2$ 相结合时，从动轮保持静止；当主动轮的有齿部分与从动轮啮合时，两者一起转动；当主动轮转过有齿部分之后，随机进入无齿区域，从动轮再次保持静止。如此反复循环，从动轮即可实现间歇运动。该不完全齿轮机构中主动轮中有 3 个齿，从动轮有 18 个齿，故主动轮转动 1 圈，从动轮将转动 1/6 圈。

不完全齿轮
（外啮合）

不完全齿轮
（内啮合）

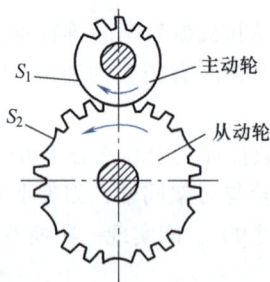

a) 外啮合不完全齿轮机构　　　　　b) 内啮合不完全齿轮机构

图 3-4-16　不完全齿轮机构

## 二、不完全齿轮机构的特点及应用

不完全齿轮机构具有结构简单、制造方便和工作可靠等优点，且从动轮的运动时间和静止时间的比例可在较大范围内变化。但当从动轮在进入啮合和脱离啮合的瞬间，速度发生突变，将对机构造成较大的刚性冲击。因此，完全齿轮机构适用于低速、轻载的场合，如汽车仪表计数机构等。

# 单元五 螺旋机构

学习目标

## 1. 知识目标

1）了解螺纹的形成和基本参数。

2）了解螺旋机构的工作原理、类型、特点及适用场合。

3）了解滚动螺旋机构的工作原理、特点及滚珠丝杠的选用。

## 2. 能力目标

1）能识别螺纹的种类及应用。

2）能讲出螺纹应用实例。

螺旋传动是利用螺杆和螺母组成的螺旋副来实现传动要求的。它主要用于将回转运动转变为直线运动或将直线运动转变为回转运动，同时传递运动或动力。螺旋机构在汽车及相关检修工具中大量使用。图3-5-1所示为汽车千斤顶的工作图，该千斤顶实际上是一个螺旋机构。

**图 3-5-1　汽车千斤顶的工作图**

## 课题一　螺纹的基本知识

### 一、螺纹的分类

#### 1. 按螺纹牙型分类

螺纹根据牙型可分为三角形螺纹、矩形螺纹、梯形螺纹和锯齿形螺纹等（图3-5-2），其中三角形螺纹主要用于零件间连接，矩形螺纹、梯形螺纹和锯齿形螺纹主要用于传递动力和运动。

#### 2. 按螺旋方向分类

根据螺旋线绕行方向的不同，螺纹可分为右旋螺纹和左旋螺纹，如图3-5-3所示。其中，逆时针旋紧的螺纹称为左旋螺纹，螺纹特征为左高右低，如图3-5-3a所示；顺时针旋紧的螺纹称为右旋螺纹，螺纹特征为左低右高，如图 3-5-3b 所示。

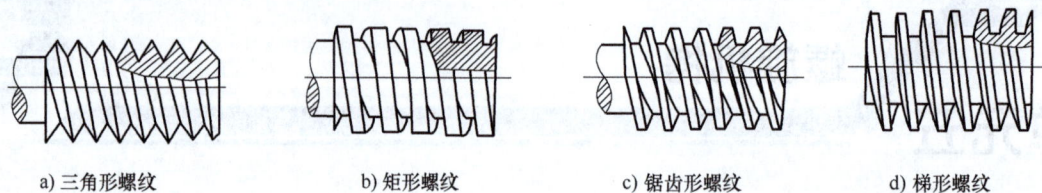

a) 三角形螺纹　　　b) 矩形螺纹　　　c) 锯齿形螺纹　　　d) 梯形螺纹

图 3-5-2　螺纹按牙型分类

### 3. 按形成螺纹线数分类

螺纹有单线和多线之分，沿一条螺旋线形成的螺纹为单线螺纹，沿多条螺旋线形成的螺旋为多线螺纹，在多线螺纹中，以双线螺旋较为常用，如图 3-5-4 所示。

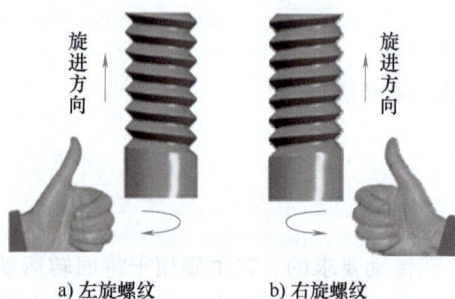

a) 左旋螺纹　　　b) 右旋螺纹

图 3-5-3　螺纹按螺旋方向分类

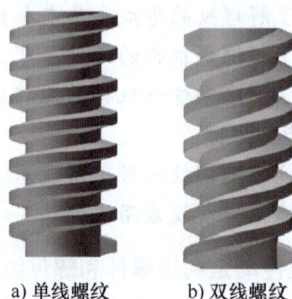

a) 单线螺纹　　　b) 双线螺纹

图 3-5-4　螺纹按线数分类

### 4. 按螺旋线形成的表面分类

在圆柱体外表面上形成的螺纹称为外螺纹，在圆柱体内表面上形成的螺纹称为内螺纹，如图 3-5-5 所示。

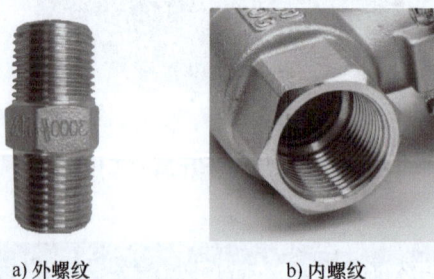

a) 外螺纹　　　b) 内螺纹

图 3-5-5　外螺纹和内螺纹

## 二、螺纹的参数

内、外螺纹总是成对使用的，只有当内、外螺纹的牙型、公称直径、螺距、线数和旋向这 5 个要素完全一致时，才能正常地旋合。

### 1. 牙型

常见的螺纹牙型有三角形、梯形、锯齿形和矩形。其中，矩形螺纹尚未标准化，其余牙型的螺纹均为标准螺纹。

### 2. 公称直径

螺纹的直径有大径（$d$、$D$）、小径（$d_1$、$D_1$）和中径（$d_2$、$D_2$）。其中，外螺纹用小写字母表示，内螺纹用大写字母表示。公称直径是代表螺纹尺寸的直径，普通螺纹的公称直径就是指螺纹的大径，如图3-5-6所示。

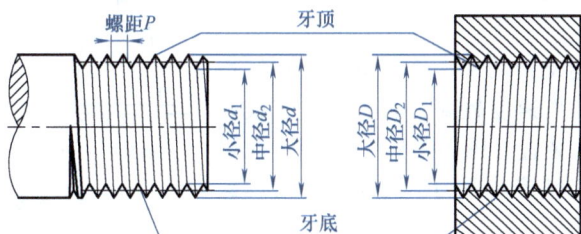

**图 3-5-6　螺纹的直径**

### 3. 线数

螺纹有单线和多线之分。沿一条螺旋线形成的螺纹为单线螺纹；沿两条或两条以上螺旋线形成的螺纹为双线或多线螺纹，如图3-5-7所示。

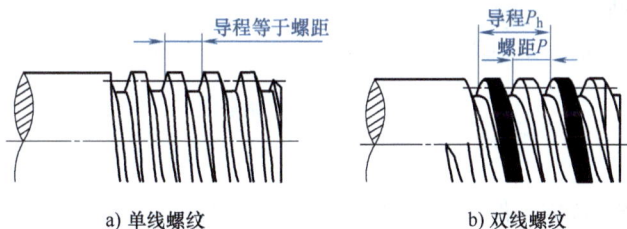

a) 单线螺纹　　　　　　　b) 双线螺纹

**图 3-5-7　螺距和线数**

### 4. 螺距和导程

螺纹上相邻两牙在中径线上对应两点间的轴向距离称为螺距（$P$）；沿同一条螺旋线形成的螺纹，相邻两牙在中径线上对应两点间的轴向距离称为导程（$P_h$），如图3-5-7所示。对于单线螺纹，导程＝螺距（$P_h = P$）；对于线数为 $n$ 的多线螺纹，导程＝$n \times$螺距（$P_h = nP$）。

### 5. 旋向

工程上常用的是右旋螺纹，只有在特殊情况下才选用左旋螺纹。例如：液化气钢瓶接口为防止其他接头混搅使用，使用左旋螺纹。

## 课题二　螺旋机构

在机械中，有时需要将回转运动变为直线运动，或将直线运动转变为回转运动，螺旋机构就是实现这种转变的一种机构。螺旋机构常由螺杆、螺母和机架组成，依靠螺杆与螺母组成的螺旋副来实现传动要求。螺旋机构在机床、起重机械和测量仪器等设备中广泛的应用。

### 一、螺旋机构的类型和应用

螺旋机构按其用途可分为以下3类：

### 1. 传力螺旋

传力螺旋用以传递动力为主，以较小的转矩产生较大的轴向力，用以举重或克服其他相当大的生产阻力。图3-5-8所示为螺旋千斤顶和螺旋压力机。传力螺旋一般为间歇性工作，每次工作时间较短，工作速度也不高，由于它主要用来承受很大的轴向力，而且通常需有自锁能力，故一般用单头螺旋，螺旋升角不大于5°，传动效率仅为40%左右。

**2. 传动螺旋**

传动螺旋用以传递运动及功率。传动螺旋要在较长的时间内连续地工作，工作速度较高，而且要求有较高的传动精度，如车床进给装置（图3-5-9）、机用台虎钳等。螺旋机构按其螺纹间摩擦性质的不同可分为滑动螺旋和滚动螺旋。

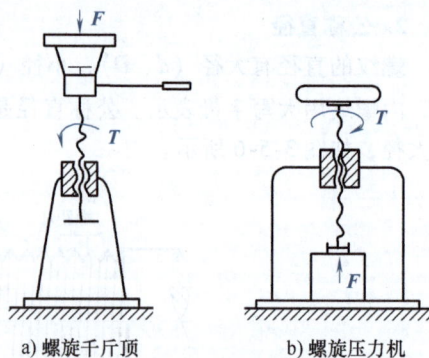

a) 螺旋千斤顶　　　b) 螺旋压力机

图 3-5-8　螺旋千斤顶和螺旋压力机

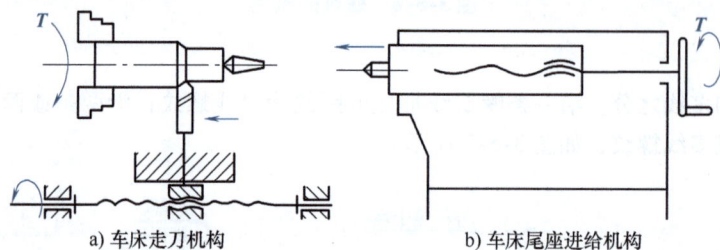

a) 车床走刀机构　　　b) 车床尾座进给机构

图 3-5-9　车床进给装置

**3. 调整螺旋**

调整螺旋用以调整、固定零件或工件的位置，调整螺旋一般不在工作载荷下转动。例如机械零件测量中常用的螺旋千分尺，内部采用调整螺旋传动，可实现高精度测量，如图3-5-10所示。

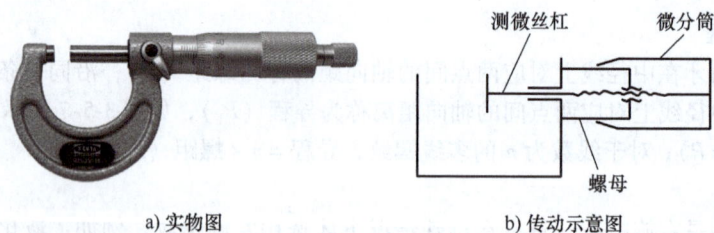

a) 实物图　　　b) 传动示意图

图 3-5-10　螺旋千分尺

## 二、螺旋机构的特点

螺旋机构具有以下特点：

1）当螺杆转过1周时，螺母只移动1个导程，而导程可以做得很小，故螺旋机构可以得到很大的减速比。

2）由于减速比大，当在主动件上施加一个不大的转矩时，在从动件上可获得一个很大的推力，即螺旋机构具有很大的机械效率。

3）选择合适的螺旋升角可以使螺旋机构具有自锁性。

4）结构简单、传动平稳、无噪声等。

5）滑动螺旋的效率较低，特别是自锁螺旋的效率都低于50%。

### 三、螺旋机构的运动形式

螺旋机构传动根据螺杆和螺母的相对运动形式可分为以下 4 种情况：

1）螺母不动，螺杆转动并做直线运动。这种运动形式常用于螺杆位移式台虎钳（图 3-5-11）、千分尺、螺旋增力机构等。

2）螺杆不动，螺母回转并做直线运动。这种运动形式常用于螺旋千斤顶，如图 3-5-12 所示。

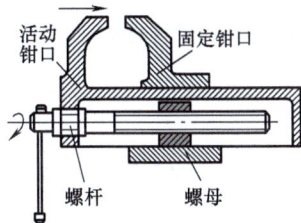

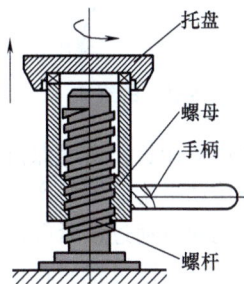

图 3-5-11　台虎钳　　　　图 3-5-12　螺旋千斤顶

3）螺杆原位转动，螺母做直线运动。这种运动形式常用于车床横刀架，如图 3-5-13 所示。

4）螺母原位转动，螺杆往复运动。这种运动形式常用于观察镜的调整装置，如图 3-5-14 所示。

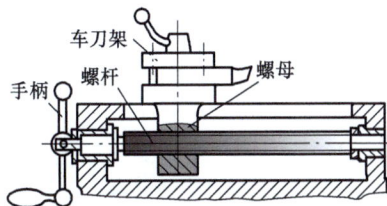

图 3-5-13　车床横刀架　　　　图 3-5-14　观察镜螺旋调整装置

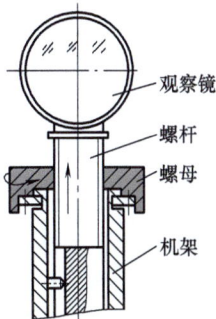

### 四、滚动螺旋机构

普通的螺旋机构中，螺母与螺杆在螺旋面上发生滑动摩擦，造成传动效率较低，长期工作会导致精度下降。滚动螺旋机构主要由螺杆、螺母、滚珠和滚珠循环装置等组成，如图 3-5-15 所示。螺杆和螺母表面上加工出弧形的螺旋槽，二者旋合后形成螺旋滚道，滚道内填满滚珠，滚道两头封闭。当螺杆转动时，滚珠既沿着滚道循环滚动，又发生自转，推动螺母产生轴线移动，两者相对运动的摩擦为滚动摩擦，其摩擦损失比滑动螺旋机构小，传动效率比滑动螺旋机构高。滚动螺旋传动的效率一般在 90% 以上，它不自锁，具有传动的可逆性。

滚动螺旋传动在汽车及其相关产业中有着广泛的应用，如图 3-5-16 所示的循环球式转向器就是一种滚动螺旋机构，它利用滚动螺旋机构减小转向的阻力，提高汽车转向的可靠性和稳定性。

滚动螺旋机构的特点如下：

1）摩擦系数小，传动效率高，所需传动转矩小。

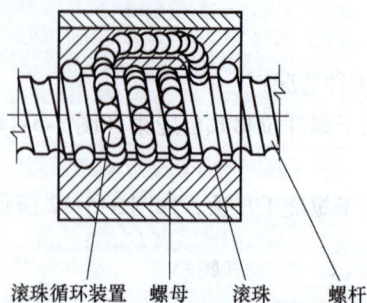

图 3-5-15　滚动螺旋机构的组成

滚珠循环装置　　螺母　　滚珠　　螺杆

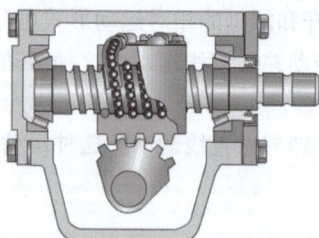

图 3-5-16　循环球式转向器

循环球式转向器

2）磨损少，使用寿命长，精度保持性好。

3）灵敏度高，传动平稳，不易产生爬行。

4）螺杆和螺母之间可通过预紧等措施消除间隙，提高轴向刚度和反向精度。

5）运动具有可逆性，既可将回转运动变成直线运动，又可将直线运动变成回转运动。

6）制造工艺复杂，成本高。

7）在垂直安装时不能自锁，需附加制动机构。

8）承载能力比普通螺旋机构传动差。

# 模块四　汽车常用传动

## 单元一　带传动

### 学习目标

**1. 知识目标**

1）了解带传动的类型、特点及应用。

2）熟悉 V 带标准、V 带传动的工作原理、失效形式。

3）掌握 V 带传动的安装、张紧和维护方法。

4）了解同步带传动的特点及应用。

5）掌握同步带的参数、类型和标注。

6）了解同步带轮。

**2. 能力目标**

能分析带传动的工作情况。

带传动在汽车上应用较广，如传动带是汽车发动机中的重要零部件，它将曲轴输出的动力传递给水泵、发电机、空调压缩机来驱动它们工作，如图 4-1-1a 所示。在某些类型的发动机上，配气机构中的同步带也采用带传动，如图 4-1-1b 所示。

a) 摩擦带传动　　　　　　　　　　b) 同步带传动

**图 4-1-1　汽车中的带传动**

课题一　带传动的类型及应用

在机械传动中，带传动和链传动都属挠性传动，广泛用于两轴相距较远的场合。

## 一、带传动的组成和工作原理

带传动由主动轮、传动带和从动轮组成，如图4-1-2所示。

带传动

a) 带传动模型

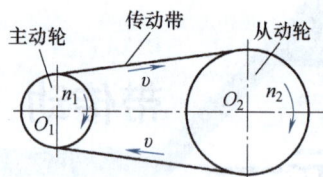

b) 带传动简图

图 4-1-2　带传动的组成

带传动是利用带轮与传动带之间的摩擦力或带轮与传动带之间的啮合来传递运动和转矩的。带传动具有传动平稳、结构简单、造价低廉、不需要润滑和能缓冲吸振等优点，在机械传动中得到了广泛的应用。

## 二、带传动的类型

按工作原理的不同，带传动分为摩擦带传动和啮合带传动两大类，如图4-1-3a所示。摩擦带传动的圆环带紧套在两带轮上，靠带与带轮之间接触面的正压力所产生的摩擦力来传动。当主动轮转动时，依靠摩擦力带动摩擦带转动，通过摩擦带带动从动轮转动，从而把主动轮的运动和动力传递给从动轮，并改变从动轮的转速和转矩。

啮合带传动依靠轮上的齿与带上的齿或孔啮合传递运动，分为同步带传动（图4-1-3b）和齿孔带传动。其中，同步带传动的应用最广泛。

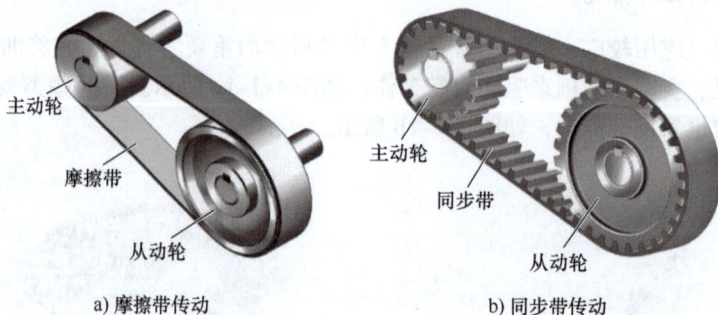

a) 摩擦带传动　　　　　　　　b) 同步带传动

图 4-1-3　摩擦带和同步带传动

### 1. 摩擦带传动

摩擦带传动是依靠传动带与带轮之间的摩擦力传递运动的。根据传动带的横截面形状的不同，摩擦带可分为4种类型，如图4-1-4所示。

（1）平带　如图4-1-4a所示，平带的截面为扁平矩形，带的内表面与轮缘接触面为工作平面。常用的平带有普通平带（胶帆布带）、皮革平带和棉布带等。平带的结构较为简单，带轮制造容易，适用于中心距较大的带传动。但在相同条件下，平带所能传递的功率较小，汽车发动机制冷设备的风扇常和发动机一起由曲轴带轮通过平带驱动。

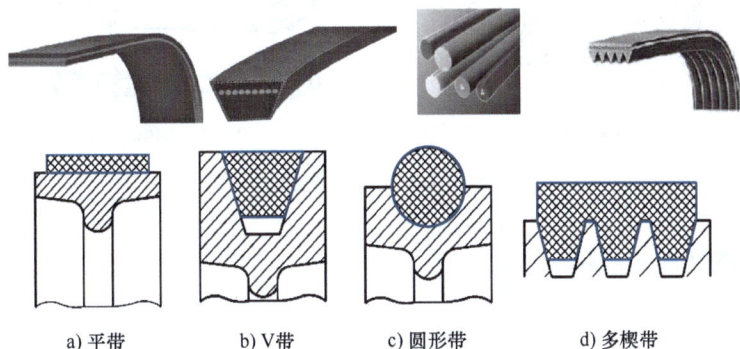

a) 平带    b) V带    c) 圆形带    d) 多楔带

图 4-1-4　摩擦带

（2）V带　如图 4-1-4b 所示，V带断面为等腰梯形，两侧为工作面。工作时，V带与轮槽两侧面接触。在同样压力的作用下，V带传动的摩擦力约为平带传动的 3 倍，故能传递较大的载荷。所以，V带广泛地应用在各种机械传动中。

（3）圆形带　如图 4-1-4c 所示，圆形带的横截面为圆形，常用皮革或棉绳制成，常用于小功率传动。

（4）多楔带　如图 4-1-4d 所示，多楔带实际上是将多条 V带做成一体。与 V带传动相比较，在传递相同功率的条件下，多楔带传动的结构更加紧凑，也不会出现多根 V带长度误差造成受力不均的现象。图 4-1-5 所示为捷达汽车发动机的多楔带传动。

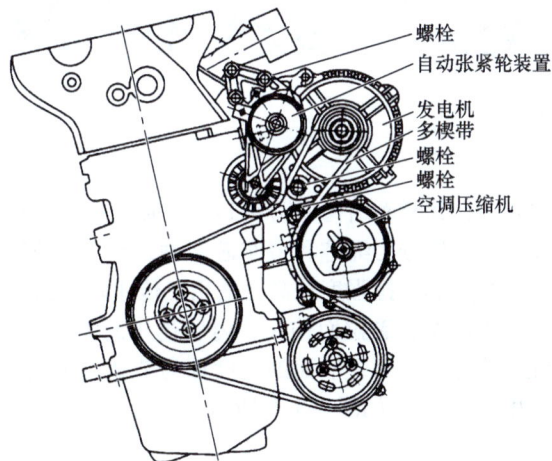

螺栓
自动张紧轮装置
发电机
多楔带
螺栓
螺栓
空调压缩机

图 4-1-5　捷达汽车发动机的多楔带传动

**2. 啮合带传动**

啮合带传动有同步带传动和齿孔带传动两种类型，如图 4-1-6 所示。

1）同步带传动。利用传动带的齿与带轮的齿相啮合传递运动和动力，传动带与带轮间为啮合传动，没有相对滑动，可保持主、从动轮线速度同步。

2）齿孔带传动。带上的孔与轮上的齿相啮合，同时可避免带与带轮之间的相对滑动，使主、从动轮保持同步运动。

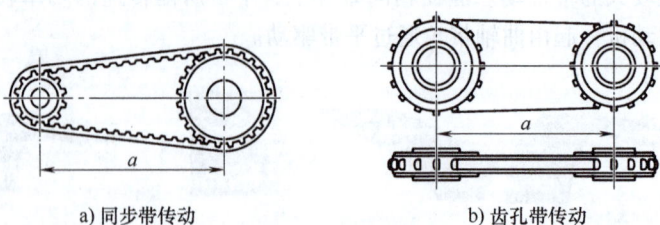

a) 同步带传动　　　　　　　　b) 齿孔带传动

图 4-1-6　啮合带传动

## 三、带传动的特点与应用

### 1. 带传动的优点

传动带具有弹性，能缓冲吸振，传动过程平稳，噪声小；过载时，摩擦带与带轮间会出现打滑，从而防止传动零件的破坏，具有过载保护的功能；结构简单、使用及维护方便，制造和安装精度要求不高；适用于中心距较大的传动。

### 2. 带传动的缺点

由于传动时传动带与带轮间存在弹性滑动，摩擦带不能保证准确的传动比；传动的外廓尺寸及带作用于轴上的压力较大，需要张紧装置；传动效率不高，传动带的工作寿命较短；不适宜工作在高温、易燃及有油、水的场合。

### 3. 带传动的应用

带传动多用于传递中小功率、传动平稳及不要求准确传动比的远距离传动场合。其中，V带传动应用最为广泛，允许带速一般为 $5 \sim 25\text{m/s}$，传动比 $<10$，传动效率 $\eta$ 一般为 $0.94 \sim 0.97$。

## 课题二　V带和V带轮

## 一、V带的构造与标准

### 1. V带的构造

V带通常制成无接头的环形，其断面结构如图4-1-7所示。它由帆布材料的包布层、橡胶材料的底胶、顶胶和抗拉体组成，抗拉体分为绳芯和帘布芯两种，绳芯V带的柔韧性好、抗弯曲强度高，适用于转速较高的场合；帘布芯抗拉强度较高，适用于传递较大的功率。

V带在绕过带轮时产生弯曲，外层受拉而伸长，内层受压而缩短，伸长与缩短之间必定有一处长度不变的中性层。中性层面称为节面，节面的宽度称为节宽，用 $b_p$ 表示。V带在中性层面上的周线长度称为基准长度，用 $L_d$ 表示，如图4-1-8所示。

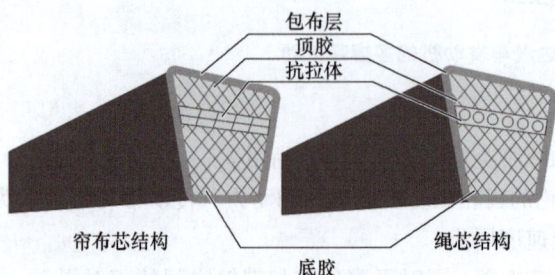

包布层
顶胶
抗拉体

帘布芯结构　　　　　　绳芯结构

底胶

图 4-1-7　V带的断面结构

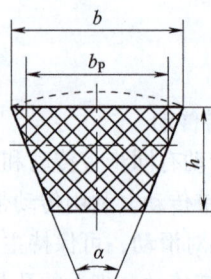

图 4-1-8　V带截面示意图

## 2. V带的标准

V带是标准件，普通V带按截面尺寸由小到大的不同，分为Y、Z、A、B、C、D、E共7种型号，见表4-1-1。

**表4-1-1　V带截面尺寸系列**

| 带型 | 节宽 $b_p$/mm | 基本尺寸 | | |
| --- | --- | --- | --- | --- |
| 普通V带 | | 顶高 $b$/mm | 高度 $h$/mm | 楔角 $\alpha$ |
| Y | 5.3 | 6.0 | 4.0 | |
| Z | 8.5 | 10.0 | 6.0 | |
| A | 11.0 | 13.0 | 8.0 | |
| B | 14.0 | 17.0 | 11.0 | 40° |
| C | 19.0 | 22.0 | 14.0 | |
| D | 27.0 | 32.0 | 19.0 | |
| E | 32.0 | 38.0 | 25.0 | |

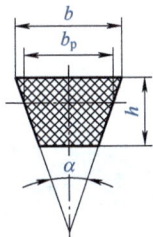

常用的V带基准长度 $L_d$ 有560、630、710、1000、1120……但不是每一种型号都有这些基准长度，需要时请参考相关手册。

楔角 $\alpha$ 为40°，相对高度（$h/b_p$）为0.7的V带称为普通V带。

普通V带的标记由带型、基准长度和标准编号组成。例如 B2240　GB/T 11541—2012 表示B型V带，基准长度 $L_d$ 为2240mm，2012年的国家标准。为了方便V带的识别，通常在V带的外层表面印刷V带的标记，包括商标、代号和制造日期。

## 二、V带轮的材料与结构

### 1. V带轮的材料

V带轮是V带传动中的重要零件，它必须满足下列条件要求：质量分布均匀，安装对中性好，工作表面要经过精细加工，以减少磨损，重量尽可能轻，强度足够，旋转稳定。

制造V带轮的材料可采用灰铸铁、铸钢、铝合金或工程塑料，以灰铸铁应用最为广泛。当带速 $v \leqslant 25$m/s 时，带轮材料常用HT150；带速 $v > 25 \sim 30$m/s 时常采用HT200；当带速 $v > 25 \sim 45$m/s 时可选用HT300或铸钢35-570、ZG340-640，或钢板冲压焊接而成。$v < 15$m/s 和小功率传动时，常用工程塑料。

### 2. V带轮的结构

如图4-1-9所示，V带轮由轮缘、轮辐、轮毂3部分组成。轮缘是带轮的工作部分，制有梯形轮槽，用来安装传动带；轮毂是带轮与轴的连接部分，制有圆柱孔和键槽，常用平键与轴联结；轮辐是轮缘与轮毂的连接部分。

V带轮按照轮辐结构的不同，可分为实心式、腹板式、孔板式和轮辐式4种形式，如图4-1-10所示。

当V带轮的直径较小，即直径 $d_d \leqslant (2.5 \sim 3)d_0$（$d_0$ 为轴的直径）时，V带轮一般采用实心式结构，如图4-1-10a

轮缘
轮毂
轮辐

**图4-1-9　V带轮的结构**

所示；当带轮为中等直径，即直径 $d_d \leqslant 300$mm 时，V带轮可采用腹板式或孔板式结构，如图4-1-10b、c所示；当带轮直径较大（$d_d > 300$mm）时，V带轮多采用轮辐式结构，以减轻带轮的重量，节约材料，如图4-1-10d所示。

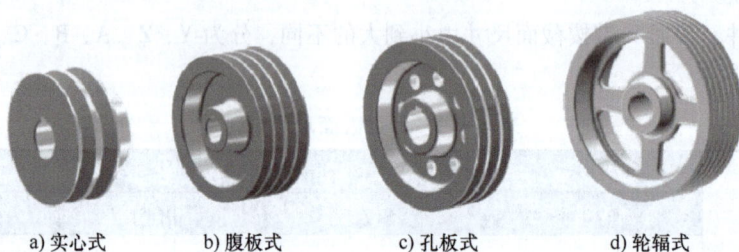

a) 实心式　　　　b) 腹板式　　　　c) 孔板式　　　　d) 轮辐式

图 4-1-10　V 带轮的分类

## 课题三　带传动的工作分类

### 一、带传动的受力分析

摩擦带传动是依靠传动带与带轮接触面间产生的摩擦力来传递动力和运动的，为了清楚地了解其工作原理，下面对带传动工作前和工作过程中带的受力进行分析。

带在安装前，必须以一定的初拉力 $F_0$ 张紧在两轮上，使传动带与带轮接触面间产生正压力。因此，传动带静止时任意截面都受到大小相等的拉力 $F_0$ 的作用，如图 4-1-11a 所示。

带传动工作时，由于摩擦力 $F_f$ 的作用，传动带两边的拉力不再相等。其中，传动带绕入主动轮一边的拉力 $F_0$ 增大到 $F_1$，该边称为紧边，$F_1$ 称为紧边拉力；另一边的拉力由 $F_0$ 减小到 $F_2$，该边称为松边，$F_2$ 称为松边拉力，如图 4-1-11b 所示。

紧边与松边拉力的差值（$F_1 - F_2$）为带传动中起传递力矩作用的拉力，称为有效拉力，用 $F$ 表示，即

$$F = F_1 - F_2$$

有效拉力的大小等于传动带与带轮接触面间产生的静摩擦力值的总和 $\Sigma F_f$，与初拉力 $F_0$、包角 $\alpha_1$ 和摩擦系数有关。

若带传动功率为 $P$，带速为 $v$，则带传动的效率可由传动带的有效拉力和运行速度进行计算，即

$$P = \frac{Fv}{1000} \tag{4-1-1}$$

式中　$P$——带传动传递的功率，单位为 kW；

　　　$F$——传动带中有效拉力的大小，单位为 N；

　　　$v$——传动带的运行速度，单位为 m/s。

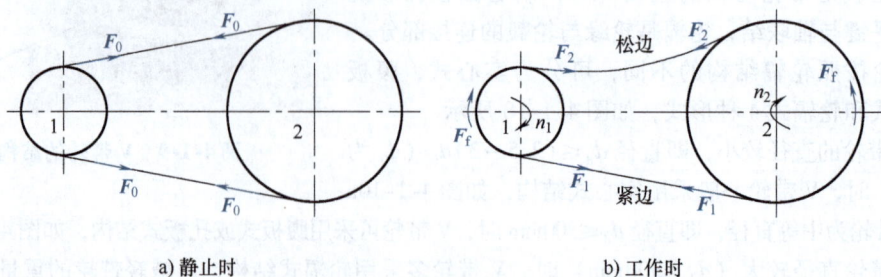

a) 静止时　　　　　　　　　　　　　　b) 工作时

图 4-1-11　带传动的受力分析

### 二、带传动的弹性滑动和打滑

#### 1. 弹性滑动

由于带传动存在紧边和松边，在紧边时传动带被弹性拉长，到松边时又产生收缩，引起传动带在轮上发生微小局部滑动，如图 4-1-12 所示，当传动带绕过主动轮进入松边时，由于拉力逐渐减少，传动带的弹性变形程度减小，使其沿主动轮转向的反方向收缩（滑动），造成传动带的速度 $v$ 低于主动轮的圆周速度 $v_1$，从而向后滑动。同样的情况也发生在从动轮上。当传动带绕过从动轮进入紧边时，由于拉力逐渐增大，传动带逐渐伸长，使其沿从动轮的转动方向滑动，造成传动带的速度 $v$ 高于从动轮的圆周速度 $v_2$，从而向前滑动。通常将这种由于传动带的弹性变形而使传动带与带轮之间出现的轻微滑动现象称为弹性滑动。弹性滑动在传动带工作中不可避免。

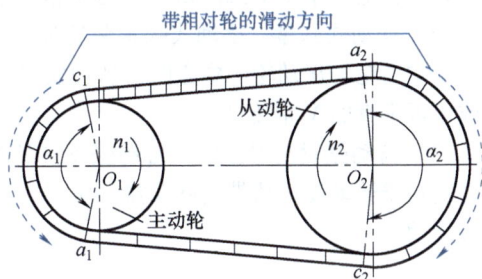

图 4-1-12 弹性滑动

弹性滑动造成传动带的线速度略低于带轮的圆周速度，导致从动轮的圆周速度 $v_2$ 低于主动轮的圆周速度 $v_1$，其速度降低率用相对滑动率 $\varepsilon$ 表示。相对滑动率 $\varepsilon = 0.01 \sim 0.02$，故在一般计算中可不考虑。

#### 2. 打滑

当外载较小时，弹性滑动只发生在传动带即将由主、从动轮离开的一段弧上。传递外载增大时，有效拉力随之加大，弹性滑动区域也随之扩大。当有效拉力达到或超过某一极限值时，传动带与小带轮在整个接触弧上的摩擦力达到极限，若外载继续增加，传动带将沿整个接触弧滑动，这种现象称为打滑。此时主动轮还在转动，但从动轮转速急剧下降，传动带迅速磨损、发热而损坏，使传动失效。因此带传动正常工作时应尽量避免打滑，但在过载时，打滑能起到过载保护的作用。

## 课题四 带传动的张紧、 安装与维护

### 一、带传动的张紧

为了使传动带得到一定的初拉力，安装后需调整传动带的张紧力。一般用手压下传动带的外侧，以能压下 15mm 左右为宜，如图 4-1-13 所示。

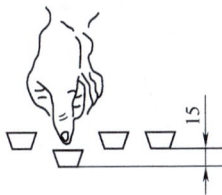

图 4-1-13　V 带的张紧程度

传动带在长期使用后会发生永久变形，逐渐变得松弛。为了保证带传动工作时，传动带上有足够大的初拉力，需要采用一定的装置重新调整传动带的张紧程度。按照原理的不同，带传动的张紧方式可分为调整中心距张紧和张紧轮张紧两类。常用带传动的张紧方法如下。

### 1. 调整中心距张紧

调整中心距是通过改变主动轮和从动轮之间的距离而达到使传动带张紧的目的。

（1）移动式张紧　移动式张紧装置如图 4-1-14a 所示，主动轮安装在导轨上，通过旋转螺栓来改变主动轮的位置，以调整与从动轮之间的中心距，从而实现传动带初拉力的调整。移动式定期张紧装置适用于水平或倾角较小的 V 带传动。

（2）摆动式张紧　摆动式张紧装置如图 4-1-14b 所示，主动轮固定在摆架上，通过旋转螺栓来改变主动轮与从动轮的中心距，从而实现传动带初拉力的调整。摆动式定期张紧装置适用于垂直或接近垂直的 V 带传动。

（3）自动张紧装置张紧　自动张紧装置如图 4-1-14c 所示，利用主动轮的重力作用，摆架可绕固定轴线转动使传动带始终保持一定的初拉力。自动张紧装置常用于不方便调整中心距的小功率带传动。

**移动式张紧**

**摆动式张紧**

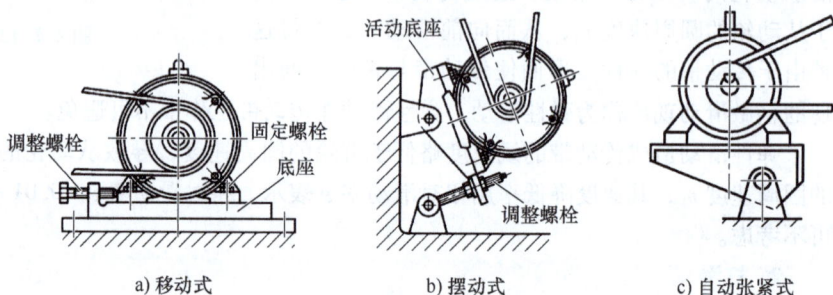

a) 移动式　　　　　b) 摆动式　　　　　c) 自动张紧式

图 4-1-14　调整中心距张紧装置

### 2. 张紧轮张紧

当带传动中两带轮的中心距不能调整时，可采用安装张紧轮的方法来调整传动带的张力。常用的张紧轮装置有调位式和摆锤式两种，如图 4-1-15 所示。张紧轮一般放置在松边内侧靠近大带轮处，使传动带只受单向弯曲；若放置在传动带的外侧，应使其靠近小轮，以提高带的承载能力。

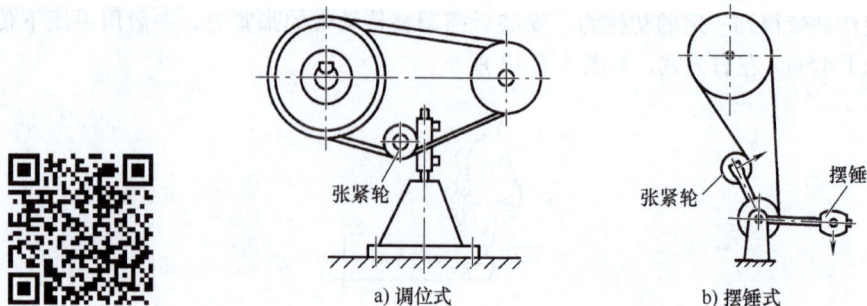

a) 调位式　　　　　　　　b) 摆锤式

**张紧轮张紧**　　　　　图 4-1-15　张紧轮张紧装置

## 二、带传动的安装与维护

1）安装带轮时，应使两带轮的轴线保持平行，且对应轮槽的中心线应重合，否则传动带在运行时会出现扭曲，加剧传动带的磨损。

2）安装 V 带时，V 带的顶面应与带轮的外缘相平齐或略高一点，底面应与轮槽间留有一定的间隙，否则将会影响带传动的正常运行。

3）带传动装置必须安装防护罩，否则可能发生传动带伤人的事故。

4）V 带的主要材料是橡胶，应避免与酸、碱、油等化学物质接触。

5）V 带的使用寿命较短，若 V 带出现裂纹、变长，应及时更换。

6）带传动应定期进行检查，及时调整传动带的张力，保证带传动的正常工作。新旧 V 带、不同厂家生产的 V 带不能混用，以免受力不均。

## 课题五　同步带传动

同步带传动是在同步带的工作面及带轮的外周上均制有啮合齿，由同步带齿与轮齿的相互啮合实现传动，如图 4-1-16 所示。

### 一、同步带传动的特点

1）传动过程中无相对滑动，传动比准确，传动效率高。

2）工作平稳，能吸收振动。

3）传动比较大。

4）维护方便，运转费用低。

5）中心距要求严格，安装精度要求高。

6）制造工艺复杂，成本较高。

图 4-1-16　同步带传动

### 二、同步带的参数、类型和标注

同步带传动是一种啮合传动，依靠同步带内周的等距横向齿与带轮相应齿槽之间的啮合来传递运动和动力，两者无相对滑动，从而使圆周速度同步（故称为同步带传动）。它兼有带传动和齿轮传动的特点，如图 4-1-17 所示。

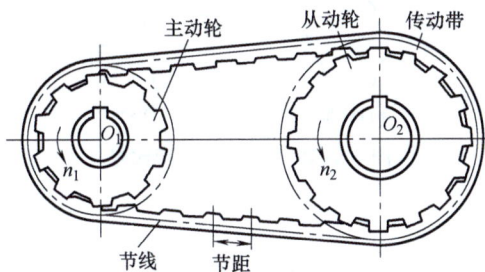

图 4-1-17　同步带传动及参数

#### 1. 同步带的参数

1）节距 $P_b$。在规定张紧力下，同步带相邻两齿对称中心线间的距离称为节距。

2）基本长度 $L_p$。同步带工作时保持原长度不变的周线称为节线，节线的长度称为基本长度（公称长度），轮上相应的圆称为节圆。

#### 2. 同步带的类型

同步带主要有 RPP 同步带、梯形齿同步带、弧型齿同步带以及单面同步带和双面同步带之分，如图 4-1-18 所示。

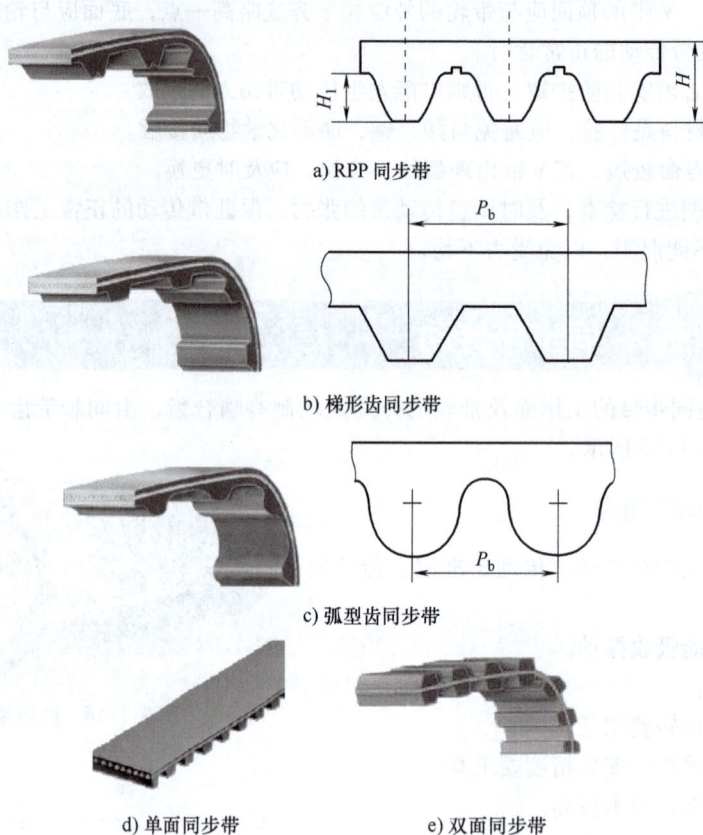

a) RPP 同步带

b) 梯形齿同步带

c) 弧型齿同步带

d) 单面同步带          e) 双面同步带

图 4-1-18　同步带的类型

### 3. 同步带的标记

对称齿双面同步带的形式代号为"DA"，交错齿双面同步带的形式代号为"DB"，如图 4-1-19 所示。

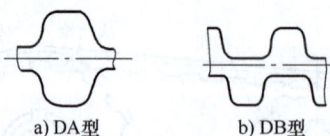

a) DA型          b) DB型

图 4-1-19　双面同步带代号

同步带的标记如下：

| DA | 900 | H | 200 |
|---|---|---|---|

型号H(节距12.7mm)
节线长度代号
(节线长2286mm)
对称齿双面同步带
带宽代号200
(带宽50.8mm)

### 三、同步带轮

同步带轮的材料一般采用铸铁或钢，有渐开线和直线两种，如图 4-1-20 所示。

如图 4-1-21 所示，节距 $p$ 是同步带传动最基本的参数，$d$ 是带轮节圆直径，$d_0$ 是带轮实际外圆直径。带轮的参数与同步带匹配，同步带轮一般与同步带一起购买，可选用厂家提供的标准带轮。

图 4-1-20 同步带轮

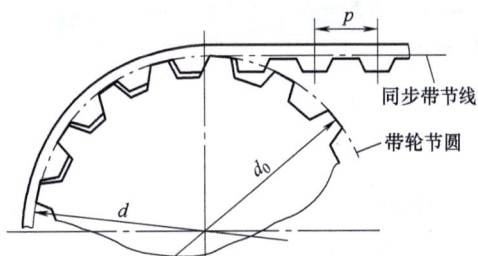

同步带节线
带轮节圆

图 4-1-21 同步带轮的参数

带轮的标记由带轮齿数、带的型号和轮宽表示：

30　　L　　075

轮宽(19.05mm)

带型号(节距9.525mm)

带轮齿数(30个)

# 单元二 链传动

## 学习目标

**1. 知识目标**

1) 了解链传动的类型、特点及应用。

2) 了解链条和链轮的组成、材料及结构。

3) 了解链传动的安装、张紧及维护等知识。

**2. 能力目标**

能分析链传动的类型。

链传动是一种应用广泛的机械传动。汽车上常用的链传动有发动机的正时链传动（图4-2-1）、机油泵传动和平衡轴传动等。发动机采用正时链系统，其尺寸紧凑、可靠性高、耐磨性高。

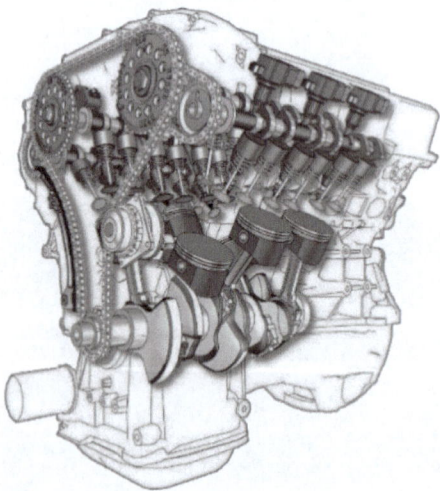

图 4-2-1　正时链传动

## 课题一　链传动的类型及应用

### 一、链传动的组成和工作原理

链传动是一种较为广泛的机械传动，由主动链轮、从动链轮和链条组成。链传动是具有中间挠性件的啮合传动，它依靠链轮齿与链条的啮合来传递运动和动力。图4-2-2 所示为链传动的示意图，动力由主动链轮通过链条传递到从动链轮，实现动力和运动的传递。

图 4-2-2　链传动的示意图

## 二、链传动的特点

### 1. 链传动的优点

与带传动相比，链传动具有以下优点：

1）无弹性打滑和打滑现象，能保持正确的平均传动比。

2）传动效率较高。

3）张紧力小，所以作用于轴上的径向力较小。

4）结构紧凑。

5）能在高温、灰尘多、湿度大及腐蚀性环境等恶劣条件下工作。

### 2. 链传动的缺点

链传动的主要缺点有以下几个方面：

1）只能用于平行轴之间的同向回转传动。

2）瞬时传动比不恒定。

3）工作时有噪声。

4）磨损后易发生跳齿。

5）不宜应用于载荷变化很大和急速反向的传动。

## 三、链传动的类型

链传动主要应用在工作可靠、平均传动比准确且两轴相距较远，以及不易采用齿轮传动的场合。

### 1. 按用途不同分

根据用途不同，链可分为传动链、输送链和起重链，如图 4-2-3 所示，在一般机械传动中最常用的是传动链，输送链和起重链主要用在运输和起重机械中。

a) 传动链　　　　　b) 输送链　　　　　c) 起重链

图 4-2-3　链的类型

### 2. 按结构形式分

根据结构形式不同，传动链可分为滚子链、套筒链、齿形链和成形链，前 3 种已标准化。目前，应用最为广泛的是滚子链。

**课题二  链条和链轮**

### 一、链条

传动链主要包括滚子链和齿形链。齿形链工作平稳，噪声小，允许链速高，但结构复杂，制造成本高，质量大。

#### 1. 滚子链

如图 4-2-4 所示，滚子链由内链板、外链板、套筒、销轴和滚子等组成。相邻两销轴中心的距离称为节距 $p$。外链板与销轴、内链板与套筒分别以过盈配合连接，依次构成内、外链节；与销轴与套筒为间隙配合，这样相邻链节可相对自由转动。链节数为偶数时，形成环状的接头处正好是内、外链板相接，链节接头处可用开口销或弹性锁片固定，特别适用于大节距与小节距；链节数为奇数时，只需采用承受附加弯矩的过渡链节，降低了链的承载能力，应当避免。链节距增大，链条其他尺寸也相应增大，所传递功率增大。当传递大功率时，宜采用双排链或多排链；为了使各排链受载均匀，链排数不易过多。图 4-2-5 所示为单排链、双排链及三排链示意图。

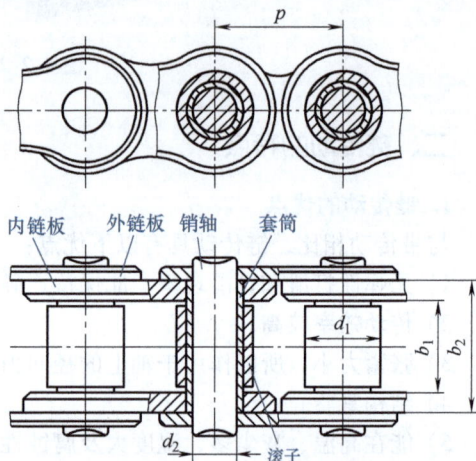

图 4-2-4　滚子链的结构

$p$—节距　$d_1$—滚子外径　$d_2$—轴的直径
$b_1$—内链节内宽　$b_2$—内链节外宽

滚子链的标记方法为："链号-排数-链节数　标准代号"。例如，链号位 08A、单排、链节数为 88 的滚子链，标记为"08A-1-88 GB/T 1243—2006"。

a) 单排链　　　　　　b) 双排链　　　　　　c) 三排链

图 4-2-5　单排链、双排链及三排链示意图

当链节数为偶数时，链条一端的外链板正好与另一端的内链板相连，其接头可采用开口销或弹簧夹锁紧，分别如图 4-2-6a、b 所示；当链节数为奇数时，接头处需采用过渡链节进行连接，如图 4-2-6c 所示。

#### 2. 齿形链

齿形链是利用具有特定齿形的链板与链轮之间的啮合来传递运动和动力的。齿形链又称为无声链，由彼此通过铰链连接起来的齿形链板组成，如图 4-2-7 所示。为了提高承载能力和传动的稳定性，一般采用多排链板。其中，链板的两工作层面间的夹角为 60°，相邻链节的链板左右错开排列，并用销轴、轴瓦或滚柱将链板连接起来。

齿形链的种类很多，根据铰链结构的不同，齿形链可分为圆销铰链式、轴瓦铰链式和滚柱铰链式 3 种，如图 4-2-8 所示。

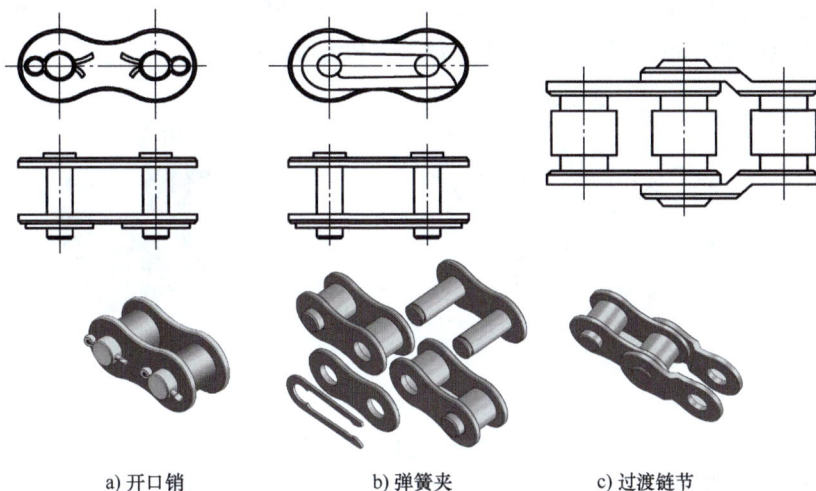

a) 开口销    b) 弹簧夹    c) 过渡链节

图 4-2-6 滚子链的接头形式

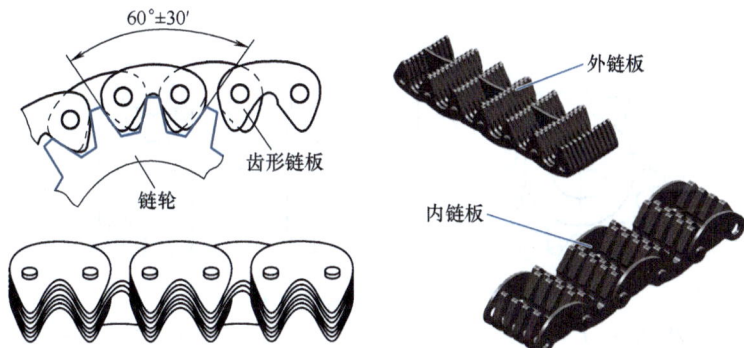

图 4-2-7 齿形链

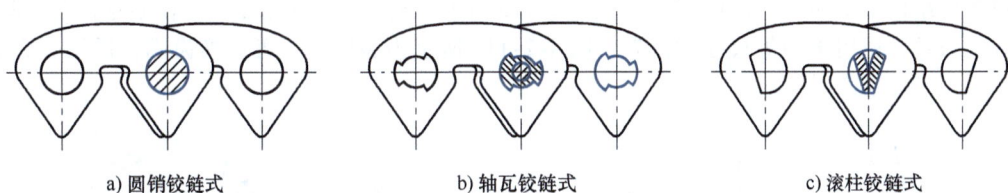

a) 圆销铰链式    b) 轴瓦铰链式    c) 滚柱铰链式

图 4-2-8 齿形链的分类

与滚子链传动相比，齿形链传动具有传动平稳、噪声小、承受冲击载荷能力强、轮齿受力较均匀等优点，但齿形链传动结构复杂、制造成本高、装拆较困难、装置质量大，且安装和维护的要求较高，故多用于运动精度要求较高、传递功率较大的高速传动场合。例如汽车发动机正时系统的正时链条，与正时带相比，正时链条具有结构紧凑、传动功率大、可靠性与耐磨性高、终身免维护等优点。

## 二、滚子链链轮

### 1. 链轮齿形

链轮齿形应保证链节能够顺利地进入和退出啮合，啮合时接触良好，并且其形状尽量简单，便于加工。国家标准中规定了链轮端面齿形（图 4-2-9），同时规定了链轮的轴向齿形（图 4-2-10）。链轮采用标准齿形且用标准刀具加工时，在链轮工作图上，只需绘制出链轮的轴向齿形，以便切削；而链轮的端面齿形不需绘制，只需注明基本参数尺寸和齿形即可。

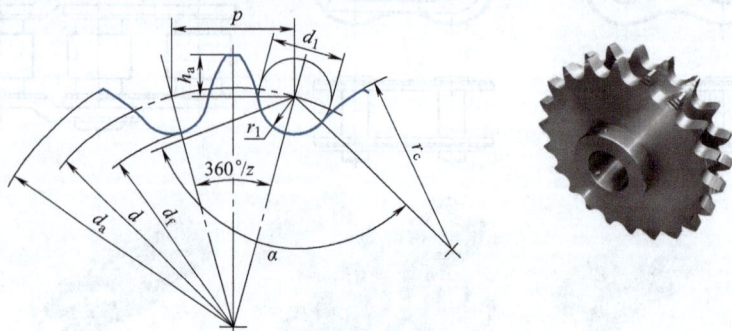

图 4-2-9　链轮端面齿形

$p$—弦节距，等于链条节距　$r_c$—齿侧圆弧半径　$d$—分度圆直径　$h_a$—节距多边形以上的齿高

$d_1$—滚子直径最大值　$d_a$—齿顶圆直径　$r_1$—滚子定位圆弧半径

$d_f$—齿根圆直径　$\alpha$—滚子定位角　$z$—齿数

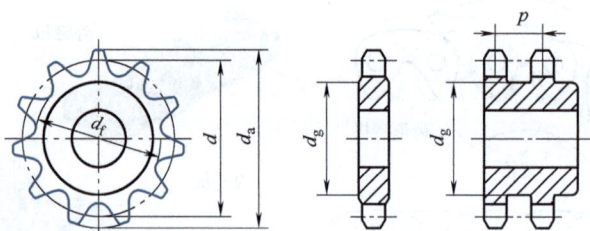

图 4-2-10　链轮轴向齿形

$d$—分度圆直径　$d_a$—齿顶圆直径　$d_f$—齿根圆直径　$d_g$—齿侧凸缘直径　$p$—节距

## 2. 链轮的结构

链轮的结构形式如图 4-2-11 所示，图 4-2-11a 所示为整体式，适用于小直径链轮，图 4-2-11b 所示为孔板式，适用于中等尺寸的链轮，图 4-2-11c 所示为装配式，可更换齿圈，适用于大直径链轮。

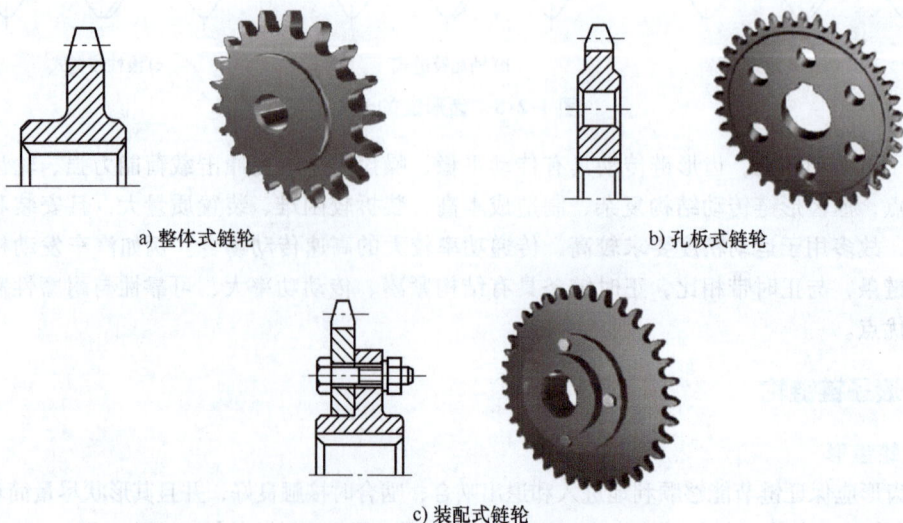

a) 整体式链轮

b) 孔板式链轮

c) 装配式链轮

图 4-2-11　链轮的结构形式

### 3. 链轮的材料

由于链传动过程不平稳，链轮轮齿容易受到冲击和磨损，链轮轮齿应具有足够的耐磨性、强度和抗冲击能力。同时，由于单位时间内小链轮齿轮啮合次数多于大链轮齿轮啮合次数，冲击也较严重，故小链轮应选用更好的材料制造。一般采用中碳钢或中碳合金钢，如45、40Cr、35SiMo等，经淬火处理，硬度达到40～50HRC；高速、重载时采用低碳钢、低碳合金钢，如15、20、15Cr、20Cr，经表面渗碳淬火，其硬度可达55～60HRC；低速、轻载、齿数较多的从动轮可采用铸铁制造。

## 课题三　链传动的工作分析

### 一、链传动的传动比

链传动时，绕在链轮上的链条折成正多边形，如图4-2-12所示。正多边形的边长即是链条的节长，链轮的边数为链轮的齿数。

链条的平均速度为

$$v = \frac{z_1 n_1 p}{60 \times 1000} = \frac{z_2 n_2 p}{60 \times 1000}$$

链传动的平均传动比为

$$i = \frac{n_1}{n_2} = \frac{z_2}{z_1}$$

所以，链传动的平均传动比为定值。

### 二、链轮的齿数

链轮齿数 $z_1$ 和 $z_2$，小链轮齿数 $z_1$ 不宜过少，过少时，传动不平稳、动载荷及链条磨损加剧，摩擦消耗功率增大，链的工作拉力增大。同样，链轮齿数 $z_1$ 不能太大，太大时链节容易磨损，易引起脱链，将缩短链的使用寿命。

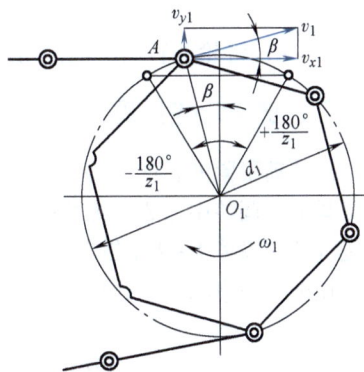

图 4-2-12　链传动的速度分析

大链轮齿数 $z_2$ 按 $z_2 = iz_1$ 确定，一般应使 $z_2 \leqslant 120$。

考虑均匀磨损的问题，链节数最好为偶数。所以链轮齿数最好选质数或不能整除链节数的数。

### 三、链传动的失效形式

根据失效的机理不同，链传动存在以下4种失效形式：

（1）链的疲劳破坏　链工作时，链条各个元件承受交变应力，经过一定的应力循环次数，链板发生疲劳断裂，滚子表面将会引起疲劳点蚀。在润滑良好时，疲劳强度是决定链传动能力的主要因素。

（2）链的铰链磨损　链工作时，销轴与套筒、套筒与滚子间发生摩擦，引起磨损。由于磨损使链节变长，易跳齿或脱链，使传动失效。

开式传动或润滑不良的链传动主要失效形式是铰链磨损。

（3）链的铰链胶合　当链轮转速很高时，在载荷作用下，套筒与销轴间的油膜被破坏，两零件工作表面胶合。胶合在一定程度上限定了链传动的极限转速。

（4）链的静力拉断　在低速、重载或突然过载时，链条可能会因静强度不足而被拉断。

链轮的使用寿命比链的使用寿命长得多，所以链传动的承载能力以链的强度和使用寿命为依据。

## 课题四　链传动的布置、张紧与润滑

### 一、链传动的布置

1）两链轮的轴线应在同一个水平面内。两链轮中心连线与水平面的夹角应小于45°，尽可能不要垂直传动，以避免出现卡链现象，如图4-2-13所示。

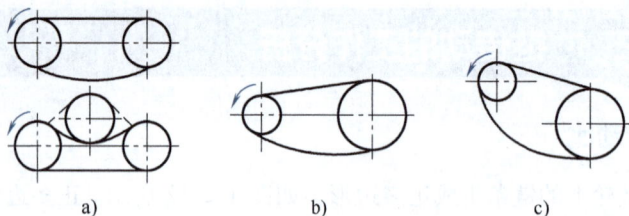

图4-2-13　链传动的布置示意图

2）主动链轮的转向应使传动的紧边在上、松边在下。

### 二、链传动的张紧

链传动张紧的目的是为了避免在链条的垂度过大时产生啮合不良和链条的振动现象。链传动的张紧采用调整中心距、缩短链长或安装张紧轮的方法。调整中心距的方法简单、方便、可靠；缩短链长是去掉1~2个链节，但要考虑链条的接头能否方便连接；采用张紧轮张紧时，张紧轮应安装在链条松边的一侧，以提高链传动的平稳性，如图4-2-14所示。

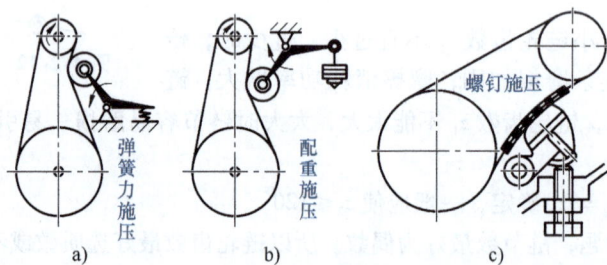

图4-2-14　张紧轮的调整装置示意图

### 三、链传动的润滑

链传动的润滑影响传动的能力和使用寿命，润滑良好可以缓和冲击，减少链条和链轮的磨损，提高传动效率，延长链条和链轮的使用寿命。

链传动的润滑方式由链速和链号来确定，主要方式有以下4种：

（1）人工润滑　用油刷或油壶定期为链条刷油，如图4-2-15a所示。人工定期润滑适用于链速低于4m/s的非重要链传动。

（2）滴油润滑　在链条松边的内、外链板间隙处用油杯通过油管进行滴油，如图4-2-15b所示。滴油润滑适用于链速低于10m/s的链传动。

（3）油浴润滑　将链条浸在油池中或利用甩油盘将油甩到链条上，如图4-2-15c所示。油浴润滑适用于链速为6~12m/s的大功率链传动。

（4）喷油润滑 利用油泵将润滑油持续地喷射到链条上，如图4-2-15d所示。喷油润滑适用于高速大功率的链传动。

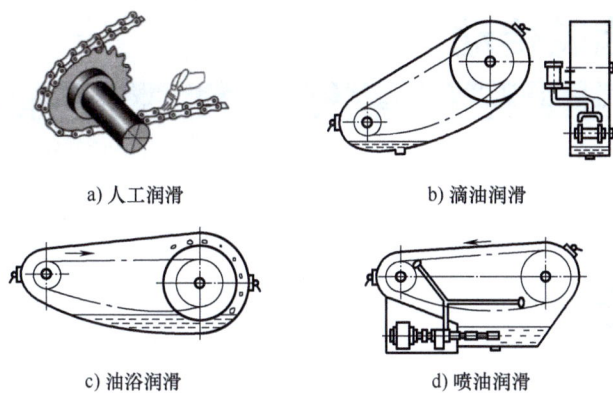

a) 人工润滑　　　　　　　　　b) 滴油润滑

c) 油浴润滑　　　　　　　　　d) 喷油润滑

**图 4-2-15　链传动的润滑方式**

# 齿轮传动

## 单元三

### 学习目标

**1. 知识目标**

1）了解齿轮传动的特点及分类。

2）熟悉齿轮传动的用途。

3）掌握齿轮传动的传动比计算方法。

4）掌握渐开线标准直齿轮的基本参数及几何尺寸计算方法。

5）了解渐开线直齿圆柱齿轮传动的正确啮合条件和连续传动条件。

6）了解渐开线齿轮的加工方法。

7）了解斜齿圆柱齿轮主要参数和几何尺寸。

8）了解直齿锥齿轮的主要参数。

9）掌握齿轮传动的失效形式。

**2. 能力目标**

1）具有识别齿轮传动种类的能力。

2）能计算齿轮的各个参数。

在汽车行驶过程中，驾驶人通过操作汽车变速、换向装置（图 4-3-1），就能实现变速、转向或倒车，它们是怎样实现的呢？

a) 变速杆

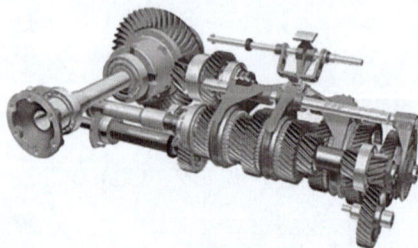
b) 变速器

图 4-3-1　汽车变速、换向装置

### 课题一　齿轮传动的类型及应用

齿轮利用两个相互啮合的齿轮组成的齿轮副来传递运动和动力，广泛应用于汽车、钟表等。

### 一、齿轮传动的特点

#### 1. 优点

1）传动比准确，可靠性高。

2）传动效率高，工作寿命长。

3）结构紧凑，所占空间小，可在空间任意两轴之间传递运动和动力。

4）传递的功率、速度和尺寸范围大。齿轮传动的速度最大可达300m/s，传递功率可从几瓦到十几万千瓦，齿轮直径可从几毫米到几十米。

#### 2. 缺点

制造齿轮需要专用的设备，故制造成本高；安装精度要求较高，否则会出现较大的振动和噪声；不适用于两轴中心距较大的传动场合。

### 二、齿轮传动的类型

齿轮传动的种类很多，下面分别按照轮齿形状、齿轮轴线位置和工作条件进行分类。

#### 1. 按轮齿形状分类

根据轮齿形状的不同，齿轮可分为直齿圆柱齿轮、斜齿圆柱齿轮、直齿锥齿轮、斜齿锥齿轮、齿条和人字形齿轮等，如图4-3-2所示。

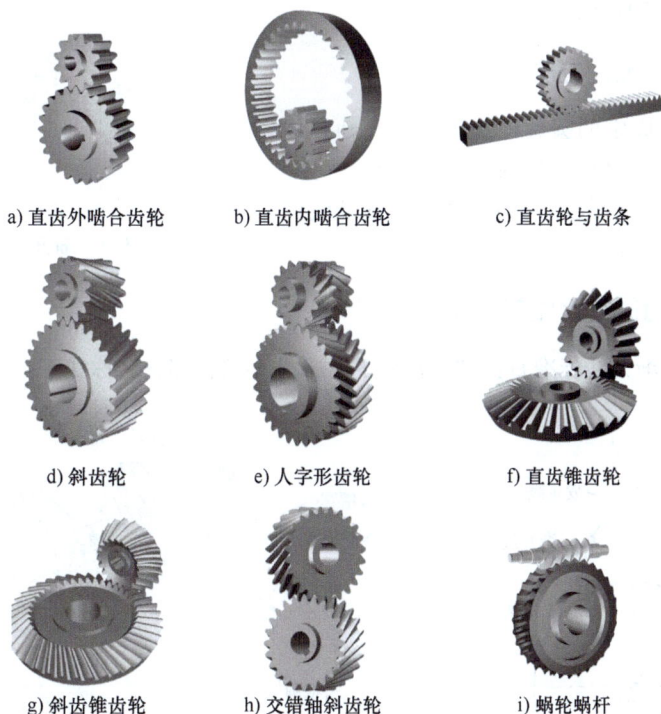

a) 直齿外啮合齿轮    b) 直齿内啮合齿轮    c) 直齿轮与齿条

d) 斜齿轮    e) 人字形齿轮    f) 直齿锥齿轮

g) 斜齿锥齿轮    h) 交错轴斜齿轮    i) 蜗轮蜗杆

图4-3-2  齿轮传动的类型

#### 2. 按齿轮轴线位置分类

根据轴线位置的不同，齿轮传动可分为平行轴齿轮传动、相交轴齿轮传动和交错轴齿轮传动。

1）平行轴齿轮传动。传动中两齿轮在同一平面内运动，两者轴线相互平行，如图4-3-2a、b、c、d、e所示。

2）相交轴齿轮传动。传动中两齿轮不在一个平面内运动，两者轴线垂直相交，如图4-3-2f、g

所示。

3）交错轴齿轮传动。传动中两齿轮不在一个平面内运动，且两者轴线在空间相交，如图 4-3-2h、i 所示。

#### 3. 按齿轮啮合情况分类

按照齿轮啮合情况，齿轮传动可分成外啮合传动（图 4-3-2a）和内啮合传动（图 4-3-2b）。

#### 4. 按工作条件分类

根据传动时齿轮工作条件的不同，齿轮传动可分为开式、半开式和闭式传动 3 类。

（1）开式齿轮传动　传动装置没有防尘罩或机壳，齿轮完全暴露在外面，外界杂物容易侵入，且润滑不良，多用于低速、非重要场合。

（2）半开式齿轮传动　齿轮传动装置有简单的防护装置，但不能严格防止外界杂物的侵入，润滑条件一般，多用于农业机械、建筑机械及简单机械装备。

（3）闭式齿轮传动　齿轮经过精确加工，放置于密封严密的箱体内，润滑条件好，多用于汽车、机床等重要场合。

## 课题二　渐开线标准直齿圆柱齿轮

齿轮传动的齿廓有多种，考虑到啮合性能、加工工艺和互换使用等因素，目前最常用的是渐开线齿轮，如图 4-3-3 所示。

### 一、渐开线的形成及性质

动直线沿着一个固定的圆做纯滚动时，此动直线上任一点 $K$ 的运动轨迹 $CK$ 称为渐开线，该圆称为渐开线的基圆，其半径以 $r_b$ 表示，动直线称为渐开线的发生线，如图 4-3-4 所示。

图 4-3-3　渐开线齿轮（局部）

### 二、渐开线直齿圆柱齿轮的各部分名称

图 4-3-5 所示为渐开线标准直齿圆柱齿轮的一部分，其各部分名称如下：

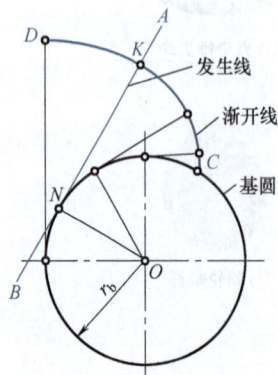

图 4-3-4　渐开线的形成

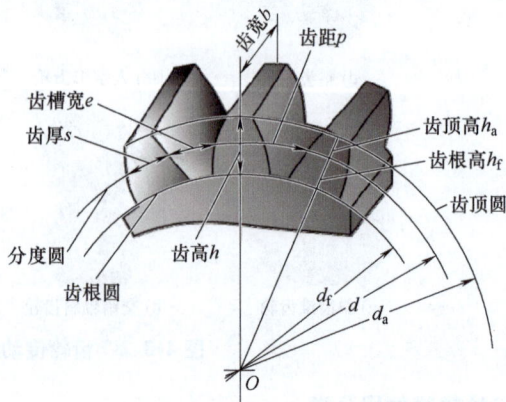

图 4-3-5　渐开线标准直齿圆柱齿轮的轮齿

1）齿顶圆。齿顶所在的圆称为齿顶圆，齿顶圆直径用 $d_a$ 表示。

2）齿根圆。齿槽底部所在的圆称为齿根圆，齿根圆直径用 $d_f$ 表示。

3）齿厚。同一轮齿上左、右两齿廓之间的某一圆周弧长称为齿厚，分度圆上的齿厚用 $s$ 表示。

4）齿槽宽。相邻两齿之间的某一圆周弧长称为齿槽宽，分度圆上的齿槽宽用 $e$ 表示。

5）齿距。相邻两齿同一侧齿廓的圆周弧长称为齿距，分度圆上的齿距用 $p$ 表示。

6）分度圆。轮齿上齿厚等于齿槽宽所在的圆称为分度圆，分度圆直径用 $d$ 表示。

7）齿顶高。分度圆到齿顶圆之间的径向距离称为齿顶高，用 $h_a$ 表示。

8）齿根高。分度圆到齿根圆之间的径向距离称为齿根高，用 $h_f$ 表示。

9）齿高。齿顶圆到齿根圆之间的径向距离称为齿全高，用 $h$ 表示。

10）中心距。两传动齿轮中心的距离称为中心距，用 $a$ 表示。

### 三、渐开线直齿圆柱齿轮的基本参数

渐开线标准直齿圆柱齿轮的各部分几何尺寸用基本参数来表示，主要基本参数有齿数、模数、压力角、齿顶高系数和顶隙系数 5 个。

**1. 齿数 $z$**

齿轮圆周上轮齿的总数称为齿数。

**2. 模数 $m$**

模数是齿轮几何尺寸的重要参数。

齿轮分度圆周长的计算式为

$$c = \pi d = zp$$

$$d = \frac{zp}{\pi}$$

式中，$\pi$ 是无理数，为了使分度圆得到比较整齐的数，令 $p/\pi = m$，称 $m$ 为模数。

模数是决定齿轮尺寸的主要参数。分度圆直径不变，模数越大，齿数越少，如图 4-3-6 所示；齿数不变，模数越大，分度圆直径也越大，齿形越大，强度越高，传递的转矩也越大，如图 4-3-7 所示。

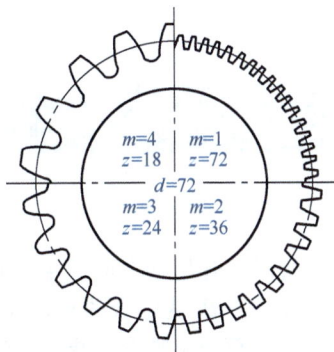

**图 4-3-6　模数与分度圆**　　　**图 4-3-7　模数与齿数**

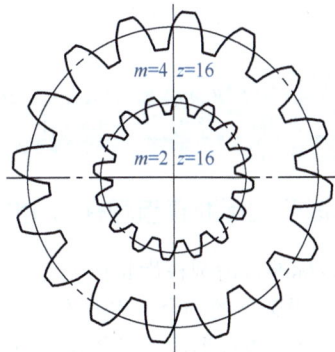

我国已规定了标准齿轮模数系列，见表 4-3-1。

**表 4-3-1　标准齿轮模数系列**（摘自 GB/T 1357—2008）　　　　　（单位：mm）

| 第一系列 | 1, 1.25, 1.5, 2, 2.5, 3, 4, 5, 6, 8, 10, 12, 16, 20, 25, 32, 40, 50 |
|---|---|
| 第二系列 | 1.75, 2.25, 2.75, 3.5, 4.5, 5.5, (6.5), 7, 9, 11, 14, 18, 22, 28, 36, 45 |

注：1. 表中模数适用于渐开线直齿轮和斜齿轮，对于斜齿轮是指法向模数 $m_n$。

2. 表中模数为部分摘选，优先选用第一系列，其次是第二系列，括号内的模数尽量不用。

### 3. 压力角 α

压力角指轮齿速度方向与受力方向所夹的锐角。渐开线齿廓上各点的压力角不相等，离基圆越远，压力角越大，基圆上的压力角 $\alpha = 0°$。通常压力角指分度圆上的压力角 $\alpha$。我国规定分度圆上的标准压力角为20°。

### 4. 齿顶高系数（$h_a^*$）

对于标准齿轮，规定 $h_a = h_a^* m$。$h_a^*$ 称为齿顶高系数。我国标准规定：正常齿 $h_a^* = 1$，短齿 $h_a^* = 0.8$。

### 5. 顶隙系数（$c^*$）

当一对齿轮啮合时，为了使一个齿轮的齿顶面不与另一个齿轮的齿槽底面接触，轮齿的齿根高应大于齿顶高，即应留有一定的径向间隙，称为顶隙，用 $c$ 表示，如图 4-3-8 所示。顶隙能够避免一个齿轮的齿顶与另一个齿轮的齿根在啮合时发生碰撞，还可用于储存润滑油，减小啮合时的摩擦。

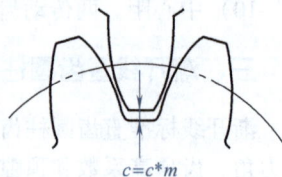

图 4-3-8 顶隙

对于标准齿轮，规定 $c = c^* m$。$c^*$ 称为顶隙系数。我国标准规定：正常齿 $c^* = 0.25$，短齿 $c^* = 0.3$。

渐开线标准直齿圆柱齿轮的几何尺寸计算公式见表 4-3-2。

表 4-3-2　渐开线标准直齿圆柱齿轮的几何尺寸计算公式 （单位：mm）

| 名　称 | 公　式 | 名　称 | 公　式 |
|---|---|---|---|
| 分度圆直径 | $d = mz$ | 齿根高 | $h_f = (h_a^* + c^*)m = 1.25m$ |
| 齿顶圆直径 | $d_a = m(z + 2)$ | 齿高 | $h = (2h_a^* + c^*)m = 2.25m$ |
| 齿根圆直径 | $d_f = m(z - 2.5)$ | 齿距 | $p = \pi m$ |
| 齿顶高 | $h_a = h_a^* m = m$ | 中心距 | $a = m(z_1 + z_2)/2$ |

注：该表为外齿轮几何尺寸计算公式。

## 课题三　渐开线标准直齿圆柱齿轮的啮合传动

### 一、一对渐开线标准直齿圆柱齿轮的啮合特性

一对渐开线标准直齿圆柱齿轮的啮合过程如图 4-3-9 所示。开始啮合时，主动轮齿根上的点 $B_2$ 推动从动轮齿顶圆上的啮合点 $B_2$，使从动轮做迎时针转动，点 $B_2$ 为啮合的起始点。随着主动轮做顺时针转动，啮合点逐渐向从动轮齿根圆上的点 $B_1$ 移动，直至退出啮合为止，过啮合点 $B_2$、$B_1$ 的直线称为啮合线。由渐开线的性质可知，过啮合点作两齿廓的公法线必定与两基圆相切，与两基圆相切的直线只能有一条，即两基圆的内公切线。所以，内公切线、两齿廓的公法线和啮合线重合在一条直线上。称 $B_2B_1$ 为实际啮合线段，切点 $N_1$、$N_2$ 的连线 $N_1N_2$ 为理论啮合线段。$N_1N_2$ 与两圆心 $O_1$、$O_2$ 连线的交点 $C$ 称为节点。

#### 1. 传动比的恒定性

在两齿轮节点处的线速度值相等，线速度的方向垂直于 $O_1$、$O_2$ 的连线，即

$$v_c = \omega_1 O_1 C = \omega_2 O_2 C$$

得

$$i = \frac{\omega_1}{\omega_2} = \frac{O_2 C}{O_1 C} = \frac{r_{b2}}{r_{b1}} = 常数$$

所以，渐开线标准直齿圆柱齿轮的传动比值为恒定不变。

**2. 啮合角的不变性**

渐开线齿轮的两齿廓无论在何处啮合，齿廓间作用的压力方向始终在两基圆的内公切线上，即在接触点的公法线上，也就是啮合线方向上，啮合线成为固定的直线。所以，齿廓间作用的压力方向不变，传动平稳。

**3. 中心距的可分性**

一对渐开线标准直齿圆柱齿轮的传动比与两轮的基圆半径成反比。在传动中，如果实际中心距发生微小的改变，传动比的值不会发生变化，称为渐开线齿轮传动的中心距可分性。中心距的可分性给齿轮的设计、制造和安装提供了极大的方便。

## 二、渐开线齿轮的正确啮合条件

渐开线齿轮传动是靠均布在齿轮圆周上的轮齿依次啮合来实现的。为保证一对渐开线齿轮能够正确啮合，必须使这对齿轮任意两相邻同侧齿廓在啮合线上的距离都相等，如图 4-3-10 所示的 $ab$ 段。根据渐开线的性质，$ab$ 既等于主动轮的基圆齿距 $p_{b1}$，又等于从动轮上的基圆齿距 $p_{b2}$，因此 $p_{b1} = p_{b2}$，即两齿轮的基圆齿距相等。而基圆齿距 $p_b$ 与齿距 $p$ 的关系为

$$p_b = \frac{\pi d_b}{z} = \frac{\pi d \cos\alpha}{z} = p\cos\alpha = \pi m \cos\alpha$$

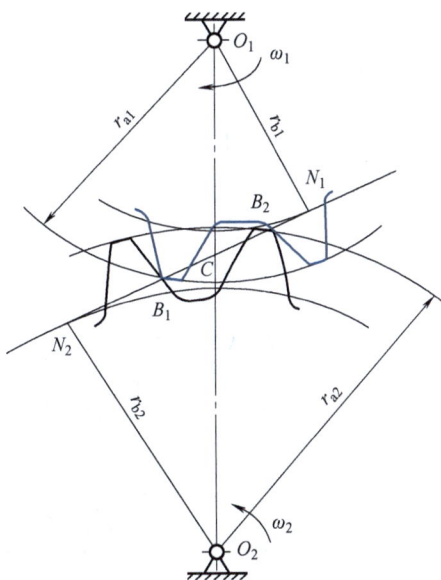

图 4-3-9　一对渐开线标准直齿
圆柱齿轮的啮合过程

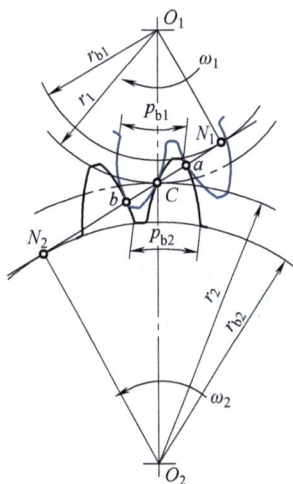

图 4-3-10　渐开线齿轮的正确啮合条件

根据上述分析，于是有

$$\pi m_1 \cos\alpha_1 = \pi m_2 \cos\alpha_2$$

因为齿轮分度圆上的模数和压力角都已标准化，故要满足上式，必须有

$$\left. \begin{array}{l} m_1 = m_2 = m \\ \alpha_1 = \alpha_2 = \alpha \end{array} \right\}$$

即齿轮的正确啮合条件为两齿轮的模数和压力角分别相等。

## 三、渐开线齿轮连续传动的条件

如图 4-3-11 所示，齿轮 1 为主动轮，齿轮 2 为从动轮，在啮合过程中，首先是主动轮的齿根

部分与从动轮的齿顶部分接触，一对齿轮起始啮合点 $K_2$ 为从动轮2的齿顶圆与啮合线的交点，而终止啮合点 $K_1$ 为主动轮1的齿顶圆与啮合线的交点。线段 $K_2K_1$ 称为齿轮的实际啮合线。若将两轮的齿顶圆加大，其实际啮合线就由两端向外延伸。因为基圆内无渐开线，所以两轮的齿顶圆不得超过极限啮合点 $N_1$ 和 $N_2$，$N_1N_2$ 称为理论啮合线。

由一对轮齿的啮合过程可知，每个轮齿参与啮合的齿廓，只是图4-3-11中的阴影线部分，称为齿廓工作段。若齿轮连续传动，必须保证在前对轮齿即将脱离啮合前，后一对轮齿进入啮合。为此，应使实际啮合线 $K_2K_1$ 至少等于或大于齿轮的基圆齿距 $p_b$，即 $K_2K_1/p_b \geq 1$。$K_2K_1/p_b$ 的值称为齿轮传动的重合度，用 $\varepsilon$ 表示，即

$$\varepsilon = K_2K_1/p_b \geq 1$$

重合度 $\varepsilon$ 是齿轮传动中一个非常重要的性能指标。重合度 $\varepsilon$ 越大，意味着同时参与啮合的轮齿对数越多，每对齿轮承受的载荷越小，齿轮传动的平稳性和承载能力越强。

### 四、齿轮传动的中心距

齿轮传动时，如果相互啮合的齿轮之间有侧隙，在传动过程中将会出现振动和冲击。为了保证无侧隙啮合，在安装齿轮时应保证分度圆与节圆重合，称为标准安装，如图4-3-12所示。标准安装时，齿轮的中心距称为标准中心距，其大小为

$$a = r_{\omega 2} + r_{\omega 1} = r_2 + r_1 = m(z_2 + z_1)/2$$

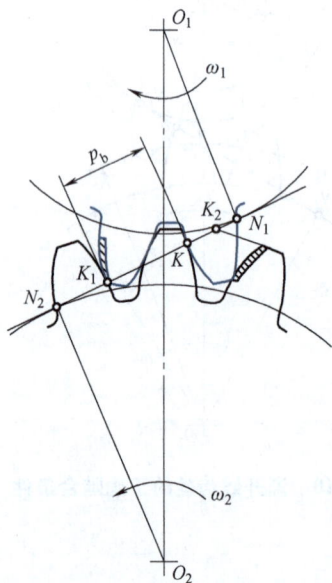

图4-3-11 渐开线齿轮的连续传动条件图

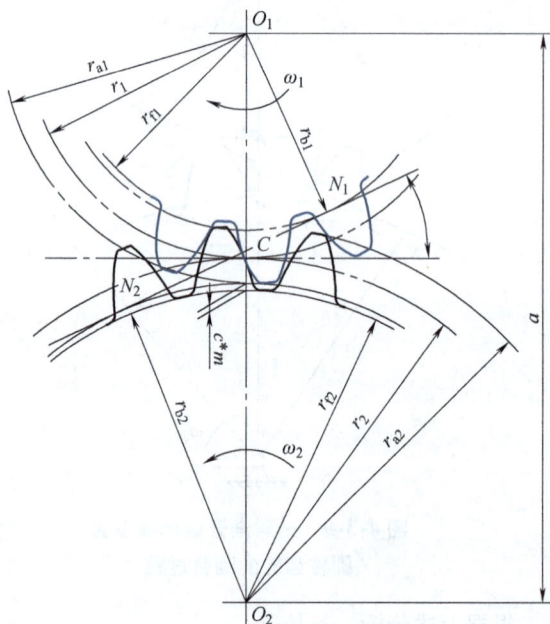

图4-3-12 标准安装中心距

## 课题四 渐开线齿轮的加工与根切现象

### 一、齿轮的加工

齿轮可采用切削加工，或精密铸造、精密锻造、粉末冶金等无切削加工方法制造。在最常用

的机械加工方法中，按轮齿的切制原理可概括为仿形法和展成法。

### 1. 仿形法

仿形法加工是在普通铣床上，用轴向剖面形状与被切齿轮轮槽的形状完全相同的成形铣刀，铣削出齿轮的加工方法。图4-3-13所示为用盘形铣刀或指状铣刀加工齿轮。

仿形法加工齿轮的精度低、效率低，适用于单件生产。

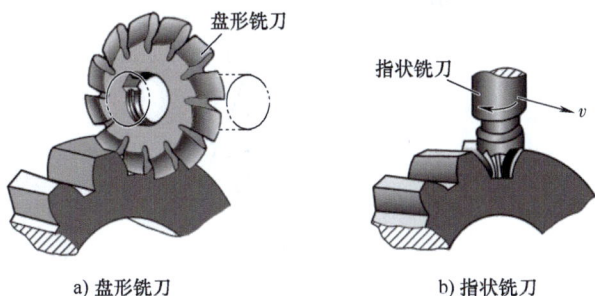

a) 盘形铣刀　　　　　　b) 指状铣刀

**图4-3-13　用盘形铣刀或指状铣刀加工齿轮**

**仿形法加工直齿轮**

### 2. 展成法

展成法是指利用齿轮啮合原理来加工齿轮的方法，是目前齿轮加工应用最为广泛的方法。常见的展成法有插齿法和滚齿法。

（1）插齿法　如图4-3-14a所示，用插刀加工齿轮时，具有渐开线齿廓的刀具一方面随插齿机的主轴做轴向直线往复运动，以切去多余材料，另一方面与齿轮毛坯一起绕各自轴线旋转，并保证各自旋转速度与其齿数成反比（模拟一对齿轮啮合）。经过反复切削，齿轮的齿形即可被准确地包络出来，如图4-3-14b所示。

**插齿加工**

同一把插刀加工出的齿轮都能准确啮合，齿轮的精度较高，但插齿加工时，由于插刀沿轴线做间歇直线运动，齿轮生产的效率不高。

（2）滚齿法　滚齿法利用蜗杆形的齿轮滚刀在滚齿机上直接与齿轮毛坯做啮合运动，连续进行展成运动并包络切削出所需齿形，如图4-3-15所示。旋转的滚刀相当于一根齿条与齿轮毛坯进行啮合。滚齿是连续切削，无退刀和空程，具有较高的生产率，但滚齿无法加工内齿轮。

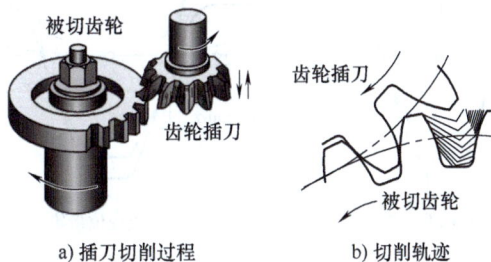

a) 插刀切削过程　　　　b) 切削轨迹

**图4-3-14　插刀加工齿轮及切削轨迹**　　**图4-3-15　齿轮滚刀加工齿轮**

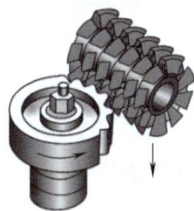

## 二、根切现象

用展成法加工齿轮时，如果刀具的齿顶线超过了极限啮合点 $N_1$，齿轮根部的渐开线齿廓将会被刀具切取一部分，这种现象称为切齿干涉，又称为根切，如图4-3-16所示。

产生严重根切的齿轮，轮齿的抗弯强度降低，并使重合度减少，影响齿轮传动的平稳性，对传动十分不利，因此，应尽量避免根切现象的出现。

要避免根切，就必须使刀具的齿顶线不超过 $N_1$ 点，如图4-3-17所示。理论计算表明，根切现象的出现与齿轮的齿数有关，标准齿轮不发生根切的最小齿数 $z_{min} = 17$。因此，标准齿轮避免产生根切的正确措施是使齿轮的齿数大于或等于最小齿数。

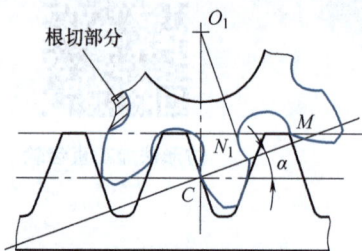

图 4-3-16  齿轮的根切

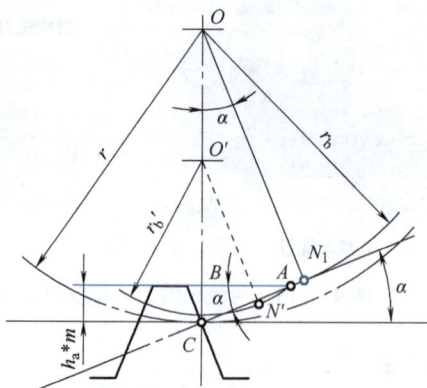

图 4-3-17  不产生根切的条件

## 三、变位齿轮

当被加工齿轮的齿数小于17时，只有采用变位的加工方法才能避免出现根切现象，变位加工得到的齿轮称为变位齿轮。变位齿轮的加工是靠调整刀具与被加工齿轮中心距的方法获得的，如图4-3-18所示。在图4-3-18中，刀具中线与刀具节线之间的距离称为变位量，用 $xm$ 表示。其中 $m$ 为齿轮的模数，$x$ 称为变位系数。刀具中线与轮坯的分度圆相离时，称为正变位，规定 $x > 0$，如图4-3-18c所示；刀具中线与轮坯的分度圆相割时称为负变位，规定 $x < 0$，如图4-3-18a所示；标准齿轮的变位系数 $x = 0$，可看成是变位齿轮的特例，即 $x = 0$，如图4-3-18所示。

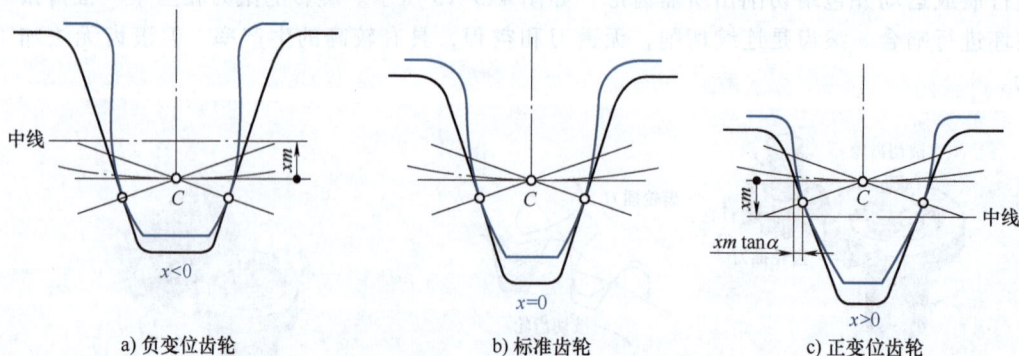

a) 负变位齿轮                b) 标准齿轮                c) 正变位齿轮

图 4-3-18  标准齿轮与变位齿轮

将变位加工后的齿轮与标准齿轮的齿廓相对比，可以发现经过正变位加工后得到的齿轮，分度圆的齿厚大于齿槽宽；经过负变位加工后的齿轮，分度圆的齿厚小于齿槽宽。变位齿轮的模数、齿数、压力角均与标准齿轮相同，基本参数没有变化，如图4-3-19所示。

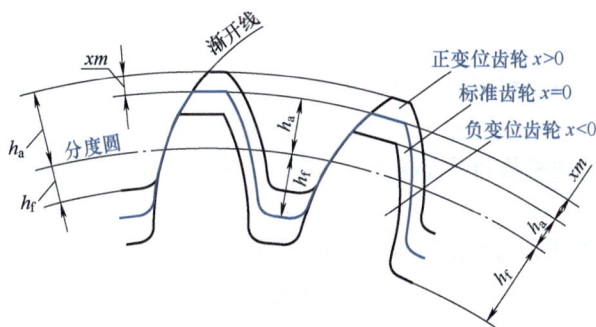

图 4-3-19 标准齿轮与变位齿轮的比较

## 课题五 斜齿圆柱齿轮传动

### 一、斜齿圆柱齿轮啮合特点

如图 4-3-20a 所示，直齿轮在啮合过程中，两轮的齿面在任一瞬时的接触线均是平行于轴线的等长线段，载荷沿全齿宽突然加上或卸下，故传动的平稳性较差，冲击和噪声较大。

斜齿轮的齿廓曲线是渐开线螺旋面。如图 4-3-20b 所示，一对斜齿轮的齿面接触线是倾斜于轴线的不等长线段，在啮合过程中，先由短变长，然后由长变短，直至脱离啮合。因此，斜齿轮传动同时啮合的轮齿对数多，重合度大，传动平稳，承载能力强，常用于高速、重载传动。

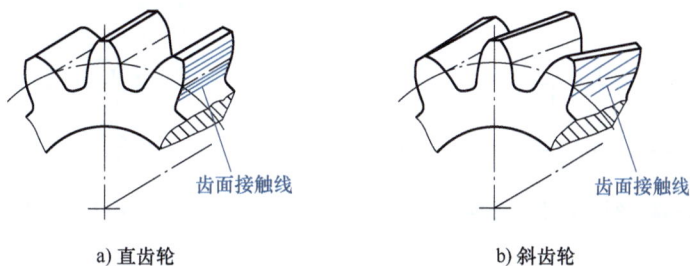

a) 直齿轮                b) 斜齿轮

图 4-3-20 直齿轮和斜齿轮的接触线

### 二、斜齿圆柱齿轮主要参数和几何尺寸

为了分析方便，将斜齿轮沿分度圆柱面展开，如图 4-3-21 所示。在展开平面上，斜齿轮的螺旋线变为直线；图中阴影部分为轮齿，空白部分为齿槽。可见，斜齿轮的齿形有端面（垂直于齿轮轴线的平面，用 $t$ 作为标记）和法面（垂直于螺旋面的平面，用 $n$ 作为标记）之分。

#### 1. 螺旋角 $\beta$

斜齿轮的螺旋线与轴线之间的夹角，称为斜齿轮分度圆柱上的螺旋角，用 $\beta$ 表示。$\beta$ 越大，斜齿轮的优点越明显，但在啮合中所产生的轴向力越大，故常取 $\beta = 8° \sim 20°$。

#### 2. 模数 $m_n$ 和 $m_t$

如图 4-3-21 所示，法向齿距 $p_n$ 与端面齿距 $p_t$ 之

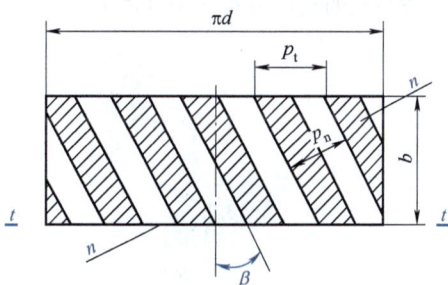

图 4-3-21 斜齿轮展开图

间的关系为

$$p_n = p_t \cos\beta$$

将上式两端同时除以 $\pi$，根据模数的定义有

$$m_n = m_t \cos\beta$$

$m_n$ 和 $m_t$ 分别表示法向模数和端面模数，其中，法向模数 $m_n$ 规定为标准值，按表4-3-1选取。

### 3. 压力角 $\alpha_n$ 和 $\alpha_t$

斜齿轮在分度圆上的压力角有法向压力角 $\alpha_n$ 和端面压力角 $\alpha_t$ 之分，两者之间的关系为

$$\tan\alpha_n = \tan\alpha_t \cos\beta$$

其中，规定法向压力角 $\alpha_n$ 为标准值：$\alpha_n = 20°$。

斜齿轮有左旋和右旋之分，旋向的判别方法：将齿轮轴线垂直放置，轮齿自左至右上升者为右旋，反之为左旋，如图4-3-22所示。

### 三、斜齿圆柱齿轮正确啮合条件

对于外啮合斜齿圆柱齿轮传动，只有两轮的法向模数和法向压力角分别相等、两轮的分度圆螺旋角数值相等且旋向相反时才能保证正确啮合，即

$$m_{n1} = m_{n2} = m_n$$
$$\alpha_{n1} = \alpha_{n2} = \alpha_n$$
$$\beta_1 = -\beta_2$$

在汽车的齿轮变速器中，传动齿轮多为斜齿轮，如图4-3-23所示。

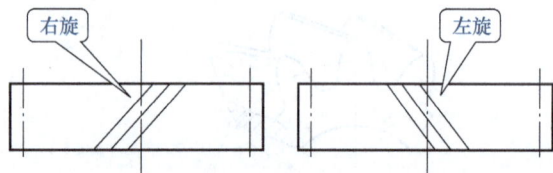

图4-3-22　斜齿轮螺旋方向的判定

图4-3-23　齿轮变速器

## 课题六　直齿锥齿轮传动

### 一、直齿锥齿轮的特点、类型和应用

#### 1. 锥齿轮的传动特点

锥齿轮的轮齿分布在圆锥体上，其齿形从大端向小端逐渐收缩，如图4-3-24所示。

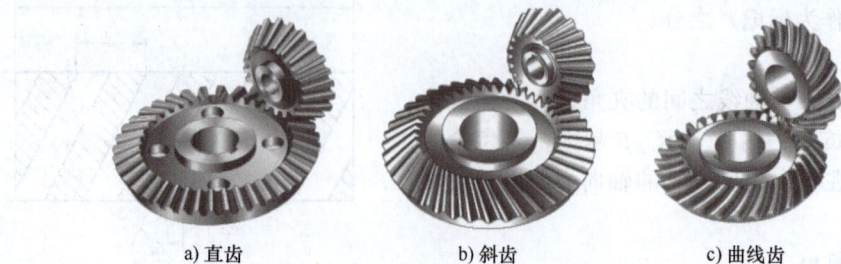

a) 直齿　　　　　　　b) 斜齿　　　　　　　c) 曲线齿

图4-3-24　锥齿轮的分类

锥齿轮传动常用于传递两相交轴之间的运动和动力。两轴之间的交角 $\Sigma$ 由传动要求确定，多为 90°。

**2. 锥齿轮的分类**

按照轮齿方向不同，锥齿轮传动分为直齿（图 4-3-24a）、斜齿（图 4-3-24b）和曲线齿（图 4-3-24c）3 种。直齿易于制造和安装，最为常用；斜齿已逐渐被曲线齿所代替；曲线齿比直齿重合度大，承载能力高，传动效率高，传动平稳，噪声小，在汽车等的高速重载传动中得到广泛应用，如图 4-3-25 所示。

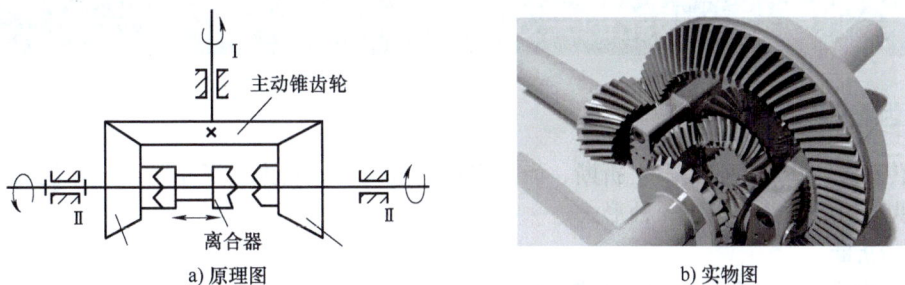

a) 原理图　　　　　　　　　　　　　b) 实物图

**图 4-3-25　离合器锥齿轮换向机构**

## 二、直齿锥齿轮的基本参数和几何参数

**1. 直齿锥齿轮的基本参数**

齿轮的啮合过程可看作是两个锥顶共点的锥体进行相对纯滚动，而轮齿均匀分布在锥体的表面上，如图 4-3-26 所示。与圆柱齿轮相对应，锥齿轮中有分度圆锥面、齿顶圆锥面和齿根圆锥面等。

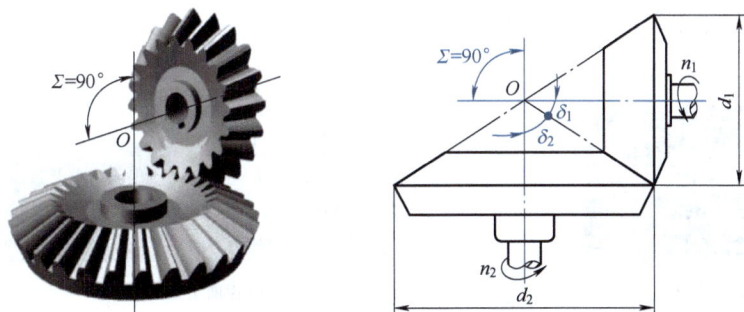

**图 4-3-26　直齿锥齿轮传动参数**

1）模数。直齿锥齿轮的模数由国家标准进行规定，一般可根据齿轮强度和结构要求进行选取。

2）分度圆锥角。锥齿轮轴线与分度圆锥面所夹的锐角称为分度圆锥角，用 $\delta$ 表示。

3）轴交角。相互啮合时，两锥齿轮轴线之间的夹角称为轴交角，用 $\Sigma$ 表示。通常采用 $\Sigma = 90°$，即 $\delta_1 + \delta_2 = 90°$。

4）压力角、齿顶高系数及顶隙系数。国家标准规定，标准直齿锥齿轮的压力角 $\alpha = 20°$。正常齿的齿顶高系数 $h_a^* = 1$，$c^* = 0.2$。

**2. 直齿锥齿轮的几何参数**

锥齿轮有大、小端之分，故直齿锥齿轮的参数分为大端参数和小端参数。为了方便计算和测量，将锥齿轮的大端参数作为标准参数。

### 三、锥齿轮的正确啮合条件

直齿锥齿轮传动的正确啮合条件为：两个锥齿轮大端的模数和压力角分别相等且锥顶重合，即

$$\left.\begin{array}{l} m_1 = m_2 = m \\ \alpha_1 = \alpha_2 = \alpha \end{array}\right\}$$

## 课题七 齿轮的失效及材料

### 一、齿轮的失效

齿轮传动过程中，若轮齿发生折断、齿面损坏等现象，齿轮失去了正常的工作能力，称为齿轮失效。齿轮失效主要有以下 5 种形式。

#### 1. 轮齿折断

齿轮传动时，轮齿承受很大的载荷，根部产生弯曲应力，在长期循环载荷的作用下，当弯曲应力超过材料允许的疲劳强度极限时，轮齿的根部将出现疲劳裂纹，随着裂纹的扩大，导致整个齿根折断，这种折断称为疲劳折断。轮齿受到短时过载或冲击作用而引起的突然折断，称为过载折断，如图 4-3-27a 所示。

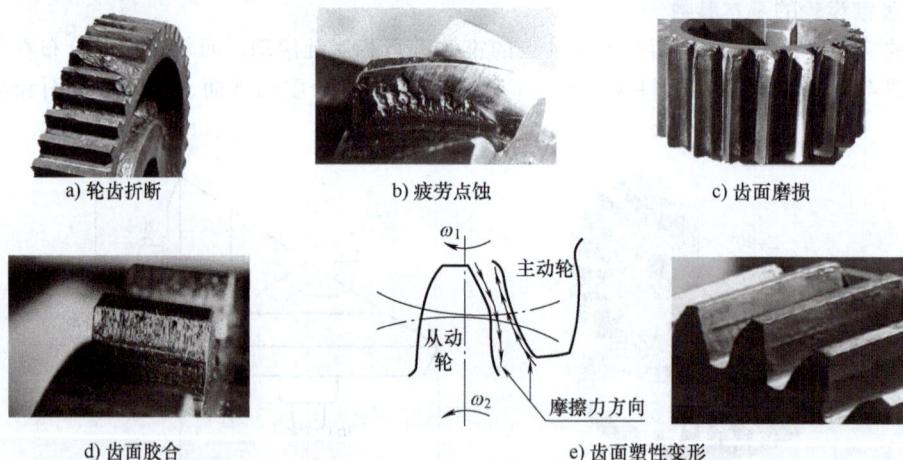

a) 轮齿折断      b) 疲劳点蚀      c) 齿面磨损

d) 齿面胶合      e) 齿面塑性变形

**图 4-3-27 齿轮失效形式**

过载折断常出现在没有良好润滑条件的开式齿轮传动中。

#### 2. 齿面疲劳点蚀

齿轮传动时，若长期循环的交变应力超过材料的许用应力值，接触表面就会出现微小的疲劳裂纹。在充分润滑的条件下，进入裂纹的润滑液受到密封高压的作用使齿面金属剥落而形成麻点状的凹坑，这种现象称为疲劳点蚀，如图 4-3-27b 所示。

齿面疲劳点蚀常出现在闭式齿轮的传动中。

#### 3. 齿面磨损

轮齿啮合表面落入金属屑、粉尘等物质后，当润滑条件较差时，齿面材料被磨损，失去了渐开线齿廓的形状，如图 4-3-27c 所示。

齿面磨损常发生在润滑条件较差的开式齿轮传动中。

**4. 齿面胶合**

相互啮合的金属齿面，在高速重载下表面压力和温度过高容易造成黏着，随着齿面的相对运动，较硬的齿面将较软的齿面撕成沟纹的现象称为齿面胶合，如图4-3-27d所示。

**5. 齿面塑性变形**

如果齿轮的齿面硬度不高，当低速重载、冲击载荷或频繁启动时，轮齿表面在切向摩擦力的相互作用下，主动轮的表面被拉出凹槽变形，从动轮的表面将被挤压出凸棱，破坏了正常的齿形，称为齿面塑性变形，如图4-3-27e所示。

## 二、齿轮的材料和结构

### 1. 常用齿轮的材料

常用齿轮材料有锻钢、铸钢、铸铁和非金属材料。钢质齿轮需要进行热处理，以改善齿轮的力学性能。

（1）锻钢　锻造齿轮的组织均匀、力学性能好、强度高、承载能力大，常用中碳结构钢和合金结构钢，如45、40Cr。受锻造设备限制，锻造齿轮的直径一般小于500mm。

齿轮工作表面硬度不大于350HBW的齿轮称为软齿面齿轮。软齿面齿轮在正火或调质后进行切削加工，适用于中小功率、精度要求不高的闭式传动。

齿轮工作表面硬度大于350HBW的齿轮称为硬齿面齿轮。硬齿面齿轮在切齿后进行热处理，如表面淬火、渗碳后淬火，然后磨削精加工。淬火后的齿轮表面硬度高，适用于重载、高速的机械传动。

（2）铸钢　当齿轮的直径大于500mm时，由于锻造机械的砧座太窄，不能选用锻造，只能选择铸钢制造。铸钢齿轮的力学性能不如锻钢好。

（3）铸铁　当低速、载荷不大时，可选用铸铁作为齿轮材料。

（4）非金属材料　在载荷较轻、转速较高的低噪声场合，如家用电器、办公机械，可选用尼龙、塑料等非金属材料作为齿轮材料。

### 2. 常用齿轮的轮辐结构

常用圆柱齿轮由轮缘、轮辐和轮毂三部分组成，轮辐的结构根据齿顶圆的大小分为齿轮轴、实心齿轮、腹板式齿轮和轮辐式齿轮4种形式。

1）齿轮轴。当齿顶圆直径小于2倍轴孔时，将齿轮和轴做成一体，称为齿轮轴，如图4-3-28a所示。

2）实心齿轮。当齿顶圆直径小于200mm时，采用实心式结构，如图4-3-28b所示。

3）腹板式齿轮。当齿顶圆直径在200～500mm范围内时，采用腹板式结构，如图4-3-28c所示。

4）轮辐式齿轮。当齿顶圆直径大于500mm时，选用轮辐式结构，如图4-3-28d所示。

a) 齿轮轴　　b) 实心齿轮　　c) 腹板式　　d) 轮辐式

**图4-3-28　轮辐的结构**

# 单元四

## 蜗杆传动

### 学习目标

**1. 知识目标**

1）了解蜗杆传动的特点。

2）了解蜗杆和蜗轮的结构。

3）熟悉蜗杆传动的基本参数。

4）掌握蜗轮回转方向的判定方法和蜗轮蜗杆传动的传动比计算方法。

5）了解蜗杆传动的失效形式。

**2. 能力目标**

能正确判别蜗轮的转向，能计算蜗杆传动的传动比。

蜗杆传动具有大传动比和自锁性等特点，在汽车中应用比较广泛。例如，托森差速器利用蜗轮蜗杆实现差速锁止功能，如图4-4-1a所示；汽车中常用的蜗轮蜗杆转向机，将转向盘的旋转运动转变为控制车轮摆动的直线运动，如图4-4-1b所示。

a) 托森差速器　　　　　　b) 蜗轮蜗杆转向机

图 4-4-1　汽车中的蜗杆传动

## 课题一　蜗杆传动的类型及应用

### 一、蜗杆传动的组成和特点

**1. 蜗杆传动的组成**

蜗杆传动由蜗杆、蜗轮和机架组成，主要用于空间两交错轴之间运动和动力的传递，如图4-4-2所示。通常蜗杆与蜗轮的轴线在空间交错成90°，一般以蜗杆为主动件，蜗轮为从动件。

**2. 蜗杆传动的特点**

蜗杆传动既有齿轮传动的某些特点，又有区别于齿轮传动的特性。与齿轮

**蜗杆传动**

传动相比,蜗杆传动具有以下优点:

1)传动比大且准确,结构紧凑。一般蜗杆传动中,传动比 $i = 10 \sim 80$,在分度机构中,传动比可达 $600 \sim 1000$。如此大的传动比,若采用齿轮传动则需用多级传动,因此蜗杆传动具有结构紧凑的特点。此外,与齿轮传动相同,蜗杆传动能提供准确的瞬时传动比。

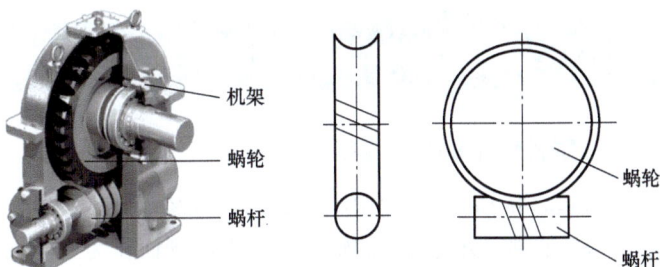

图 4-4-2 蜗杆传动的组成

2)传动平稳,噪声很小。蜗杆上的齿是连续的螺旋形齿,蜗杆与蜗轮一直处于连续啮合,因此传动平稳,噪声很小。

3)可实现自锁。当蜗杆的导程角 $\gamma$ 小于材料的当量摩擦角时,蜗杆传动可实现单向自锁,即只能由蜗杆带动蜗轮,不能由蜗轮带动蜗杆转动。这一特性可用于需要自锁的起重设备中。但在蜗杆传动中,蜗轮与蜗杆之间的摩擦力较大,造成传动效率较低,一般仅为 $0.7 \sim 0.9$,而能自锁的蜗杆传动,效率仅为 $0.4$ 左右。为减小蜗轮与蜗杆之间的摩擦并减少磨损,提高传动效率和延长工作寿命,蜗轮通常选用价格昂贵的青铜合金等材料制造,因此使用成本较高。

## 二、蜗杆传动的类型

根据蜗杆外部形状的不同,蜗杆传动可分为圆柱面蜗杆传动、圆弧面蜗杆传动和锥面蜗杆传动 3 种,如图 4-4-3 所示。

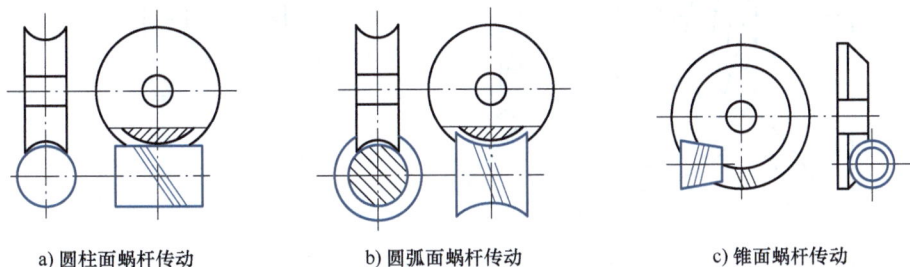

a)圆柱面蜗杆传动　　b)圆弧面蜗杆传动　　c)锥面蜗杆传动

图 4-4-3 蜗杆传动的类型

按照螺旋面的形状,圆柱面蜗杆可分为阿基米德蜗杆、渐开线蜗杆和法向直廓蜗杆。阿基米德蜗杆又称为普通圆柱蜗杆,其端面齿廓是阿基米德螺旋形,轴向齿廓是梯形,具有加工方便、承载能力强等优点,故在机械传动中有着广泛的应用,如图 4-4-4 所示。

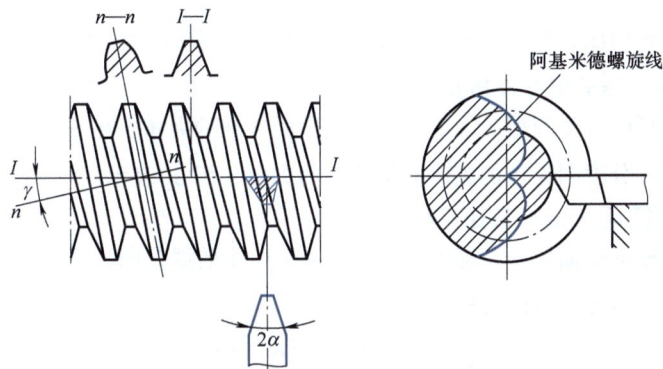

图 4-4-4 阿基米德蜗杆的结构

## 课题二　蜗杆传动的主要参数和尺寸计算

### 一、蜗杆传动的基本参数

如图 4-4-5a 所示，由于蜗杆的轴线与蜗轮的轴线呈空间交错，为了分析蜗杆传动的基本参数，取经过蜗杆的轴线并与蜗轮的轴线相垂直的剖面作为主平面来研究，如图 4-4-6 所示。在主平面中，蜗杆的形状相当于齿条，蜗轮相当于渐开线齿轮，如图 4-4-5b 所示。

a)　　　　　　　　　b)

**图 4-4-5　蜗杆传动与齿轮齿条传动**

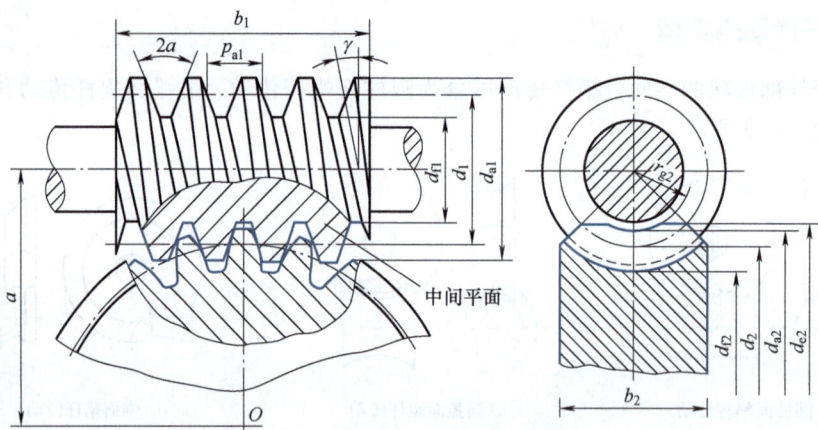

**图 4-4-6　蜗杆传动的基本参数**

**1. 模数 $m$**

蜗杆的模数指轴面模数，用 $m_{a1}$ 表示；蜗轮的模数指端面模数，用 $m_{t2}$ 表示。

**2. 压力角 $\alpha$**

蜗杆的压力角指轴向压力角，用 $\alpha_{a1}$ 表示；蜗轮的压力角指端面压力角，用 $\alpha_{t2}$ 表示。

**3. 蜗杆的升角 $\gamma_1$ 和蜗轮的螺旋角 $\beta_2$**

蜗杆的升角指蜗杆的分度圆螺旋线的切线与端平面之间的夹角，用 $\gamma_1$ 表示，如图 4-4-7 所示；蜗轮的螺旋角指蜗轮的分度圆轮齿的旋向与轴线间的夹角，用 $\beta_2$ 表示。

**4. 蜗杆分度圆直径 $d_1$ 和蜗杆直径系数 $q$**

将蜗杆的分度圆柱沿端面展开，即可得到图 4-4-7 所示的展开图，图中 $p_{a1}$ 为齿距，$\gamma_1$ 为升角，$z_1$ 为蜗杆的头数，按几何关系可以得出

$$\tan\gamma_1 = \frac{z_1 p_{a1}}{\pi d_1} = \frac{z_1 \pi m}{\pi d_1} = \frac{z_1 m}{d_1}$$

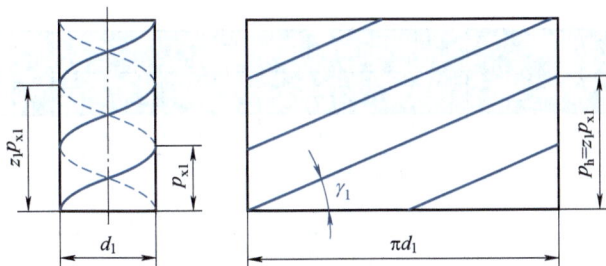

图 4-4-7 右旋蜗杆分度圆柱面及展开图

令 $q = \dfrac{z_1}{\tan\gamma_1}$，称 $q$ 为蜗杆的直径系数，所以

$$d_1 = m\,\frac{z_1}{\tan\gamma_1} = mq$$

得出

$$q = \frac{d_1}{m}$$

即蜗杆的直径系数 $q$ 是蜗杆的分度圆直径 $d_1$ 与轴向模数 $m$ 的比值。

特别提示：蜗杆的分度圆计算公式与直齿圆柱齿轮的分度圆计算公式不同。

常用蜗杆的直径系数 $q$ 取值为 18、16、12.5、11.2、10、9.8，计算时参考相关标准资料。

**5. 蜗杆的齿顶高系数和顶隙系数**

蜗杆的齿顶高系数 $h_a^* = 1$，顶隙系数 $c^* = 0.2$。

## 二、蜗杆传动的传动比和几何尺寸计算

**1. 蜗杆传动的传动比**

$$i = \frac{n_1}{n_2} = \frac{z_2}{z_1}$$

蜗杆的头数 $z_1$：通常取 $z_1 = 1 \sim 4$，头数越少，越容易自锁，但效率越低；头数越多，加工越困难，但效率越高。

蜗轮齿数 $z_2$：根据 $z_1$ 和传动比 $i$ 来确定。一般推荐 $z_2 = 29 \sim 80$。

**2. 蜗杆传动的几何尺寸计算**

几何尺寸计算公式见表 4-4-1。

表 4-4-1 蜗杆传动的几何尺寸计算

| 名 称 | 符 号 | 计 算 公 式 | | 说 明 |
|---|---|---|---|---|
| | | 蜗 杆 | 蜗 轮 | |
| 中心距 | $a$ | $a = (d_1 + d_2)/2$ | | |
| 齿顶高 | $h_a$ | $h_{a1} = h_a^* m_{a1}$ | $h_{a2} = h_a^* m_{t2}$ | $h_a^* = 1$ |
| 齿根高 | $h_f$ | $h_{f1} = (h_a^* + c^*) m_{a1}$ | $h_{f2} = (h_a^* + c^*) m_{t2}$ | $c^* = 0.2$ |
| 全齿高 | $h$ | $h_1 = h_{a1} + h_{f1}$ | $h_2 = h_{a2} + h_{f2}$ | |
| 分度圆直径 | $d$ | $d_1 = m_{a1} q$ | $d_2 = m_{t2} z_2$ | |
| 蜗杆齿顶圆直径 | $d_{a1}$ | $d_{a1} = d_1 + 2h_{a1}$ | | |
| 蜗轮喉圆直径 | $d_{a2}$ | | $d_{a2} = d_2 + 2h_{a2}$ | |

（续）

| 名　称 | 符　号 | 计算公式 | | 说　明 |
|---|---|---|---|---|
| | | 蜗　杆 | 蜗　轮 | |
| 齿根圆直径 | $d_f$ | $d_{f1} = d_1 - 2h_{f1}$ | $d_{f2} = d_2 - 2h_{f2}$ | |
| 蜗杆分度圆升角 | $\gamma_1$ | $\tan\gamma_1 = z_1 m_{a1}/d_1$ | | |
| 蜗轮分度圆螺旋角 | $\beta_2$ | | $\beta_2 = \gamma_1$ | |
| 齿距 | $p$ | $p_x = p_t = \pi m$ | | |

### 三、蜗杆传动的正确啮合条件

蜗杆与蜗轮正确啮合时，必须同时满足蜗杆的轴向模数与蜗轮的端面模数相等、蜗杆的轴向压力角与蜗轮的端面压力角相等、蜗杆的升角与蜗轮的螺旋角相等，且均为标准值，即

$$\left.\begin{array}{l} m_{a1} = m_{t2} \\ a_{a1} = a_{t2} \\ \gamma_1 = \beta_2 \end{array}\right\}$$

### 四、蜗轮与蜗杆的转向关系

#### 1. 蜗杆和蜗轮旋向判断

蜗轮蜗杆旋向的判断利用右手法则。手心对着自己，四指顺着蜗杆或蜗轮轴线方向摆正，若齿向与右手拇指指向一致，则该蜗杆或蜗轮为右旋，反之则为左旋，如图4-4-8所示。

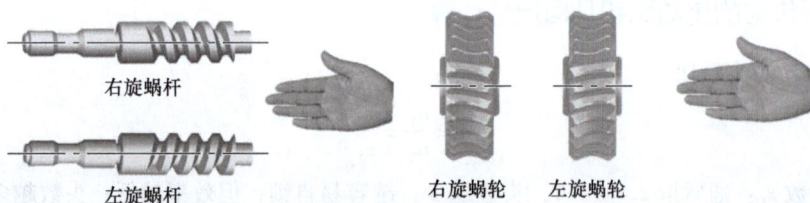

右旋蜗杆

左旋蜗杆

右旋蜗轮　　左旋蜗轮

**图4-4-8　蜗轮蜗杆旋向判断**

#### 2. 蜗轮回转方向判断

根据蜗杆转向判断蜗轮转向，可使用左、右手法则，如图4-4-9所示。左旋蜗杆用左手法则，右旋蜗杆用右手法则，用四指弯曲表示蜗杆的回转方向，拇指伸直代表蜗杆轴线，则拇指所指方向的相反方向即为蜗轮上啮合点的线速度方向。

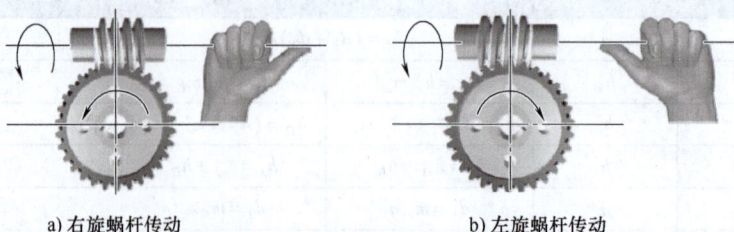

a) 右旋蜗杆传动　　　　　　　　　　　b) 左旋蜗杆传动

**图4-4-9　蜗轮的回转方向判断**

### 五、蜡杆与蜡轮的结构

#### 1. 蜡杆的结构

蜡杆螺旋部分的尺寸不大，故蜡杆常与轴做成一体，称为蜡杆轴，常用车削或铣削加工。其中，车制蜡杆上需要留有退刀槽，如图 4-4-10a 所示，这将导致轴径小于蜡杆的齿根圆直径，使蜡杆轴的刚度受到削弱；铣制蜡杆不需要退刀槽，且轴的直径可以大于蜡杆齿根圆的直径，如图 4-4-10b 所示，故其刚度较大。

#### 2. 蜡轮的结构

蜡轮的结构形式有整体式和组合式两种。其中，整体式结构多用于铸铁蜡轮或小尺寸的青铜蜡轮，如图 4-4-11a 所示。对于尺寸较大的蜡轮，齿圈和轮芯通常采用不同材料，以节约贵重的青铜材料。图 4-4-11b 所示是在铸铁轮芯上加铸青铜齿圈得到的拼铸式蜡轮，常用于批量制造；图 4-4-11c 所示为青铜齿圈通过过盈配合装在铸铁轮芯上得到的压配式蜡轮，为了增加连接的可靠性，常在接缝处拧上螺钉。当蜡轮直径较大时，齿圈和轮芯可采用铰制孔用螺栓连接，如图 4-4-11d 所示。

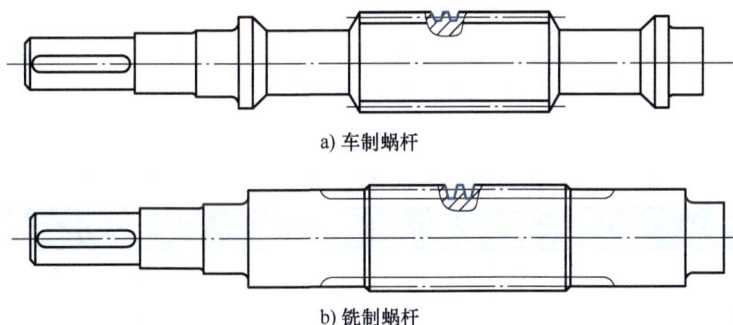

a) 车制蜡杆

b) 铣制蜡杆

图 4-4-10 蜡杆的结构形式

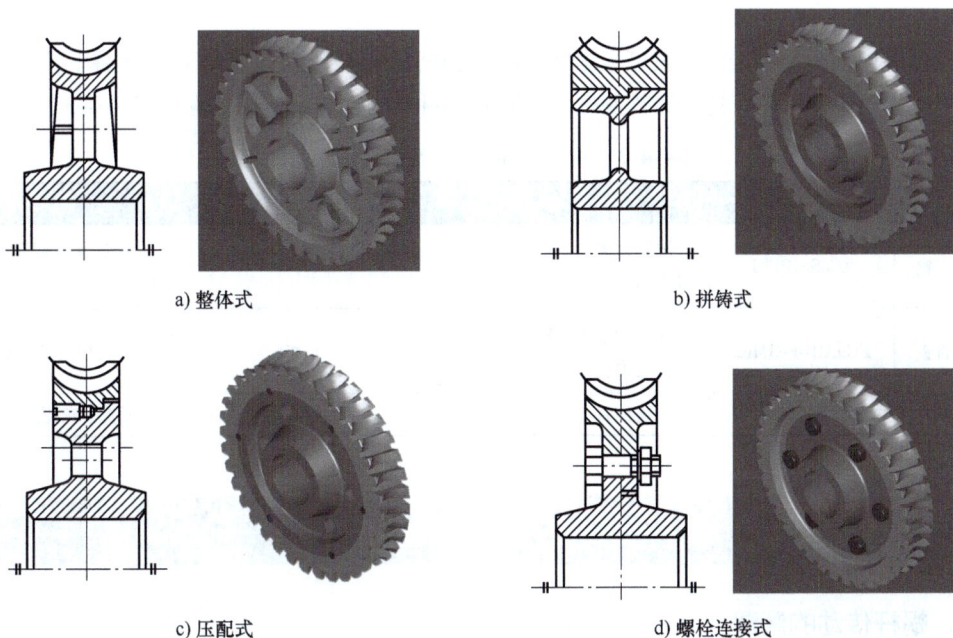

a) 整体式

b) 拼铸式

c) 压配式

d) 螺栓连接式

图 4-4-11 蜡轮的结构形式

课题三　蜗杆传动的失效与材料

### 一、蜗杆传动的失效形式

蜗杆传动的失效大多数发生在蜗轮的轮齿上。与齿轮传动类似，其失效形式有轮齿折断、齿面点蚀、齿面磨损以及齿面胶合等。

由于在蜗杆传动中，蜗轮与蜗杆啮合齿面间的相对滑动速度很高，摩擦力大，发热严重，故最容易出现的失效形式是齿面磨损、胶合。其中，闭式蜗杆传动的主要失效形式是齿面胶合，开式蜗杆传动的主要失效形式是齿面磨损。

### 二、蜗杆与蜗轮材料

由蜗杆传动的失效形式可知，蜗轮和蜗杆除了应具有足够的强度外，还应具有良好的减摩性、耐磨性和抗胶合能力。由于蜗杆啮合的次数比蜗轮多，故蜗杆材料的硬度应比蜗轮高。

**1. 蜗杆材料**

蜗杆齿面要求具有较高的硬度和较小的表面粗糙度值，常用的材料有碳钢和合金钢。为了提高蜗杆的齿面硬度，需要对其进行合理的热处理。蜗杆常用材料的性能、热处理方式及适用范围见表 4-4-2。

表 4-4-2　蜗杆常用材料的性能、热处理方式及适用范围

| 材料名称 | 牌　号 | 热 处 理 | 齿面硬度 | 适 用 场 合 |
|---|---|---|---|---|
| 渗碳钢 | 20Cr, 20CrMnTi | 渗碳淬火 | 58～63HRC | 高速、大功率的重要蜗杆传动 |
| 淬火钢 | 42CrNi, 40Cr, 45 | 表面淬火 | 45～55HRC | 速度较高、功率较大的蜗杆传动 |
| 调质钢 | 40, 45 | 调质 | 220～270HBW | 低速、非重要蜗杆传动 |

**2. 蜗轮材料**

蜗轮多由青铜合金制造，一般可根据啮合时齿面间的相对滑动速度 $v_s$ 进行选择。为了节约成本，在低速传动中，蜗轮可选用铸铁制造。蜗轮常用材料的性能及适用范围见表 4-4-3。

表 4-4-3　蜗轮常用材料的性能及适用范围

| 材料名称 | 典型牌号 | 性 能 特 点 | 适用滑动速度/(m/s) | 工 作 条 件 |
|---|---|---|---|---|
| 铸造锡青铜 | ZCuSn10Pb1 | 抗胶合能力强，减摩性好，但价格昂贵 | $4 \leqslant v_s \leqslant 12$ | 各类稳定载荷的重要场合 |
| 铸造铝青铜 | ZCuAl10Fe3Mn2 | 强度高，价格便宜，但抗胶合能力差 | $v_s \leqslant 4$ | 中低载荷的场合 |
| 灰铸铁 | HT200 | 价格便宜，抗胶合能力差 | $v_s \leqslant 2$ | 低速、轻载场合 |

课题四　蜗杆传动的润滑与维护

### 一、蜗杆传动的润滑

蜗杆传动时，蜗轮与蜗杆的相对速度大，传动效率低，发热严重，为了减少摩擦，延长蜗杆

传动的工作寿命，需要进行良好的润滑。良好的润滑不仅可以减少摩擦，提高蜗杆的传动效率，还能防止轮齿胶合并减少磨损。

蜗杆传动常用的润滑方式有油池润滑和喷油润滑。当滑动速度 $v_s \leqslant 5\text{m/s}$ 时，蜗杆宜放置在蜗轮下方，且不宜浸油过深，如图 4-4-12a 所示。当滑动速度 $v_s > 5\text{m/s}$ 时，一般将蜗杆放置在蜗轮上方，如图 4-4-12b 所示。当 $v_s > 10\text{m/s}$ 时，蜗杆传动多采用喷油润滑，如图 4-4-12c 所示。

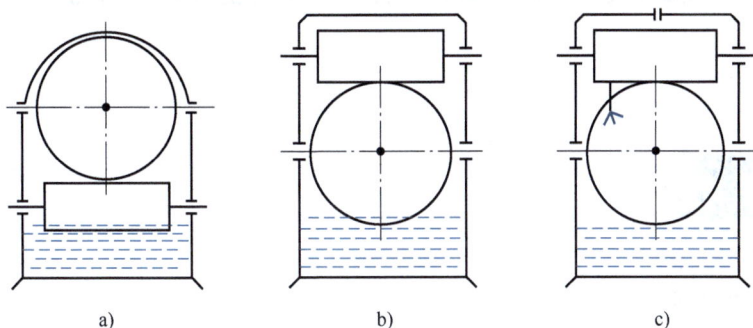

图 4-4-12　蜗杆传动的润滑

## 二、蜗杆传动的散热

蜗杆传动效率较低，发热量较大，润滑油温度升高很快，容易导致黏度下降，使润滑失效。因此，对连续运转的蜗杆传动，应根据情况采取适当的降温措施，以提高散热能力。

蜗杆传动中常用的降温方式有：在箱体外安装风扇，加速空气流通，如图 4-4-13a 所示；在油池中安装蛇形水管，利用循环水冷却，如图 4-4-13b 所示；采用液压油循环冷却，如图 4-4-13c 所示。

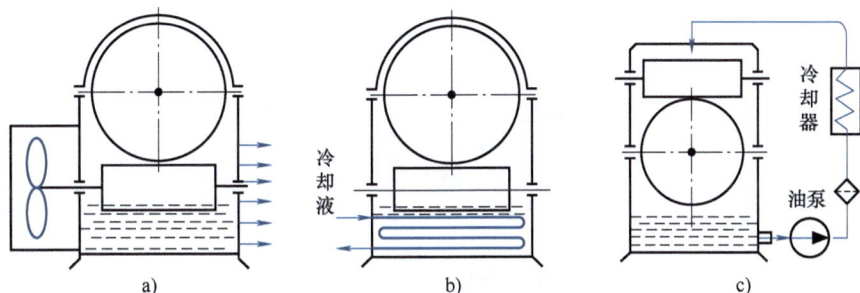

图 4-4-13　蜗杆传动的降温方式

# 单元五

## 轮系

### 学习目标

**1. 知识目标**

1）了解轮系的概念。

2）了解轮系的种类及分类。

3）掌握定轴轮系的传动比计算方法。

**2. 能力目标**

能够分析轮系中各齿轮的转向及计算轮系的传动比。

齿轮传动在机械中应用非常广泛，但是受轴距或传动比等因素的限制，在实际中仅有一对齿轮往往难以满足实际的需求，为了满足需求往往采用一系列相互啮合的齿轮组成的传动系统——轮系来实现功能。如图 4-5-1 所示，汽车变速器中利用轮系来实现相应的功能。

图 4-5-1　汽车变速器

### 课题一　轮系的类型及应用

#### 一、轮系的类型

轮系是由一系列啮合齿轮组成的传动系统。按照轮系中齿轮的轴线是否固定将轮系分为定轴轮系和周转轮系两大类型。

**1. 定轴轮系**

在轮系中，如果所有齿轮的几何轴线相对于机架都是固定不动的，则称该轮系为定轴轮系。定轴轮系可分为平面定轴轮系和空间定轴轮系。图 4-5-2 所示为各齿轮轴线相互平行的平面定轴轮系，图 4-5-3 所示为各齿轮的轴线不都是相互平行的空间定轴轮系。

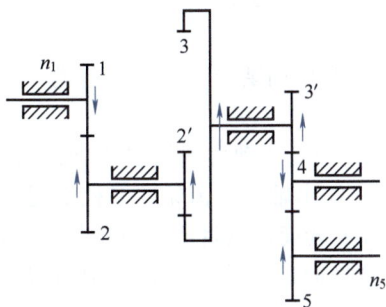

图 4-5-2 各齿轮轴线相互平行的
平面定轴轮系

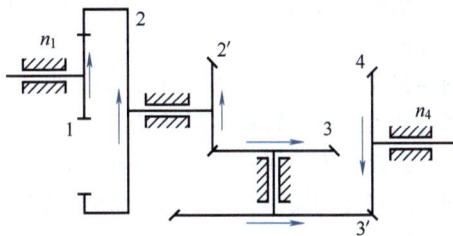

图 4-5-3 各齿轮的轴线不都是相互
平行的空间定轴轮系

### 2. 周转轮系

在轮系运动中，至少有一个齿轮的几何轴线相对机架的位置不固定的轮系称为周转轮系，其主要由太阳轮、行星轮、行星架和机架组成，如图 4-5-4 所示。

在周转轮系中，轴线固定的齿轮称为太阳轮，如图 4-5-4 中的齿轮 1 和 3；既绕自身轴线转动，又随着构件 H 一起绕太阳轮轴线回转的齿轮称为行星轮，如图 4-5-4 中的齿轮 2；构件 H 称为行星架。

在周转轮系中，一个太阳轮转动、自由度 $F = 1$ 的周转轮系称为行星轮系；两个太阳轮都可以转动、自由度 $F = 2$ 的周转轮系称为差动轮系。本单元重点研究行星轮系。

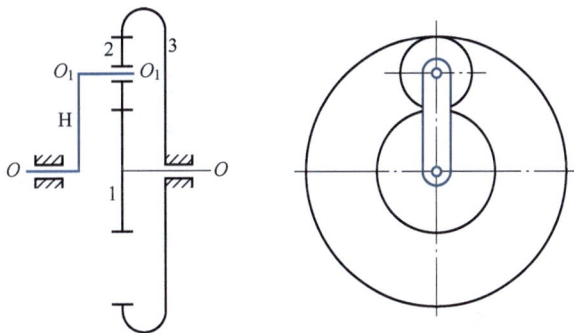

图 4-5-4 周转轮系

## 二、轮系的功能

### 1. 实现相距较远的两轴间的传动

当相距较远的两轴间必须应用齿轮传动时，采用齿轮系可缩小传动装置所占空间，节约材料，减轻重量。如图 4-5-5 所示，用 4 个小齿轮代替 2 个大齿轮进行传动，既可节约空间、材料，又能方便制造和安装。

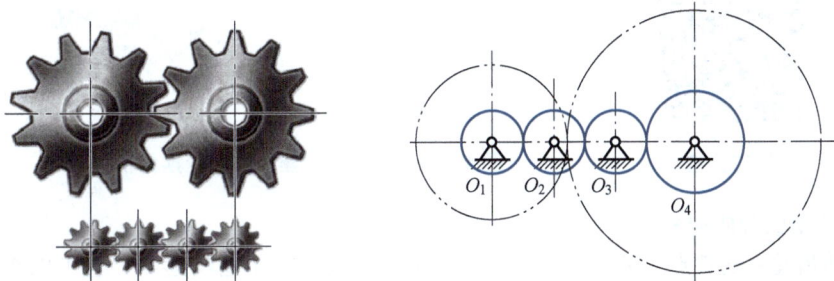

图 4-5-5 轮系实现长距离传动

### 2. 获得大的传动比

当两轴之间的传动比较大时，若仅有一对齿轮传动，不仅大齿轮的齿廓尺寸大，而且小齿轮啮合频率高；而采用轮系传动，可有效减小齿轮的体积和齿轮啮合的频率差。

**3. 实现变速、换向和分路传动**

采用轮系传动可满足汽车、机床等机械需要的不同转速和转向要求，如汽车前进与倒退，机床主轴丝杠的正、反转转动等。

如图 4-5-6 所示，该变速器可以看作平面定轴轮系，发动机的动力通过输入轴进入变速器，经过轮系传动后经输出轴输出到差速器，以驱动车轮转动。输出轴上的齿轮在空档情况下可绕轴自由转动，套筒用来连接齿轮和输出轴。通过操纵变速杆控制套筒，以将不同齿轮与输出轴连接，从而实现不同转速的输出。在中间轴与输出轴之间增加一个换向齿轮后可实现输出轴的反向运动，即图中的倒档 R。

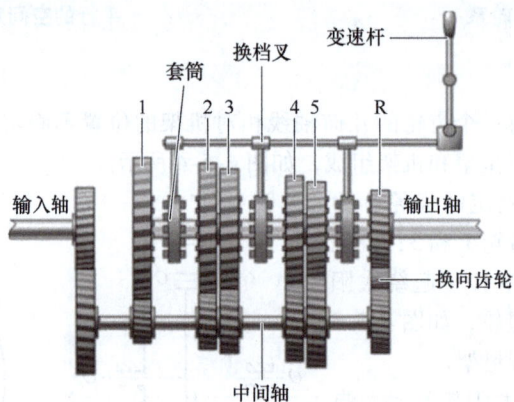

图 4-5-6　汽车变速器体

轮系既可以用于变速传动，也可以实现换向。图 4-5-7 所示为车床走刀丝杠三星轮换向机构，是典型的采用轮系的换向机构，可实现轮系的同向或反向运动。

a) 同向　　　　　　　　　b) 反向

换向机构

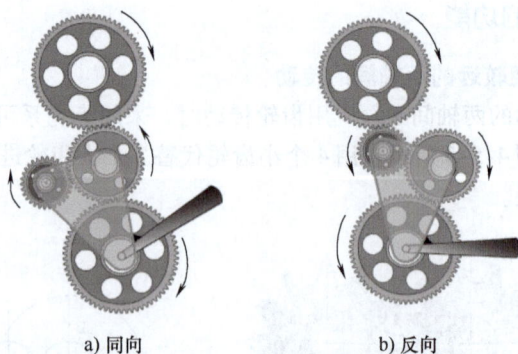

图 4-5-7　车床走刀丝杠三星轮换向机构

**4. 实现运动的合成和分解**

应用周转齿轮系的特点，可以将输入的两个运动合成为一个输出运动，也可以将输入的一个运动分解为两个输出运动。

利用齿轮系还可实现分路传动，使一根主动轴带动多根从动轴同时转动，驱动诸如润滑油泵、冷却风扇等附件同时工作，减少原动机的数量。

运动的合成是指将两个输入运动合成为一个输出运动。

图 4-5-8a 行星架 H 的转速是轮 1、3 转速的合成。

运动的分解是指将一个输入运动分解为两个输出运动。

图 4-5-8b 所示的汽车后桥差速器中的差动轮系实现了运动的分解。汽车转弯时，发动机传递给齿轮 4 的运动通过差动轮系分别传递给左、右两个车轮，使车轮与地面间始终保持纯滚动，避免轮胎因车轮与地面的滑动摩擦而出现过度磨损。

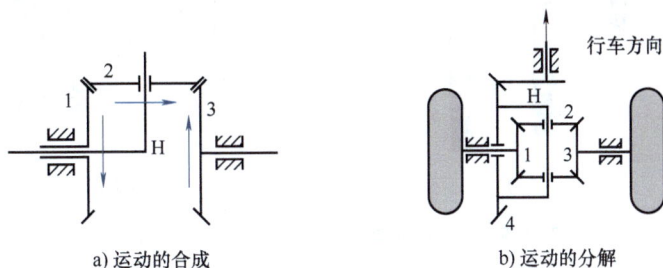

a) 运动的合成　　　　　　b) 运动的分解

**图 4-5-8　轮系运动的合成和分解**

## 课题二　定轴轮系

按照各齿轮轴线是否平行，定轴轮系可分为平面定轴轮系和空间定轴轮系。

### 一、平面定轴轮系

#### 1. 一对齿轮传动比的计算

一对齿轮传动可看作是最简单的轮系传动，当一对圆柱齿轮啮合时，其传动比为

$$i_{12} = \frac{\omega_1}{\omega_2} = \frac{n_1}{n_2} = \mp \frac{z_2}{z_1}$$

外啮合时，从动轮与主动轮的转向相反，规定传动比 $i$ 取"－"号；内啮合时，从动轮与主动轮的转向相同，规定传动比 $i$ 取"＋"号。

除了用正负号外，定轴轮系中各轮转向的关系还可用画箭头的方法来表示。外啮合的两个齿轮转向相反，可用一对反向箭头表示，如图 4-5-9a 所示；内啮合的两个齿轮转向相同，可用一对同向箭头表示，如图 4-5-9b 所示；锥齿轮传动的两个齿轮，可用一对同时背离或指向啮合处的箭头来表示实际转向，如 4-5-9c 所示；蜗杆传动中，可根据左（右）手定则来判断蜗杆、蜗轮的旋向和转向，如图 4-5-9d 所示。

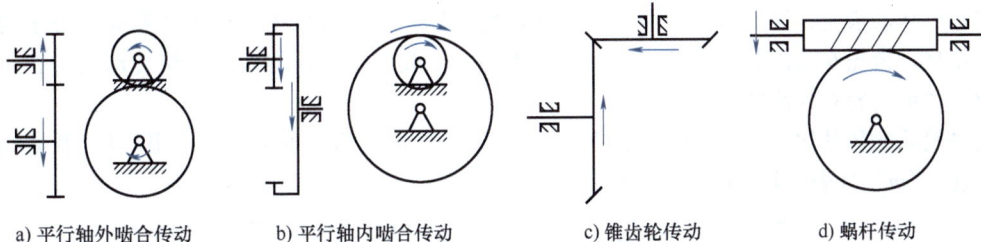

a) 平行轴外啮合传动　　b) 平行轴内啮合传动　　c) 锥齿轮传动　　d) 蜗杆传动

**图 4-5-9　一对齿轮啮合时的转动方向**

#### 2. 定轴轮系传动比的一般计算公式

图 4-5-10 所示的平面定轴轮系是由 4 对定轴齿轮传动连接而成的。定轴轮系中各对齿轮的传动比为

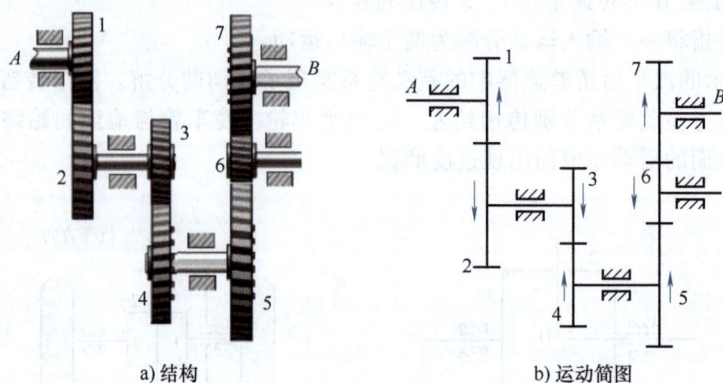

a) 结构         b) 运动简图

**图 4-5-10 平面定轴轮系的结构与运动简图**

$$i_{12} = \frac{\omega_1}{\omega_2} = \frac{n_1}{n_2} = -\frac{z_2}{z_1}$$

$$i_{34} = \frac{n_3}{n_4} = -\frac{z_4}{z_3}$$

$$i_{56} = \frac{n_5}{n_6} = -\frac{z_6}{z_5}$$

$$i_{67} = \frac{n_6}{n_7} = -\frac{z_7}{z_6}$$

将以上式子的两边分别相乘，得

$$i_{17} = \frac{n_1}{n_2}\frac{n_3}{n_4}\frac{n_5}{n_6}\frac{n_6}{n_7} = \left(-\frac{z_2}{z_1}\right)\left(-\frac{z_4}{z_3}\right)\left(-\frac{z_6}{z_5}\right)\left(-\frac{z_7}{z_6}\right)$$

$$= \frac{n_1}{n_2}\frac{n_3}{n_4}\frac{n_5}{n_7} = (-1)^4\frac{z_2 z_4 z_7}{z_1 z_3 z_5} = \frac{z_2 z_4 z_7}{z_1 z_3 z_5}$$

定轴轮系的传动比等于组成轮系中各对齿轮传动比的连乘积，也等于各对齿轮的从动轮齿数连乘积与主动轮齿数连乘积之比；首末两轮转向取决于外啮合齿轮的次数，"＋"表示两轮转向相同，"－"表示两轮转向相反。

定轴轮系传动比的正负还可在图上用画箭头的方法表示，根据主、从动轮的转向关系，依次画上不同的箭头方向，箭头方向相同时取正值，箭头方向相反时取负值。图 4-5-10b 所示齿轮 7 与齿轮 1 的转向相同，所以传动比取正号。图中所示的齿轮 6 与齿轮 5 和齿轮 7 同时啮合，既是前一级传动的从动齿轮，又是后一级传动的主动齿轮，齿轮 6 的齿数在传动比计算式的分子与分母中同时出现。齿轮 6 的齿数并不影响传动比的大小，但改变外啮合的次数，使传动比的正负号发生变化。故称齿轮 6 为惰轮或介轮。

定轴轮系的传动比可以归纳出以下的通式，用"1"代表第一主动齿轮，用"$k$"代表最末的从动齿轮，"$m$"代表齿轮外啮合的次数，即

$$i_{1k} = \frac{n_1}{n_k} = (-1)^m\frac{z_2 z_4 z_6 \cdots z_k}{z_1 z_3 z_5 \cdots z_{k-1}} = (-1)^m\frac{\text{所有从动轮齿数连乘积}}{\text{所有主动轮齿数连乘积}}$$

## 二、空间定轴轮系

空间定轴轮系指含有锥齿轮、蜗杆蜗轮的定轴轮系，如图 4-5-11 所示。传动比的计算仍然应用定轴轮系传动比的计算公式，但传动比的正负号及各轮的转向不能用 $(-1)^m$ 确定，只能用画

箭头的方法确定各轮的转向，如图 4-5-11b 所示。

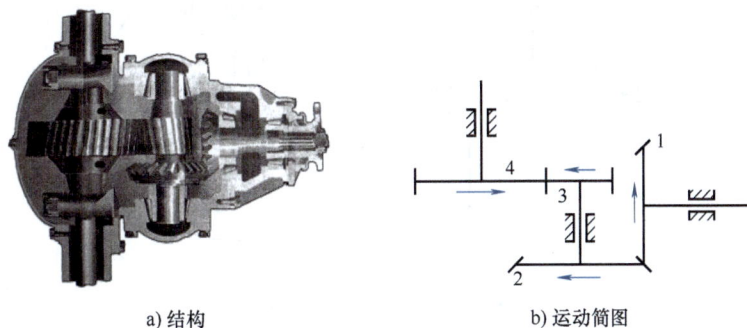

a) 结构　　　　　　　　　　　　　b) 运动简图

**图 4-5-11　空间定轴轮系**

## 课题三　行星轮系

行星轮系如图 4-5-12 所示，齿轮 2 由构件 H 支撑，转动时除绕固定几何轴线 $O_2$ 转动（自转）外，还随轴线 $O_2$ 绕固定的几何轴线 $O_1$ 转动（公转），故称为行星轮。支持行星轮的构件称为行星架，与行星轮相啮合且几何轴线固定不动的齿轮 1、3 称为太阳轮。行星架 H 与太阳轮 1、3 的轴线重合，否则行星轮系不能转动。

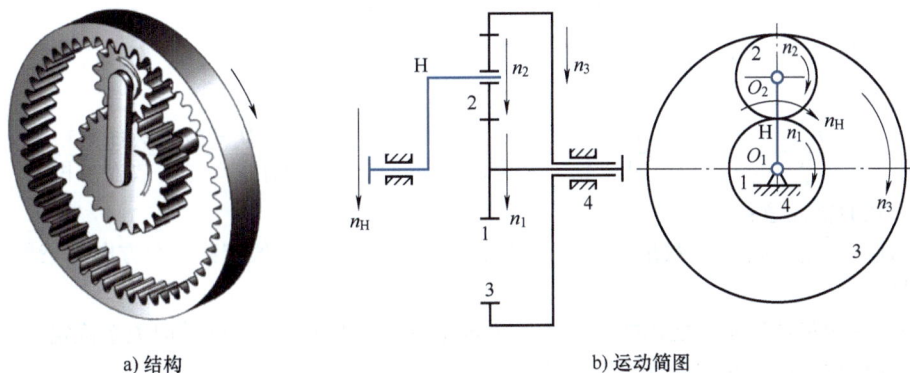

a) 结构　　　　　　　　　　　　　b) 运动简图

**图 4-5-12　行星轮系**

行星轮系中，由于行星架 H 的存在，行星轮既绕自身轴线转动，又绕太阳轮轴线转动，各轮间的传动比不再是简单地与齿数成反比，因此其传动比不能利用定轴轮系的计算方法。为了计算行星轮系的传动比，需要将其转化为定轴轮系。

用转化机构法计算行星轮系的传动比，具体方法如下：

假想给图 4-5-12 所示的行星轮系加上一个与行星架的转速 $n_H$ 大小相等、方向相反的公共转速（$-n_H$），则行星架 H 的转速合成为 0，处于静止状态，各构件的相对运动关系也没有变化。这样，所有齿轮的轴线位置固定不动，得到了假想的定轴轮系，如图 4-5-13 所示，这种假想的定轴轮系称为行星轮系的转化轮系。

在转化轮系中，各构件的转速见表 4-5-1。

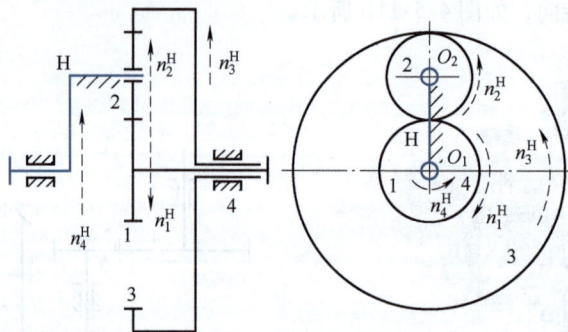

图 4-5-13　转化轮系运动简图

表 4-5-1　转化轮系中各构件的转速

| 构　　件 | 行星轮系的转速 | 转化轮系的转速 |
| --- | --- | --- |
| 中心轮 1 | $n_1$ | $n_1^H = n_1 - n_H$ |
| 行星轮 2 | $n_2$ | $n_2^H = n_2 - n_H$ |
| 中心轮 3 | $n_3$ | $n_3^H = n_3 - n_H$ |
| 行星架 H | $n_H$ | $n_H^H = n_H - n_H = 0$ |
| 机架 4 | $n_4$ | $n_4^H = n_4 - n_H$ |

在转化轮系中，1、3 两轮的传动比根据定轴轮系传动比的计算方法得

$$i_{13}^H = \frac{n_1^H}{n_3^H} = \frac{n_1 - n_H}{n_3 - n_H} = (-1)^1 \frac{z_2 z_3}{z_1 z_2} = -\frac{z_3}{z_1}$$

归纳出行星轮系传动比的计算通式，用"1"代表第一主动轮，用"$k$"代表最末的从动轮，得

$$i_{1k}^H = \frac{n_1^H}{n_k^H} = \frac{n_1 - n_H}{n_k - n_H} = \pm \frac{\text{从 1 轮到 } k \text{ 轮之间啮合齿轮中所有从动轮齿数连乘积}}{\text{从 1 轮到 } k \text{ 轮之间啮合齿轮中所有主动轮齿数连乘积}}$$

使用公式时需注意：

1）转速 $n_1$、$n_k$、$n_H$ 是代数量，代入公式时必须带入正负号，假定某一个方向为正号，与其相反的取负号。

2）公式右边齿数连乘积之比的正、负号按转化轮系中 1 轮与 $k$ 轮的转向关系确定。

3）待求构件的实际转向由计算结果的正负号确定。

# 模块五　汽车轴系零部件及联接

## 单元一　轴

轴是汽车中重要的传力零件，用来支持转动零件，并传递运动和转矩等，如图 5-1-1 所示。汽车中有变速器轴、曲轴、传动轴和半轴等。

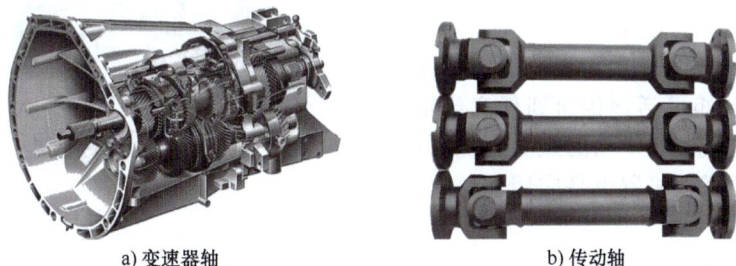

a) 变速器轴　　　　　　　　　　　b) 传动轴

**图 5-1-1　汽车上轴的应用**

## 课题一　轴的分类及材料

### 一、轴的分类和作用

轴作为重要的机械零件，主要起支撑旋转零件并传递运动和转矩的作用，如汽车传动轴、发动机曲轴、减速器齿轮轴、机床转动主轴等。轴的种类很多，通常可根据形状、受载情况等对其进行分类。

**1. 根据形状分类**

（1）直轴　直轴是轴上各段的轴线重合为一根直线的轴。其在汽车上应用较为广泛，如汽车发动机配气机构中的摇臂轴，如图 5-1-2 所示；变速器轴，如图 5-1-3 所示；配气机构中用到的凸轮轴，如图 5-1-4 所示。

图 5-1-2　发动机配气机构中的摇臂轴

图 5-1-3　变速器轴

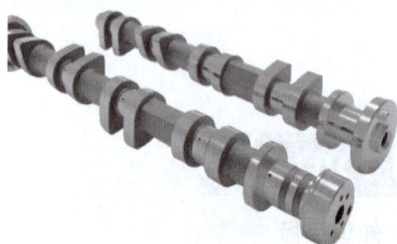

图 5-1-4　凸轮轴

（2）曲轴　曲轴是轴上各段的轴线不重合的轴，如图 5-1-5 所示。曲轴承受连杆传来的力，将其转变为转矩通过曲轴输出，并驱动发动机上的其他附件工作。曲轴受到旋转质量的离心力、周期变化的气体惯性力和往复惯性力的共同作用，使曲轴承受弯曲扭转载荷。因此，要求曲轴应有足够的强度和刚度，轴颈表面还需耐磨、受力均匀、平衡性好。

曲轴可以通过连杆机构将旋转运动转化为往复直线运动，反之亦可。曲轴是活塞式发动机中的专用零件。

（3）挠性轴　挠性轴由几层紧贴在一起的钢丝构成，可将转矩灵活地传递到任意位置。图 5-1-6 所示为建筑工地上用的振捣器挠性钢丝软轴。疏通下水道的机器也是应用钢丝软轴来工作的。

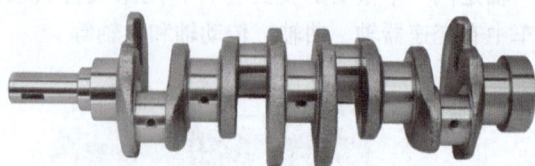

图 5-1-5　曲轴

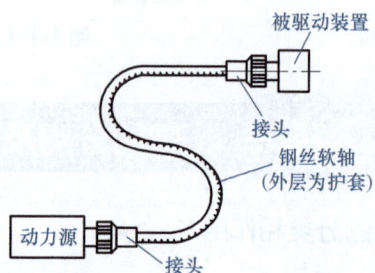

图 5-1-6　振捣器挠性钢丝软轴

**2. 根据受载情况分类**

（1）转轴　转轴是能同时承受弯曲和扭转两种作用的轴。转轴是汽车轴类零件中最常用的轴，如汽车主减速器中的圆锥齿轮轴，如图5-1-7所示。

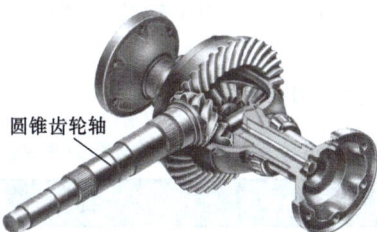

圆锥齿轮轴

图5-1-7　主减速器轴

（2）传动轴　传动轴工作时主要承受转矩的作用，不承受或承受较小弯矩，如连接汽车变速器和驱动后桥的传动轴等，如图5-1-8所示。

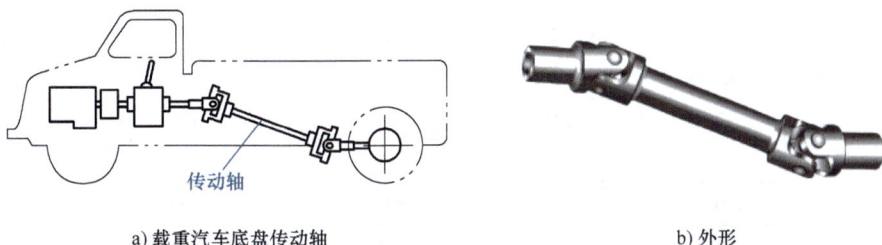

传动轴

a) 载重汽车底盘传动轴　　　　　　　　　　b) 外形

图5-1-8　传动轴

（3）心轴　心轴工作时只承受弯矩作用，而不能承受扭转作用，如图5-1-9所示的火车轮轴。

图5-1-9　心轴

## 二、轴的材料

工作中轴受到交变应力的作用，主要失效形式是疲劳断裂。轴的材料应具有足够的强度、韧性、抗疲劳能力、较小的应力集中敏感性和良好的力学性能。轴的常用材料有优质碳素钢和合金钢。

**1. 优质碳素钢**

优质碳素钢具有较好的综合力学性能，价格低廉，对应力集中的敏感性较低，应用最多的是45钢。一般用途的轴，可进行调质或正火处理；对于受力较小的或不太重要的轴，可使用Q335、Q275等普通结构钢。

**2. 合金钢**

要求强度较高、尺寸较小或有其他特殊要求的轴应采用合金钢做材料，常用40Cr或35SiMn、

40CrNi 钢等。合金钢比碳素钢具有较高的力学性能，热处理的变形小；但价格较高，对应力集中敏感性强，一定要经过热处理。

### 3. 球墨铸铁

球墨铸铁具有较强的吸振性能，对应力集中不敏感，耐磨、价格低廉，常应用于铸造外形复杂的轴，如内燃机的曲轴。

常用轴的金属材料力学性能见表 5-1-1。

**表 5-1-1　常用轴的金属材料力学性能**

| 材料牌号 | 热处理 | 毛坯直径/mm | 硬度/HBW | 抗拉强度 $R_m$/MPa | 屈服强度 $R_{eL}$/MPa | 应用说明 |
|---|---|---|---|---|---|---|
| Q235 ~ Q275 | | | | 149 ~ 610 | 235 ~ 275 | 用于不重要的轴 |
| 35 | 正火 | ≤100 | 149 ~ 187 | 520 | 270 | 用于一般的轴 |
| | 调质 | ≤100 | 156 ~ 207 | 560 | 300 | |
| 45 | 正火 | ≤100 | 170 ~ 217 | 600 | 300 | 用于强度高、韧性好的重要轴 |
| | | >100 ~ 300 | 162 ~ 217 | 580 | 360 | |
| | 调质 | ≤200 | 217 ~ 255 | 650 | 800 | |
| 40Cr | 调质 | 25 | ≤207 | 1000 | 800 | 用于强度高、冲击不大的重要轴 |
| | | ≤100 | 241 ~ 286 | 750 | 550 | |
| | | >100 ~ 300 | | 700 | 500 | |
| 35SiMn | 调质 | 25 | ≤229 | 900 | 750 | 可代替 40Cr |
| | | ≤100 | 229 ~ 286 | 800 | 520 | |
| | | >100 ~ 300 | 217 ~ 269 | 750 | 450 | |
| 40MnB | 调质 | 25 | ≤207 | 1000 | 800 | 可代替 40Cr |
| | | ≤200 | 241 ~ 286 | 750 | 500 | |

## 课题二　轴的结构及工艺

轴的结构形式有很多种，良好的结构应满足以下要求，轴及轴上零件要有准确的定位和可靠的固定；轴上零件能方便地进行装拆和调整，受力合理，尽量减少应力集中，具有良好的加工工艺性。下面以阶梯轴为例，讨论轴的结构及工艺性。

### 一、轴的组成部分

阶梯轴主要由轴颈、轴环、轴头和轴身等部分组成，如图 5-1-10 所示。其中，轴上安装旋转零件（如齿轮、联轴器等）的轴段称为轴头，支撑或安装轴承的轴段称为轴颈，连接轴头与轴颈的轴段称为轴身，轴上两段不同直径之间形成的用来固定零件的台阶端面称为轴肩，直径大于左、右两段的轴段称为轴环，其作用与轴肩相同。

### 二、轴上零件的定位及固定

为了保证轴的正常工作，轴上的零件必须准确定位和固定。其中，定位是指零件安装在轴上时应具有确定的位置，固定是指轴运转时零件在轴上应保持原有位置不动。轴上零件的定位及固定包括轴向和周向两种。

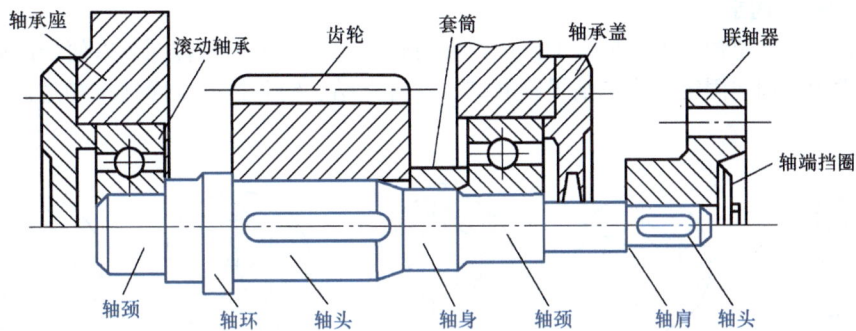

图 5-1-10　轴的组成部分

### 1. 轴向定位及固定

轴向定位及固定是为了保证轴上零件准确地固定在轴上现有的位置。由于装配和固定零件的需要，需要在轴上设置轴肩、轴环、键槽和倒角等结构。轴径变化处的台阶称为轴肩，两轴段之间凸出的中间圆环称为轴环，安装连接键的轴向长槽称为键槽，轴端的倒棱称为倒角。常用的方式有轴肩（轴环）、弹性挡圈、套筒、圆螺母、轴端挡圈、紧定螺钉（销）及圆锥形轴头等，如图 5-1-11 所示。

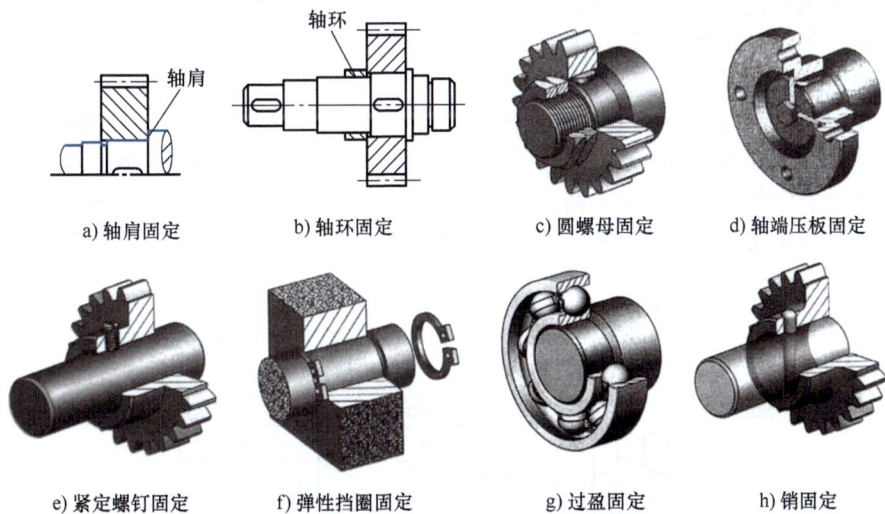

图 5-1-11　轴向固定的方法

为了定位可靠，使零件能紧靠定位面，轴肩的过渡圆角半径 $r$ 应小于轴上零件的倒角 $C_1$ 或圆角半径 $R$，轴肩高度 $h$ 可为 $(0.07d + 3\mathrm{mm}) \sim (0.1d + 5\mathrm{mm})$，轴环宽度 $b = 1.4h$，如图 5-1-12 所示。与滚动轴承相配处的 $h$ 值和 $b$ 值参考轴承标准规定的安装尺寸。

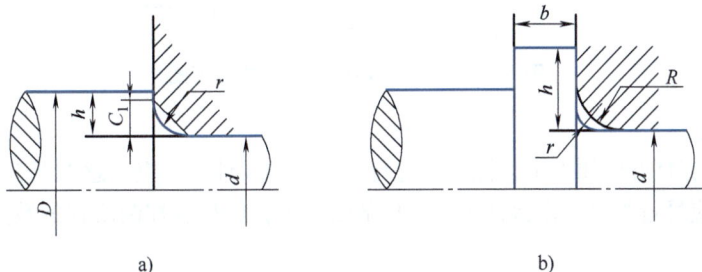

图 5-1-12　轴肩的结构

### 2. 周向定位及固定

轴上零件的周向定位及固定是为了保证零件与轴之间不发生相对转动，以便能准确地传递运动和动力。常用的周向固定方式包括平键联结、花键联结、销联接、型面连接和过盈连接等，如图 5-1-13 所示。

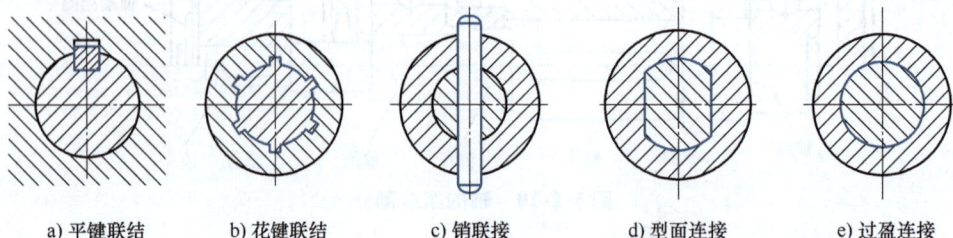

　a) 平键联结　　　b) 花键联结　　　c) 销联接　　　d) 型面连接　　　e) 过盈连接

**图 5-1-13　常用的轴向定位与固定方式**

减速器中的齿轮或带轮等零件在轴上的周向固定通常采用平键联结或过盈连接实现，以传递较大的转矩。对于轻载或不重要的场合可采用紧定销钉或销，同时实现轴向和周向固定。

## 三、轴的结构工艺性

轴的结构工艺性包括装配工艺性和加工工艺性。装配工艺性是指轴上零件在装配时固定的准确性及可靠性，加工工艺性是指轴在加工时的难易程度。

### 1. 装配工艺性

图 5-1-14 所示为减速器中齿轮轴的装配图。为了保证装配的顺利进行，该轴设计成阶梯形，使齿轮、套筒、左端轴承、轴承盖、带轮等能够很方便地从轴的左端依次装配，右轴承从轴的右端装入。对于装有零件的轴端，装入端需要加工 45°倒角，以方便导入并避免划伤配合表面。套筒或轴肩的高度应低于滚动轴承的内圈高度，以保证滚动轴承的有效定位。

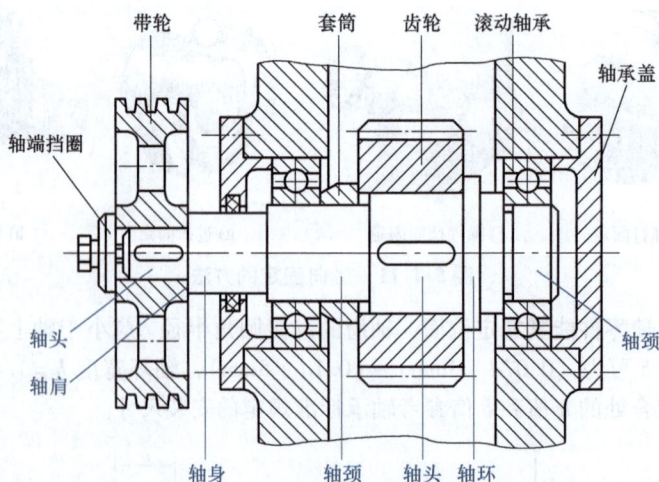

**图 5-1-14　减速器中齿轮轴的装配图**

### 2. 加工工艺性

为了保证轴具有良好的加工工艺性，在进行轴的结构设计时，应注意以下工艺要求：

1）轴的结构应尽量简单，在保证足够定位的情况下，应尽量控制阶梯的数量，以减少加工的时间和应力集中。

2）轴上沿轴向有多个键槽时，应尽可能采用相同规格尺寸并布置在同一条直线上，以避免加工时更换刀具和多次装夹。例如，图 5-1-15 中轴上的两个键槽尺寸相同且在一条直线上。

3）轴上直径发生变化的地方应设置圆弧过渡，如图 5-1-15a 所示，以减少应力集中，同一轴上的过渡圆角半径应尽量统一，以减少加工时所需刀具的种类和换刀时间。

4）轴上有螺纹时，应设置退刀槽，如图 5-1-15b 所示，在需要进行磨削的轴段应留有越程槽，如图 5-1-15c 所示。

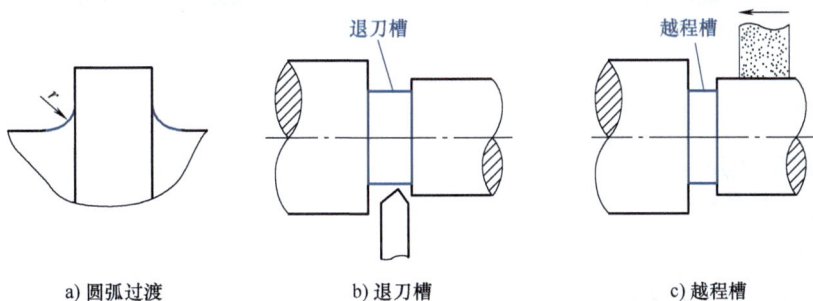

a) 圆弧过渡　　　　　b) 退刀槽　　　　　c) 越程槽

图 5-1-15　轴的加工工艺性

# 单元二　轴承

## 学习目标

**1. 知识目标**

1）掌握滑动轴承的类型和结构。

2）掌握轴瓦的结构及润滑。

3）了解滑动轴承材料的选用。

4）掌握滚动轴承和滑动轴承的类型和结构。

5）熟悉滚动轴承的代号。

6）了解滚动轴承的润滑和密封。

**2. 能力目标**

1）能识别轴承的类型。

2）能利用手册查轴承的参数。

　　轴承是机械中支撑轴或轴上回转零件的重要部件，轴要旋转都需要轴承来支撑。如图 5-2-1a 中的变速器用到的滚动轴承。轴承的类型有很多，如图 5-2-1b 所示，需根据它的使用条件来选用。

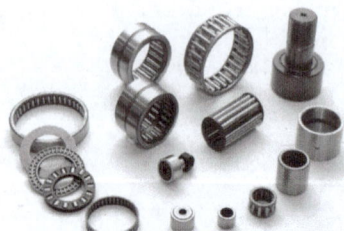

a) 变速器　　　　　　　　　　　b) 轴承类型

**图 5-2-1　轴承的应用**

## 课题一　滑动轴承

　　轴承在机器中用于支撑轴，保持轴的正常工作位置和旋转精度，并减少轴与轴承座间的摩擦和磨损。选择合适的轴承对提高机器的工作性能、使用寿命、承载能力和工作效率有着重要的意义。

　　按所能承受载荷方向的不同，轴承可分为向心轴承和推力轴承；根据轴承工作时摩擦性质的不同，轴承可分为滚动轴承和滑动轴承两大类。其中，滚动轴承在工程实际中应用非常广泛，其参数已经标准化，大多由专门的厂家生产。

滑动轴承在工作时与轴之间发生滑动摩擦，它具有结构简单、安装方便、噪声小、抗振性能好、承载能力强和工作寿命长等优点，因而广泛地应用于汽轮机、精密机床和重型机械等设备中。

## 一、滑动轴承的类型和结构

根据承受载荷方向的不同，滑动轴承可分为主要承受径向载荷的径向滑动轴承和主要承受轴向载荷的推力滑动轴承。

### 1. 径向滑动轴承

径向滑动轴承又称为向心滑动轴承，工作时主要承受径向载荷，其结构形式有整体式、剖分式和调心式 3 种。

1）整体式径向滑动轴承。整体式径向滑动轴承由轴承座和轴承套组成，轴套上设有油孔，内表面开有轴向油道，将润滑油分配到摩擦表面进行润滑。汽车发动机中的连杆小头、转向节衬套采用的就是整体式径向滑动轴承，如图 5-2-2 和图 5-2-3 所示。

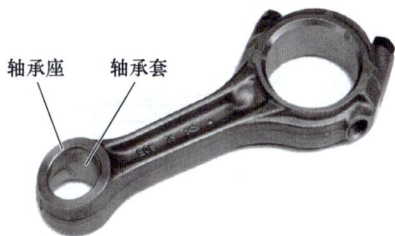

图 5-2-2　连杆小头

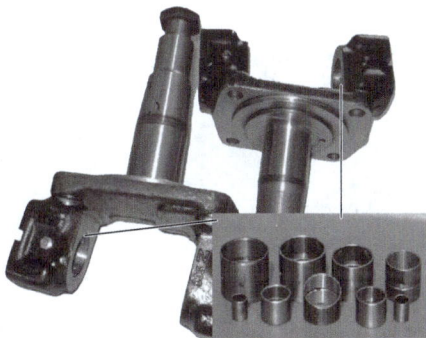

图 5-2-3　转向节衬套

整体式径向滑动轴承具有结构简单、制造成本低等优点，但轴瓦磨损后，轴颈与轴瓦间的间隙无法调整，必须重新更换轴瓦，且装拆时轴或轴承需轴向移动，给装拆带来不便，故适用于轻载、低速且不需经常装拆的场合。

2）剖分式径向滑动轴承。剖分式径向滑动轴承主要由轴承座、上轴瓦、下轴瓦、轴承盖及连接螺栓等组成，其中，上、下两片半圆形轴瓦可合并成圆筒形的轴瓦，螺栓将轴承盖和合并后的轴瓦紧固在轴承座上。轴承盖和轴承座的剖分面通常加工成阶梯状，以防止轴承盖与轴承座之间发生相对错动，并能方便装配时的对中。上、下轴瓦之间可安装垫片，以方便轴瓦磨损后调整轴颈与轴瓦之间的间隙。汽车发动机中采用剖分式径向滑动轴承的部位有活塞连杆大头（图 5-2-4）、曲轴主轴承和主轴承盖（图 5-2-5）。

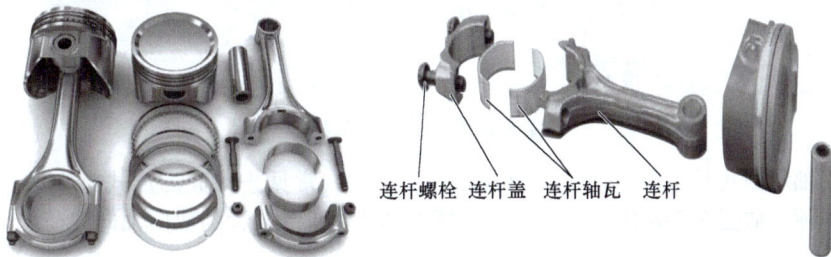

连杆螺栓　连杆盖　连杆轴瓦　连杆

图 5-2-4　连杆大头

剖分式径向滑动轴承是可拆分的结构，可方便更换轴瓦，轴承间隙可以调整，但结构复杂，制造费用高。

图 5-2-5　曲轴主轴承和主轴承盖

3）调心式径向滑动轴承。调心式径向滑动轴承主要由轴承盖、轴瓦及轴承底座等组成，如图 5-2-6 所示。其中，轴瓦分别与轴承盖和轴承座之间形成球面配合，从而能相对轴承座在一定范围内摆动，自动调整，以适应轴的变形。调心式径向滑动轴承适用于支撑跨距较大或多支点的长轴。

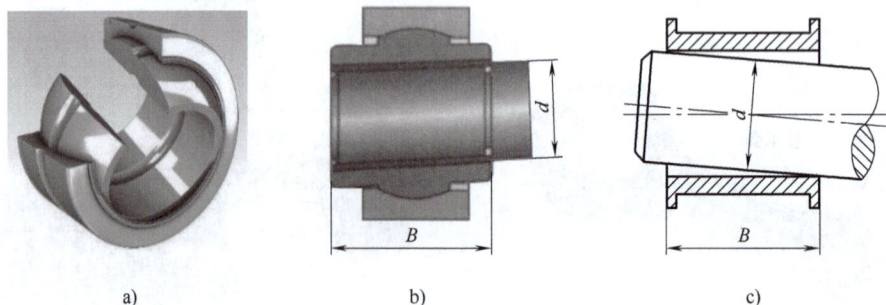

a)　　　　　　　　　　b)　　　　　　　　　　c)

图 5-2-6　调心式径向滑动轴承

**2. 推力滑动轴承**

推力滑动轴承是用于承受轴向推力并限制轴做轴向移动的滑动轴承。推力滑动轴承由轴承座和止推轴颈组成，一般分为单环式、多环式和空心式。汽车发动机上曲轴中部所用的推力滑动轴承（又称为止动片，图 5-2-7）就是典型的单环式推力滑动轴承。单环式推力滑动轴承利用轴颈的环形端面止动，并且可以利用纵向油槽输入润滑油进行润滑。

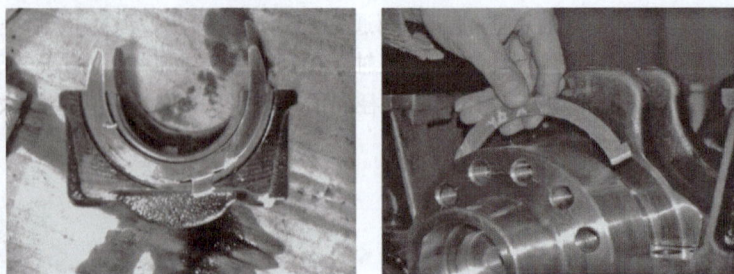

图 5-2-7　推力滑动轴承

推力滑动轴承的止动面可用轴的端面或轴环的轴肩，常见止动面的形式有实心、空心、单环形和多环形 4 种，如图 5-2-8 所示。其中，多环形轴颈能承受较大的双向轴向载荷。

**二、轴瓦的结构及滑动轴承的材料**

滑动轴承中轴瓦与轴直接接触并发生滑动摩擦，因此轴瓦的结构设计及选材对滑动轴承的工作效率、承载能力及使用寿命有着重要的影响。

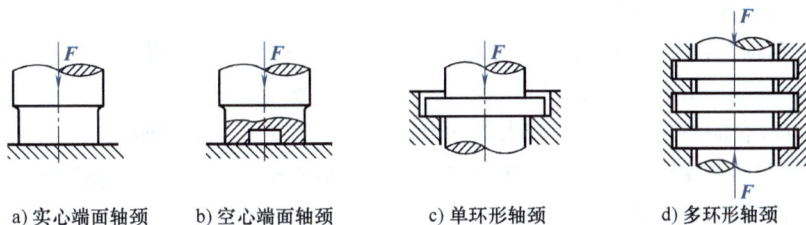

a) 实心端面轴颈    b) 空心端面轴颈    c) 单环形轴颈    d) 多环形轴颈

图 5-2-8　推力滑动轴承的止推面

**1. 轴瓦的类型**

常用的轴瓦有整体式和部分式等形式，如图 5-2-9a 和图 5-2-9b 所示，它们分别应用于整体式滑动轴承和剖分式滑动轴承中。为了提高轴瓦的承载能力和摩擦性质，并节约贵重的减摩材料，对于重要轴承，可在轴瓦的内表面浇注一层或两层很薄的减摩材料（如巴氏合金等），如图 5-2-9c 所示，轴承衬的厚度一般为 0.5 ~ 0.6mm。

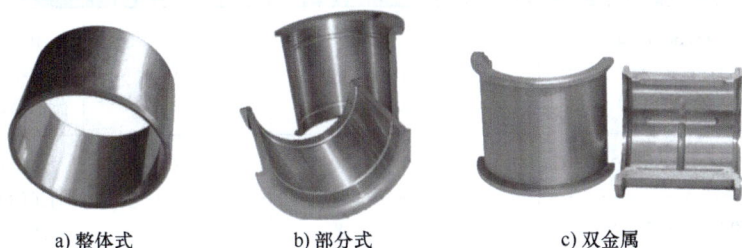

a) 整体式    b) 部分式    c) 双金属

图 5-2-9　轴瓦的类型

**2. 轴瓦的油孔和油槽**

轴瓦工作时，需要向轴瓦工作表面上注入足够的润滑油，以减少工作表面与轴表面之间的摩擦。为了使润滑油顺利地进入并布满整个轴瓦工作面，应在轴瓦上开设油孔和油槽。常见轴瓦油孔和油槽的形式如图 5-2-10 所示。

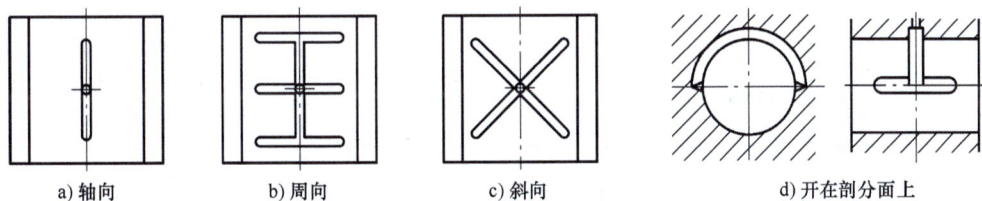

a) 轴向    b) 周向    c) 斜向    d) 开在剖分面上

图 5-2-10　常见轴瓦油孔和油槽的形式

注意：沟孔和油槽一般应开在轴瓦的非承载区，否则会破坏承载区油膜的连续性，降低油膜的承受能力。同时，油槽不能贯穿轴瓦，其轴向长度一般为轴瓦宽度的 80%，以免油从油槽端部大量流失。

**3. 轴承材料**

通常将轴瓦的材料和轴衬的材料称为轴承材料。轴瓦作为滑动轴承中的重要零件，其主要失效形式为磨损和胶合，有时也会出现疲劳破坏和刮伤等。根据上述失效形式并结合滑动轴承的工作特点，可知轴承材料应具有以下特性：良好的减摩性和耐磨性、足够的强度和塑性、良好的导热性和耐蚀性、优异的抗胶合性。

（1）铸造轴承合金　铸造轴承合金主要分为锡基、铅基、铜基和铝基 4 类。

1）铸造锡基和铅基轴承合金减摩效果最理想，但价格昂贵，并且机械强度较低，不能在高温条件下工作，故适宜做轴承衬的材料。

2）铸造铜基轴承合金的强度高，承载能力大，耐磨性和导热性比锡基和铅基轴承合金好。

锡青铜：减摩性、耐磨性最好，应用较广，强度高，适于中速、重载轴承。

铅青铜：抗胶合能力强，可承受较大的冲击载荷，适于高速、重载轴承。

铝青铜：强度和硬度较高，抗胶合能力差，宜用于润滑充分的低速、重载轴承。

黄铜：适用于低速、中载轴承。

3）铸造铝基轴承合金的强度高，导热性好，耐磨蚀；要求轴颈表面淬硬、磨光；其跑合性、顺应性和嵌藏性较差。

上述铸造轴承合金的典型牌号、性能及应用见表 5-2-1。

表 5-2-1 铸造轴承合金的典型牌号、性能及应用

| 材料 | 牌号 | $[p]$/MPa | $[v]$/(m/s) | $[pv]$/(MPa·m·s$^{-1}$) | 应用 |
|---|---|---|---|---|---|
| 锡基合金 | ZSnSb11Cu6 | 25 | 80 | 20 | 用于调速、重载的重要轴承轴瓦的减摩层。变载荷下易疲劳，价高 |
| | ZSnSb8Cu4 | | | | |
| 铅基合金 | ZPbSb16Sn16Cu2 | 12 | 12 | 10 | 用于中速、中载的轴承轴瓦的减摩层。不宜受显著冲击 |
| | ZPbSb15Sn5Cu3Cd2 | 5 | 8 | 5 | |
| 铜基合金 | ZCuSn10P1 | 15 | 10 | 15 | 用于中速、中载及变载荷的轴承 |
| | ZCuSn5Pb5Zn5 | 8 | 3 | 15 | 用于中速、中载的轴承 |
| | ZCuPb30 | 25 | 12 | 30 | 用于高速、重载的轴承，能承受变载荷和冲击载荷 |
| | ZCuAl9Fe4Ni4 | 15 | 4 | 12 | 用于在海洋环境中工作的轴承 |
| 铝基合金 | 20% 铝锡合金 | 34 | 14 | | 用于高速、中载及重载的轴承 |

（2）粉末冶金材料 粉末冶金材料是指用钢、铁、石墨等粉末经压制、烧结而成的多孔隙轴瓦材料。使用前先把轴瓦浸入加热的油中数小时，使孔隙中充满润滑油。当轴承工作时，在轴颈转动的抽吸作用和轴承发热时的膨胀作用下，油自动进入摩擦表面；当轴承停止工作时，因毛细管作用，油被吸入孔隙内。用这种材料制成的轴承通常称为粉末冶金轴承或含油轴承。这种轴承的注油周期性长，没有油污外溢，因此，特别适用于较低速度、加油不便和不允许有油污污染的场合，如食品机械、纺织机械中。

（3）非金属材料 石墨、橡胶和塑料等都可用作轴承材料。石墨本身属于固体润滑剂，故石墨轴承有自润滑作用；橡胶具有较大的弹性，能减轻振动使运转平稳，橡胶轴承可用水润滑；塑料的热导性很低，吸收水分后会发生膨胀，故要求塑料轴承有较大的间隙。

（4）灰铸铁 灰铸铁材料价格低廉，用于低速、轻载和不重要的场合。

### 三、滑动轴承常见的失效形式

#### 1. 磨粒磨损

进入轴承间隙的硬颗粒物（如灰尘、沙粒等）有的嵌入轴承表面，有的游离于间隙中并随轴一起转动，它们都将对轴颈和轴承表面起研磨作用，如图 5-2-11 所示。在发动机运转、停止或轴颈与轴承发生边缘接触时，这些磨粒会加剧轴承的磨损，使轴承间隙变大、使用寿命缩短。

#### 2. 刮伤

进入轴承间隙的硬颗粒或轴颈表面粗糙的轮廓峰顶，在轴承上划出线状伤痕，导致轴承因刮伤而失效，如图 5-2-12 所示。

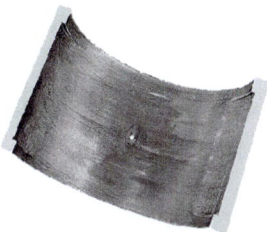

图 5-2-11　轴瓦磨损　　　　图 5-2-12　轴瓦刮伤

#### 3. 胶合（也称为烧瓦）

轴承温升过高、载荷过大、油膜破裂时，或在润滑不良的情况下，轴颈和轴承的相对运动表面材料发生黏附和迁移，造成轴承损坏，有时甚至可能导致相对运动的中止，如图 5-2-13 所示。

#### 4. 疲劳剥落

在载荷的反复作用下，轴承表面将出现与滑动方向垂直的疲劳裂纹，当裂纹向轴承衬与衬背结合面扩展后，造成轴承衬材料的剥落，称为疲劳剥落，如图 5-2-14 所示。

图 5-2-13　轴瓦胶合　　　　图 5-2-14　轴瓦疲劳剥落

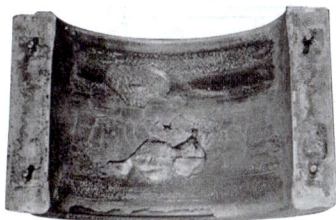

#### 5. 腐蚀

润滑油在使用中会不断氧化，所生成的酸性物质对轴承材料有腐蚀性，易造成腐蚀性点状剥落，如图 5-2-15 所示。

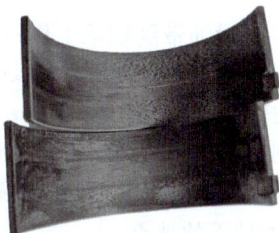

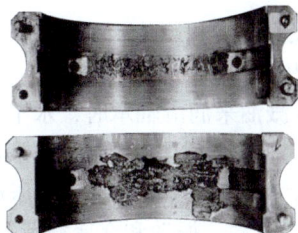

图 5-2-15　轴瓦腐蚀

## 四、滑动轴承的润滑

### 1. 润滑剂

滑动轴承工作时需要进行充分的润滑，其目的是减少摩擦和轴承部件的磨损，同时兼具冷却、吸振、防锈和减小噪声等功能。滑动轴承的常用润滑剂有润滑油、润滑脂、固体润滑剂及气体润滑剂等。其中，润滑油和润滑脂的应用最广。

润滑油的性能主要由黏度来表示。在为轴承选择润滑油时，应综合考虑承受的载荷、滑动速度、工作温度及摩擦表面状况等条件，一般可参考以下选用原则：

1）工作在压强大、冲击强及交变载荷等条件下时，黏度值应高一些。

2）工作转速高、压强小时，润滑油的黏度值应低一些，反之，黏度值应高一些。

3）工作温度高时，黏度值应高一些，反之，黏度值可低一些。

4）摩擦表面粗糙或未经跑合时，黏度值应高一些。

润滑脂的性能主要由针入度和滴点来表示。滑动轴承在选用润滑脂时，应综合考虑轴承工作温度、抗水性、机械安定性等条件。承载要求高时，应选择针入度小的润滑脂；相对滑动速度大且温度高时，应选择针入度大的润滑脂。

### 2. 润滑方法

滑动轴承的润滑方法有很多，按给油方式可分为间歇供油润滑和连续供油润滑。其中，间歇供油润滑常用于低速、轻载或间歇工作等不重要场合的滑动轴承。连续供油润滑多用于高速、重载等重要场合的滑动轴承。常用的连续供油润滑方法有滴油润滑、飞溅润滑和液压油润滑等。

1）滴油润滑。滴油润滑需要采用弹簧盖油杯或针阀式油杯，如图 5-2-16 所示。弹簧盖油杯利用毛细管的虹吸作用将润滑油连续送到轴承工作表面，但无法改变送油量，如图 5-2-16a 所示；针阀式油杯可通过调节螺母改变供油量，且可通过上部的手柄控制润滑油的通断，如图 5-2-16b 所示。

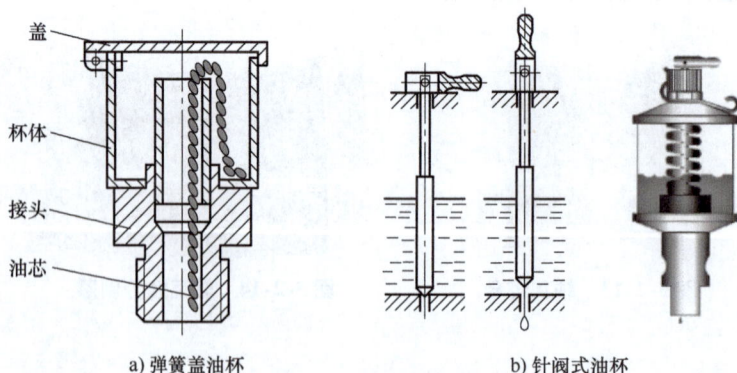

盖
杯体
接头
油芯

a) 弹簧盖油杯　　　　　　　　b) 针阀式油杯

**图 5-2-16　滴油润滑所用的装置**

2）飞溅润滑。飞溅润滑利用传动齿轮或甩油环将润滑油带到轴承工作面，如图 5-2-17 所示，多用于减速器、内燃机等机械设备中的轴承。采用传动齿轮溅油来润滑轴承时，齿轮的圆周速度 $v \geq 2\text{m/s}$；采用甩油环溅油来润滑轴承时，水平轴上的轴承转速为 $500 \sim 3000\text{r/min}$。

3）液压油润滑。液压油润滑利用油泵将润滑油强制送入轴承进行润滑，润滑油经过轴承流回油箱，可以重复使用，如图 5-2-18 所示。液压油润滑可调整供油量，并能对轴承上某点实现集中润滑，故适用于高速、重载、振动和交变载荷等工作条件下的轴承。

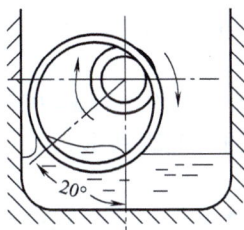

图 5-2-17 飞溅润滑

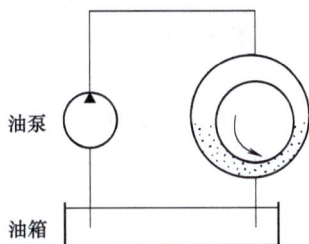

图 5-2-18 液压油润滑

## 课题二 滚动轴承

滚动轴承是带有滚动体的轴承,它将轴和轴座间的滑动摩擦变为滚动摩擦,从而大大减小摩擦力,提高轴的运转效率。滚动轴承具有摩擦阻力小、启动灵敏、效率高、润滑方便、互换性好等优点,其缺点是抗冲击能力较差,磨损后运行时容易产生较大的噪声和振动工作寿命较短。

### 一、滚动轴承的结构

如图 5-2-19 所示,滚动轴承通常由外圈、滚动体、内圈和保持架等部分组成。外圈与轴承座相配合,起支撑作用;内圈与轴之间采用过盈配合,并随轴一起转动;滚动体在内、外圈的滚道中滚动,使内、外圈相互转动时产生滚动摩擦;保持架的作用是使滚动体均匀分布,防止滚动体脱落或相互碰撞。

常见的滚动体形状有球形、圆柱形、圆锥形、鼓形和滚针等,如图 5-2-20 所示。

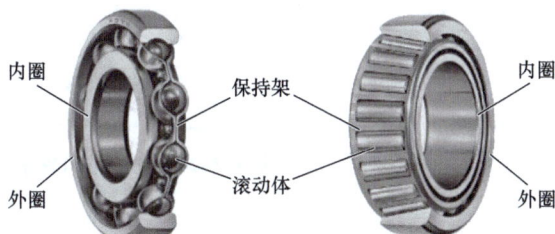

图 5-2-19 滚动轴承

a) 球　　b) 圆柱滚子　　c) 鼓形

d) 圆锥滚子　　e) 滚针

图 5-2-20 常见滚动体的形状

### 二、滚动轴承的类型

滚动轴承的类型很多,国标 GB/T 271—2017《滚动轴承 分类》对滚动轴承进行了分类。

#### 1. 按滚动体的种类分类

根据滚动体的种类不同,滚动轴承可分为球轴承和滚子轴承两大类。球轴承中滚动体为球形,它与内、外圈之间为点接触,故滚动时的摩擦力小,极限转速高,但容易磨损,承载力小;滚子轴承中滚动体为滚子,其形状包括圆柱形、圆锥形、鼓形、滚针等,它们与内、外圈之间为线接触,故滚动时摩擦力大,极限转速不高,但承载能力较强。

#### 2. 按承受载荷的方向分类

轴承的径向平面(垂直于轴承轴心线的平面)与滚动体和外圈滚道接触点法线之间的夹角称为公称接触角,简称为接触角,用 $\alpha$ 表示,如图 5-2-21 所示。轴承的接触角越大,轴承所能承受的轴向力越大,因此按承受载荷的方向分类可看作按公称接触角的大小分类。

根据承受载荷方向或公称接触角的不同,滚动轴承可分为向心轴承、推力轴承和向心推力轴承3种。

1) 向心轴承。向心轴承主要承受径向载荷,接触角为 $0° \leqslant \alpha \leqslant 45°$。其中,当 $\alpha = 0°$ 时,轴承只能承受径向载荷,如深沟球轴承、圆柱滚子轴承、滚针轴承等,如图 5-2-22 所示。

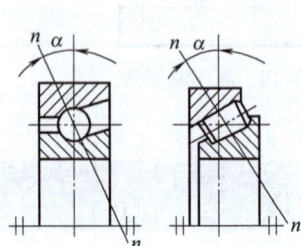

图 5-2-21 公称接触角

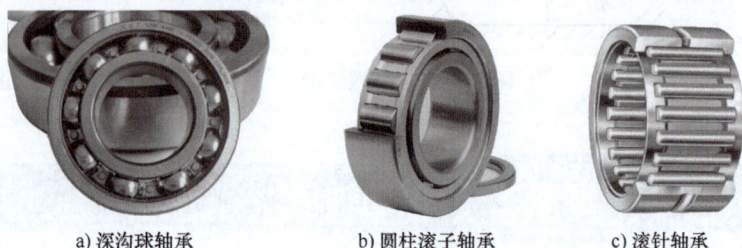

a) 深沟球轴承      b) 圆柱滚子轴承      c) 滚针轴承

图 5-2-22 向心轴承

2) 推力轴承。推力轴承主要承受轴向载荷,接触角为 $45° < \alpha \leqslant 90°$。其中,当 $\alpha = 90°$ 时,轴承只能承受轴向载荷,称为轴向推力轴承,如推力球轴承等,如图 5-2-23 所示。

3) 向心推力轴承。向心推力轴承同时能承受径向和轴向载荷,如圆锥滚子轴承(图 5-2-24)。如图 5-2-25c 所示,$\alpha$ 角的大小反映了轴承承受轴向载荷的能力,$\alpha$ 角越大,说明轴承承受轴向载荷的能力越强。

轴承所承受的径向载荷 $F_r$ 与轴向载荷 $F_a$ 合力与径向平面的夹角 $\beta$,称为载荷角,如图 5-2-25c 所示。

a) 推力球轴承      b) 推力滚子轴承

图 5-2-23 推力轴承

图 5-2-24 向心推力轴承

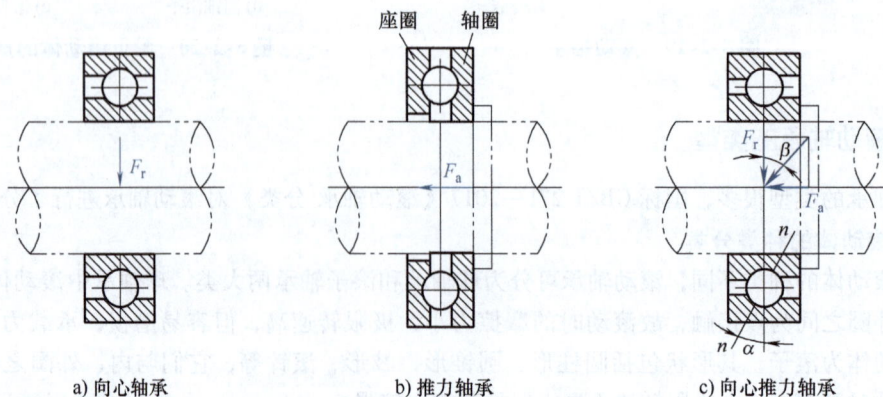

a) 向心轴承      b) 推力轴承      c) 向心推力轴承

图 5-2-25 不同类型滚动轴承的承载情况

### 3. 按调心能力分类

当轴承外圈的滚道制成球面时,内圈可相对外圈偏转,两者轴线之间将产生一个夹角 $\theta$,称为倾斜角。倾斜角的大小标志着轴承自动调整轴心线位置的能力。具有自动调整轴心线位置的轴承称为调心轴承。按能否调心，滚动轴承可分为调心轴承和非调心轴承，调心轴承如图 5-2-26 所示。

### 三、滚动轴承代号

为了规范滚动轴承的制造、使用和维护，国标 GB/T 272—2017《滚动轴承 代号方法》规定了一组轴承代号，用来表示各类滚动轴承的类型、结构、尺寸、公差等级和技术性能等特征。轴承代号一般印在轴承端面上，以方便识别，如图 5-2-27 所示。

a) 调心球轴承　　　　　　　b) 调心滚子轴承

**图 5-2-26　调心轴承**　　　　　　　**图 5-2-27　轴承标识**

滚动轴承的代号由基本代号、前置代号和后置代号三部分组成，用字母和数字表示，其构成见表 5-2-2。

**表 5-2-2　滚动轴承的代号组成**

| 前置代号 | 基 本 代 号 | | | 后 置 代 号 | | | | | | | |
|---|---|---|---|---|---|---|---|---|---|---|---|
| | × | × | × | | | | | | | | |
| | | 尺寸系列代号 | | | | | | | | | |
| 轴承分部件代号 | 类型代号 | 宽度（或高度）系列代号 | 直径系列代号 | 内径代号 | 内部结构代号 | 密封与防尘结构代号 | 保持架及其材料代号 | 特殊轴承材料代号 | 公差等级代号 | 游隙代号 | 多轴承配置代号 | 其他代号 |

### 1. 基本代号

基本代号包括内径代号、尺寸系列代号和类型代号。其中，尺寸系列代号包括宽度（或高度）系列代号和直径系列代号。它们的排列顺序为从右向左依次排列。

1）轴承内径代号：表示轴承的内径，用基本代号右起第 1、第 2 两位数字表示。轴承内径代号的含义见表 5-2-3。

**表 5-2-3　轴承内径代号的含义**

| 轴承内径/mm | 内 径 代 号 | 示　例 |
|---|---|---|
| 0.6～10（非整数） | 用公称内径毫米数直接表示，在其与尺寸系列号之间用"/"分开 | 深沟球轴承 618/2.5，内径 $d = 2.5\text{mm}$ |
| 1～9（整数） | 用公称内径毫米数直接表示，对深沟球轴承及角接触轴承 7、8、9 直径系列，内径与尺寸系列代号之间用"/"分开 | 深沟球轴承 618/5，内径 $d = 5\text{mm}$ |

（续）

| 轴承内径/mm | | 内径代号 | 示　例 |
|---|---|---|---|
| 10~17 | 10 | 00 | 调心球轴承1201，内径 $d = 12$mm |
| | 12 | 01 | |
| | 15 | 02 | |
| | 17 | 03 | |
| 20~480 （22、28、32除外） | | 公称内径除以5的商数，商数为个位数，需在商数左边加0 | 调心滚子轴承23308，内径 $d = 40$mm |
| ≥500及22、28、32 | | 用公称内径毫米数直接表示，但在与尺寸系列代号之间用"/"分开 | 调心滚子轴承230/500，内径 $d = 500$mm 深沟球轴承62/22，内径 $d = 22$mm |

2）尺寸系列代号：包括直径和宽（高）度系列代号，分别用基本代号右起第3、第4位数字表示。其中，直径系列代号表示内径相同而外径和宽度不同的轴承系列，宽（高）度系列代号表示内、外径相同而高（宽）度不同的轴承系列。轴承尺寸系列代号见表5-2-4。

表5-2-4　轴承尺寸系列代号

| 直径系列代号 | 向心轴承 | | | | | | 推力轴承 | | | | | |
|---|---|---|---|---|---|---|---|---|---|---|---|---|
| | 宽度系列代号 | | | | | | 高度系列代号 | | | | | |
| | 8 | 0 | 1 | 2 | 3 | 4 | 5 | 6 | 7 | 9 | 1 | 2 |
| | 尺寸系列代号 | | | | | | | | | | | |
| 7 | — | — | 17 | — | 37 | — | — | — | — | — | — | — |
| 8 | — | 08 | 18 | 28 | 38 | 48 | 58 | 68 | — | — | — | — |
| 9 | — | 09 | 19 | 29 | 39 | 49 | 59 | 69 | — | — | — | — |
| 0 | — | 00 | 10 | 20 | 30 | 40 | 50 | 60 | 70 | 90 | 10 | — |
| 1 | — | 01 | 11 | 21 | 31 | 41 | 51 | 61 | 71 | 91 | 11 | — |
| 2 | 82 | 02 | 12 | 22 | 32 | 42 | 52 | 62 | 72 | 92 | 12 | 22 |
| 3 | 83 | 03 | 13 | 23 | 33 | — | — | — | 73 | 93 | 13 | 23 |
| 4 | — | 04 | — | 24 | — | — | — | — | 74 | 94 | 14 | 24 |
| 5 | — | — | — | — | — | — | — | — | — | 95 | — | — |

注意：在轴承尺寸系列代号中，直径和宽（高）度代号并不代表具体的直径和宽（高）度数值。其中，直径系列代号不能省略；对于宽度系列代号，大多数窄系列轴承的代号0可以省略，但窄系列的圆锥滚子轴承和调心滚子轴承不可省略。

3）类型代号：代表轴承的类型，用基本代号中右起第5位数字或字母表示。常见滚动轴承的类型代号见表5-2-5。

**2. 前置代号和后置代号**

前置代号和后置代号是轴承在结构形状、尺寸、公差和技术要求等有改变时，在基本代号前后增加的补充代号。

1）前置代号：代表轴承的分部件，用字母表示。前置代号的含义见表5-2-6，没有分部件的轴承不用标注。

**表 5-2-5 常见滚动轴承的类型代号**

| 代号 | 轴 承 类 型 | 代号 | 轴 承 类 型 |
|---|---|---|---|
| 0 | 双列角接触球轴承 | N | 圆柱滚子轴承 |
| 1 | 调心球轴承 | | 双列或多列用字母 NN 表示 |
| 2 | 调心滚子轴承和推力调心滚子轴承 | U | 外球面球轴承 |
| 3 | 圆锥滚子轴承[a] | QJ | 四点接触球轴承 |
| 4 | 双列深沟球轴承 | C | 长弧面滚子轴承（圆环轴承） |
| 5 | 推力球轴承 | | |
| 6 | 深沟球轴承 | | |
| 7 | 角接触球轴承 | | |
| 8 | 推力圆柱滚子轴承 | | |

注：在代号后或前加字母或数字表示该类轴承中的不同结构。

**表 5-2-6 滚动轴承前置代号的含义**

| 代号 | 含 义 | 示 例 |
|---|---|---|
| L | 可分离轴承的可分离内圈或外圈 | LNU 207，表示 NU 207 轴承的内圈<br>LN 207，表示 N 207 轴承的外圈 |
| LR | 带可分离内圈或外圈与滚动体的组件 | — |
| R | 不带可分离内圈或外圈的组件<br>（滚针轴承仅适用于 NA 型） | RNU 207，表示 NU 207 轴承的外圈和滚子组件<br>RNA 6904，表示无内圈的 NA 6904 滚针轴承 |
| K | 滚子和保持架组件 | K 81107，表示无内圈和外圈的 81107 轴承 |
| WS | 推力圆柱滚子轴承轴圈 | WS 81107 |
| GS | 推力圆柱滚子轴承座圈 | GS 81107 |
| F | 带凸缘外圈的向心球轴承（仅适用于 $d \leqslant 10mm$） | F 618/4 |
| FSN | 凸缘外圈分离型微型角接触球轴承（仅适用于 $d \leqslant 10mm$） | FSN 719/5-Z |
| KIW- | 无座圈的推力轴承组件 | KIW-51108 |
| KOW- | 无轴圈的推力轴承组件 | KOW-51108 |

2）后置代号：代表轴承的内部结构、公差等，用字母和数字表示，见表 5-2-7。

**表 5-2-7 滚动轴承后置代号的含义**

| 后置代号 | | | | | | | | |
|---|---|---|---|---|---|---|---|---|
| 组别 | 1 | 2 | 3 | 4 | 5 | 6 | 7 | 8 | 9 |
| 含义 | 内部结构 | 密封与防尘与外部形状 | 保持架及其材料 | 轴承零件材料 | 公差等级 | 游隙 | 配置 | 振动及噪声 | 其他 |

详细前置、后置代号的含义及表示方法参见国标 GB/T 272—2017《滚动轴承 代号方法》。

## 四、滚动轴承的润滑及密封

### 1. 滚动轴承的润滑

为了减少摩擦、磨损，延长滚动轴承的使用寿命，需要对滚动轴承进行充分合理的润滑，此外，润滑还具有冷却降温、吸收振动、防锈和减小噪声等作用。

滚动轴承的润滑剂分为润滑油和润滑脂两种。选择润滑油还是润滑脂，取决于滚动轴承的转动速度。

1）当滚动轴承的轴径速度 $v < 5\text{m/s}$ 时，选用润滑脂润滑。润滑脂润滑的优点是一次填充可运转较长的时间，且润滑脂不容易流失，但润滑脂填充不是越多越好，过多的润滑脂会成为转动的阻力被甩出，且容易变质，一般只要填满空间的 $1/3 \sim 1/2$ 即可。

2）当滚动轴承的轴径速度较高时，应选用润滑油润滑。润滑油润滑的优点是液体的摩擦阻力小，具有散热和冷却的效果。润滑的方式可采用浸油润滑和飞溅润滑，浸油润滑的油面高度要低于最下方滚动体的中心，以免油面过高造成过度搅动润滑油，使油液发热。

**2. 滚动轴承的密封**

为了防止外部环境中的灰尘、水分和油污等杂质进入轴承内部，并阻止轴承内润滑剂的流失，滚动轴承需要进行合理的密封。

滚动轴承常用的密封方式有接触式密封、非接触式密封和组合式密封 3 类。

1）接触式密封。接触式密封适于低速工作场合，如图 5-2-28 所示。

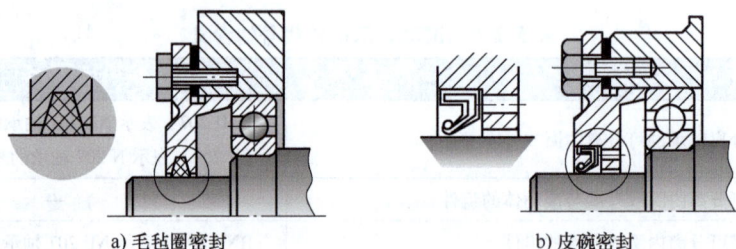

a) 毛毡圈密封                    b) 皮碗密封

**图 5-2-28　接触式密封**

2）非接触式密封。非接触式密封与轴不直接接触，适合于高速工作场合，如图 5-2-29 所示。

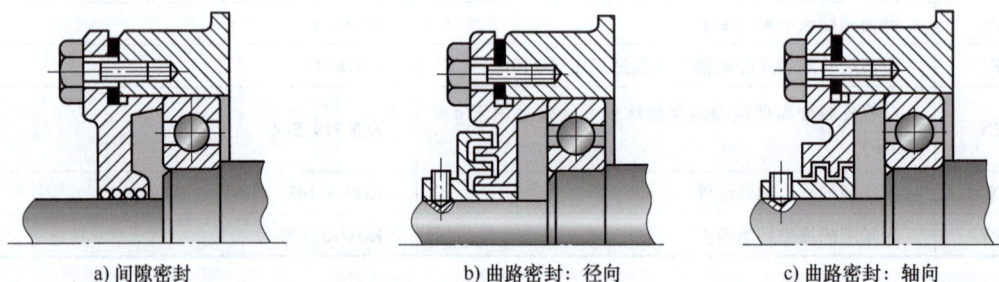

a) 间隙密封              b) 曲路密封：径向              c) 曲路密封：轴向

**图 5-2-29　非接触式密封**

3）组合式密封。组合式密封采用两种以上的密封形式组合在一起，密封效果更好，如图 5-2-30所示。

## 五、滚动轴承的失效

影响滚动轴承使用寿命的主要因素有载荷情况、润滑情况、装配情况、环境条件及材质或制造精度等。

滚动轴承常见的失效形式有疲劳点蚀、塑性变形和磨粒磨损等，如图 5-2-31 所示。

**1. 疲劳点蚀**

在有一定的润滑条件下，由于滚动体沿着滚动轴承的内

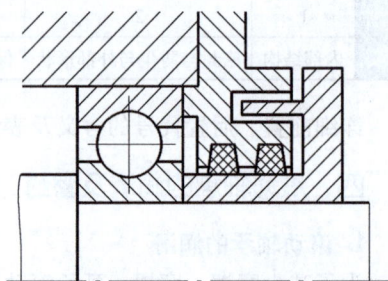

**图 5-2-30　组合式密封**

表面滚动，相互接触的表面产生循环接触应力变化，经过一定的循环运动次数后，套圈表层下形成微观裂纹，润滑油沿裂纹渗入座圈里。当润滑油受到挤压导致压力升高后，将挤裂表层的金属，出现点蚀现象。如果滚动轴承的润滑不好，则不会产生疲劳点蚀，而是发生磨损。

a) 疲劳点蚀　　　　　　　　　　　　b) 滚动体塑性变形

c) 断裂和裂纹　　　　　　　　　d) 磨损

e) 保持架断裂

图 5-2-31　滚动轴承的失效形式

### 2. 塑性变形

在静载荷和冲击载荷的作用下，其强度超过滚动轴承材料所允许的极限值，造成滚动体或座圈滚道上出现不均匀的塑性变形凹坑，使滚动体不能正常地在滚道上运转。座圈的塑性变形多发生在转速极低或摆动的滚动轴承中。

### 3. 磨粒磨损

滚动轴承在密封条件较差或多尘的条件下工作，由于粉尘或磨粒进入滚动轴承的滚道内，使滚动体与滚道之间产生磨粒磨损，在润滑条件较差时，转速越高，磨损越严重。所以，应当注意滚动轴承的密封保护与润滑油的清洁。此外，不正确的安装、拆卸及操作，也会造成滚动轴承元件的破裂。

# 第 二五 章

# 单元三  联轴器与离合器

## 学习目标

**1. 知识目标**

1）熟悉联轴器和离合器的功用、分类及特点。

2）理解联轴器与离合器的区别。

3）掌握几种常用联轴器和离合器的结构及使用场合。

**2. 能力目标**

能识别联轴器的类型，能列举汽车离合器的应用。

汽车起动之后，发动机不停地转动，但在行驶的过程中速度要不断变化，有时候还要停下来，又要求不能熄火，这就要求发动机与变速器之间有一种装置来控制汽车的运动，这种在运动过程中随时分离和接合的装置称为离合器。还有一种装置，只需要将两轴连接起来，不需要随时分离和接合，这种装置称为联轴器，如图 5-3-1 所示。

a) 离合器          b) 联轴器

图 5-3-1  联轴器和离合器

## 课题一  联轴器

在各种机械中，经常需要将不同机构的轴连接起来，以传递运动和动力，机械中的这种连接称为轴间连接。轴间连接需要用到联轴器和离合器。

联轴器和离合器是连接两轴，使其一起回转并传递转矩的一种机械装置。在图 5-3-2 所示的汽车传动系统中，发动机转轴的动力经离合器输出到传动轴，传动轴与车轮之间通过万向联轴器连接。值得注意的是：当两轴用联轴器连接时，需机器停转后才能将它们拆卸和分离；当两轴用离合器连接时，可在机器运转过程中随时使两者分离或接合。

联轴器和离合器的种类很多，其中大多数的结构和形式已经标准化，可根据需要进行选用。

联轴器主要用于连接两轴并传递运动和动力，有时也可作为传动系统中的安全装置，以防出现过载现象。联轴器能够补偿所连两轴由于制造及安装误差、承载后零件变形、轴承磨损及温度变化等原因产生的相对位移，如图 5-3-3 所示。

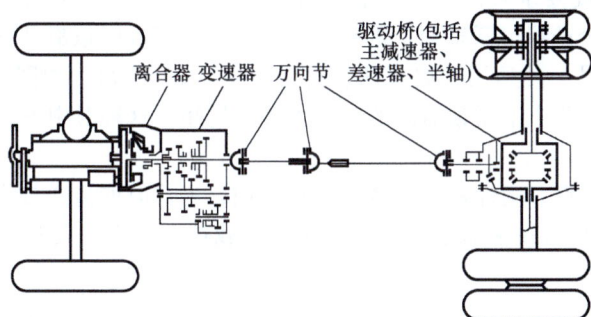

图 5-3-2　汽车传动系统示意图　　　　　　联轴器_高清

a) 轴线位移　　　　　b) 径向位移　　　　　c) 角度位移　　　　　d) 综合位移

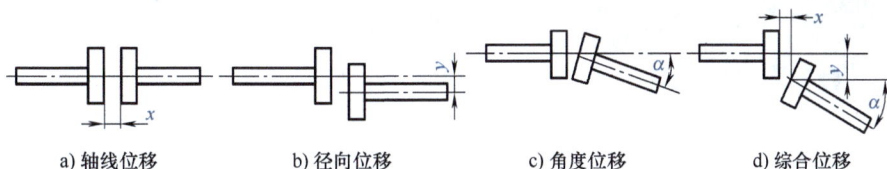

图 5-3-3　轴线偏移形式

联轴器的种类有很多，按是否含弹性元件可分为刚性联轴器和弹性联轴器。刚性联轴器可分为固定式和可移式两类。其中，可移式刚性联轴器能够补偿两轴间的相对位移，而固定式无法补偿。弹性联轴器可利用内部的弹性元件补偿轴间相对位移，同时还有缓冲减振的功能。

## 一、固定式刚性联轴器

常用的固定式刚性联轴器有套筒联轴器和凸缘联轴器等。这类联轴器结构简单、制造容易、承载能力大、成本低，但没有补偿轴线偏移的能力，常用于载荷平稳、转速稳定、两轴对中良好的场合。

### 1. 套筒联轴器

套筒联轴器如图 5-3-4a 所示，套筒用键或销连接。其结构简单、径向尺寸小，但对轴的同心度要求较高。用键连接的套筒联轴器传递的转矩较大，用销连接的套筒联轴器传递的转矩较小。销连接的套筒联轴器选用圆柱销过渡配合，需将轴和套筒联轴器一起配钻。

套筒联轴器与所连接的两轴端之间分别用键或销连接成一体，从而将两轴紧固在一起，如图 5-3-4b所示。其中，采用键连接时，轴可传递较大的转矩，但轴向需用紧定螺钉进行固定；采用销连接时，轴只能传递较小的转矩。套筒联轴器的结构简单而紧凑，容易制造，但拆装不方便，两轴的对中精度要求较高，故适用于低速、轻载、安装精度较高的场合。

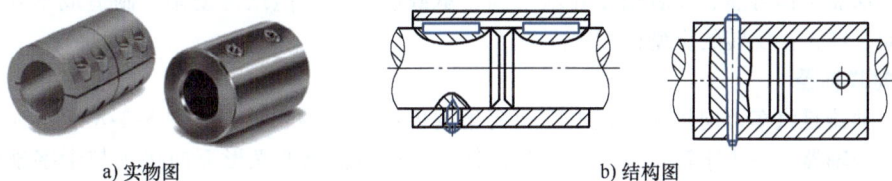

a) 实物图　　　　　　　　　　　　　　　b) 结构图

图 5-3-4　套筒联轴器

### 2. 凸缘联轴器

凸缘联轴器如图 5-3-5a 所示，两轴用键与半凸缘联轴器连接后，再用螺栓把两半凸缘联轴器连接在一起。其结构简单，可传递较大的转矩，但径向尺寸相对较大，对轴的同心度要求较高。

凸缘联轴器对两轴的对中精度要求较高，一般采用两种对中方式：一种是用配合螺栓对中（GY 型），如图 5-3-5b 所示，两个凸缘半联轴器上的螺栓孔需铰制，工作时依靠螺栓的剪切和螺栓杆与孔壁间的挤压传递转矩；另一种是用凸肩和凹槽进行对中（GYS 型），如图 5-3-5c 所示，它利用普通螺栓连接，工作时依靠两个半联轴器间的摩擦力传递转矩。这种对中方式的对中精度高，但拆装时，轴需进行径向移动。

凸缘联轴器结构简单、连接可靠、刚性好，安装和维护方便，工作时能传递较大的转矩，但对于两轴的对中性要求较高，故凸缘联轴器多用于转速不高、载荷变化平稳及对中精度良好的场合。

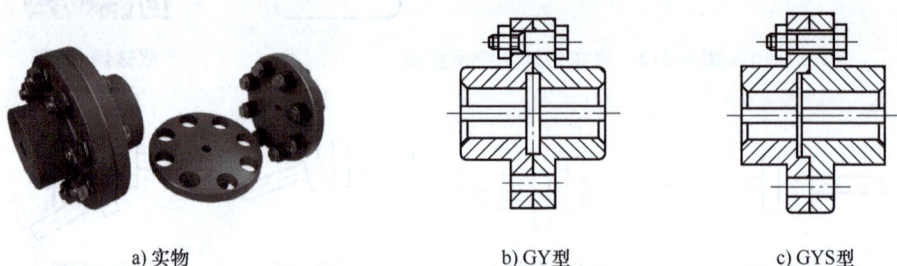

a) 实物  b) GY 型  c) GYS 型

图 5-3-5  凸缘联轴器

## 二、可移式刚性联轴器

常用的可移式刚性联轴器有十字滑块联轴器、齿式联轴器和万向联轴器等。

### 1. 十字滑块联轴器

如图 5-3-6 所示，十字滑块联轴器由两个端面开有径向凹槽的半联轴器和两端各有凸榫（两端榫头互相垂直）的十字滑块构成。工作时，十字滑块随两轴转动，同时滑块上的两榫可在两个半联轴器的凹槽中滑动，以补偿两轴间的径向位移。

十字滑块联轴器具有结构简单、制造方便，可补偿两轴间综合偏移等优点，但十字滑块会产生偏心转动，故适用于低速、无剧烈冲击、轴线相对位移较大的场合。

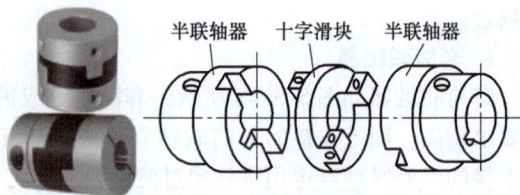

半联轴器  十字滑块  半联轴器

图 5-3-6  十字滑块联轴器

### 2. 齿式联轴器

如图 5-3-7 所示，齿式联轴器由两个有内齿的外壳和两个有外齿的内套筒组成。工作时靠内、外齿间的啮合传递转矩，但应保证齿轮间充分的润滑。通常将外齿的外圆制成球面，齿侧制成鼓形并保持较大的齿侧间隙，以补偿两轴间的径向位移。

齿式联轴器工作可靠、安装精度要求不高、承载能力强，但结构复杂、制造成本高，适用于需频繁起动、经常正反转的重型机械中。

### 3. 万向联轴器

万向联轴器是汽车万向传动装置中实现变角度传动的一种联轴器。图 5-3-8 所示为一种应用广泛的万向联轴器——十字轴式万向联轴器，分别装在两轴端的叉形万向接头与十字轴间通过滚针轴承连接。万向联轴器由两个叉形套筒和一个十字形轴组成，叉形套筒与两轴间一般采用销连接，且套筒可绕十字轴转动，从而允许两轴间产生较大夹角 $\alpha = 40° \sim 45°$。单十字万向联轴器（图 5-3-8a）工作时，由于夹角的存在，当主动轴做等角速度转动时，从动轴将做变角速度转动，从而在传动时引起附加载荷。为了克服这一缺点，可将两个单十字万向联轴器串联起来，得到双十字万向联轴器，如图 5-3-8b 所示，这样能够保证两轴同步转动。

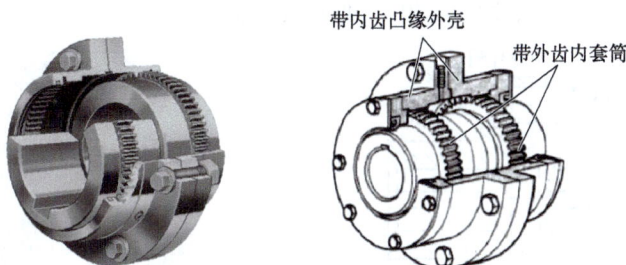

图 5-3-7　齿式联轴器

a) 单十字万向联轴器　　　　　　　　b) 双十字万向联轴器

图 5-3-8　万向联轴器

双万向节

### 三、弹性联轴器

弹性联轴器是靠联轴器内弹性元件的弹性变形来补偿轴线偏移、缓冲吸振的。

#### 1. 弹性套柱销联轴器

弹性套柱销联轴器如图 5-3-9 所示，锥端柱销固定在左半联轴器上，柱销上的橡胶弹性套伸入右半联轴器的孔中，传递两轴的转矩。弹性套具有一定的弹性，能补偿两轴线较小的偏移。其结构简单，安装方便，尺寸小，重量轻；适用于冲击载荷不大的中、小功率传动中，如铣床主电动机与主轴箱的连接，用于消除振动对加工表面质量的影响。

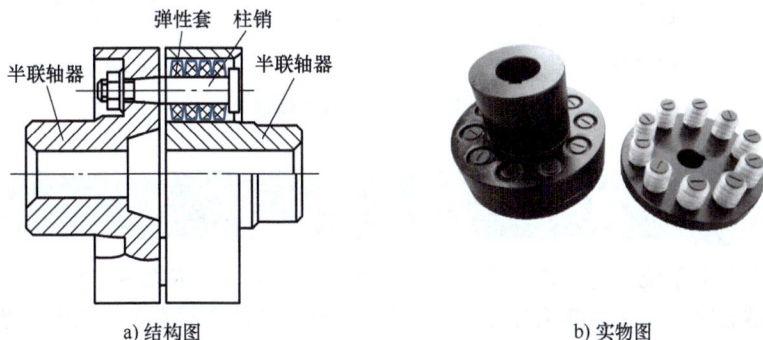

a) 结构图　　　　　　　　　　　b) 实物图

图 5-3-9　弹性套柱销联轴器

#### 2. 弹性柱销联轴器

弹性柱销联轴器如图 5-3-10 所示，它将非金属材料制成的柱销置于两半联轴器凸缘的孔中，以实现两轴的连接。柱销通常用具有一定弹性的尼龙制成，利用尼龙柱销传递转矩和补偿轴线偏移。为了防止柱销滑出，一般在柱销两端配置有挡板。

弹性柱销联轴器的优点是能够传递较大的转矩、结构简单、成本低廉，且具有一定的补偿两根轴轴线偏移的能力以及吸振和缓冲的能力；主要缺点是由于柱销材料的缘故，其工作温度受到限制。弹性柱销联轴器一般用于起动、换向频繁的高速轴之间的连接，其结构简单，制造容易，拆装方便，耐磨性好；适用于转矩较大的中、低速传动轴。

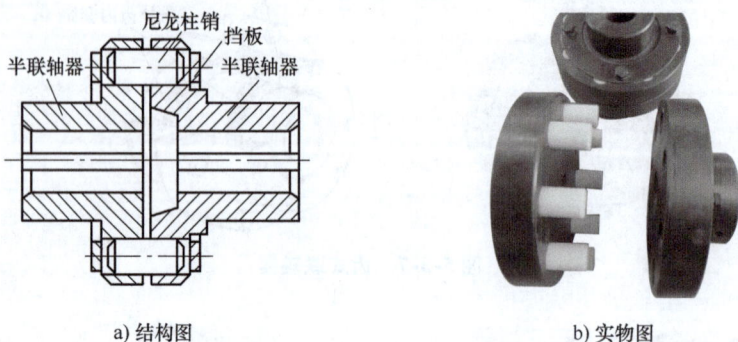

a) 结构图　　　　　　　　　　　　b) 实物图

图 5-3-10　弹性柱销联轴器

### 3. 蛇形弹簧联轴器

蛇形弹簧联轴器如图 5-3-11 所示，由两个带外齿圈的左、右半联轴器和齿间的蛇形弹簧组成，每一个齿圈上有 50～100 个齿，齿间的弹簧为 1～3 层，为了方便安装分成 6～8 段。蛇形弹簧联轴器的补偿轴线偏移能力强，适用于大功率的传动。

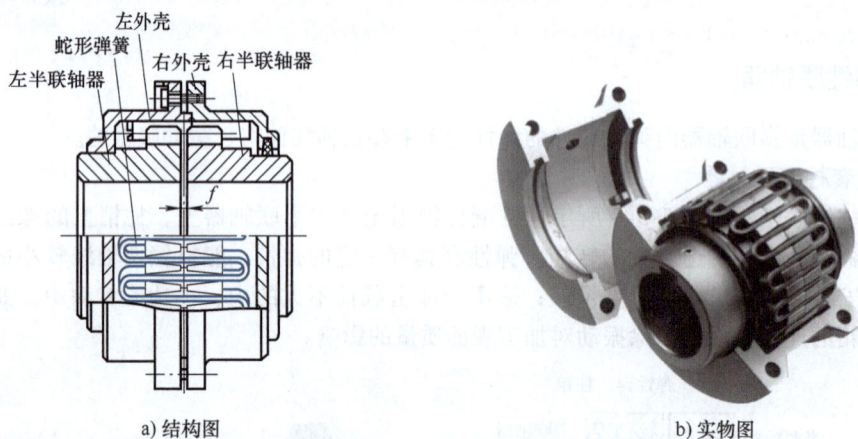

a) 结构图　　　　　　　　　　　　b) 实物图

图 5-3-11　蛇形弹簧联轴器

## 课题二　离合器

离合器是汽车传动系统中的重要组成部件，可通过操纵机构，依靠主、从动部件之间的摩擦，使发动机与变速器暂时分离和逐渐接合（图 5-3-12），常用的离合器有单片或多片摩擦式离合器。

### 一、离合器的功用

（1）保证汽车起步平稳　汽车起步是完全从静止状态转变到行驶状态的过程，在发动机起动后、汽车起步前，驾驶人踩离合器踏板将离合器分离，使发动机与传动系统脱开，再将变速器挂上档位，然后使离合器逐步接合。

（2）保证换档工作平顺　汽车在行驶过程中，为了适应不断变化的行驶状况，变速器需要经常换用不同档位工作。换档前必须将离合器分离，以便

离合器原理

中断动力，使原档位的啮合齿轮副脱开，并使变速器待接合部位的圆周速度逐渐相等（同步），以减轻其啮合时的冲击，换档完毕后，再使离合器逐渐接合，以使汽车换用不同档位行驶。

（3）防止传动系统过载　当汽车紧急制动时，驱动车轮突然减速，如果没有离合器，则发动机将因和传动系统刚性连接而急剧降低转速，使发动机和传动系统中的运动件产生很大惯性力矩（其数值将远远超过发动机正常工况下所发生的最大转矩），从而使传动系统过载而造成机件损坏。有了离合器，即使在紧急制动时驾驶人来不及分开离合器，由于离合器主、从动部分间的摩擦只能传递一定

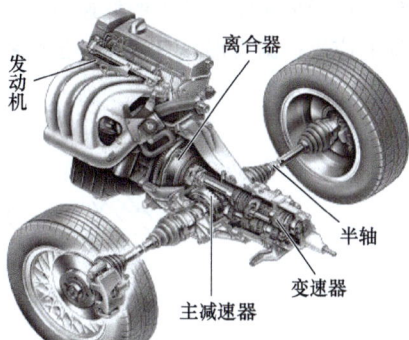

图 5-3-12　离合器

大小的转矩（约为发动机输出额定转矩的 1.4 ~ 2 倍），当惯性力矩超过此数值时，离合器则打滑，从而消除了传动系统过载的可能。因此，离合器限制了传动系统可能承受的最大转矩，同时防止了传动系统过载。

## 二、离合器的要求

1）保证能传递发动机发出的最大转矩，并且有一定的传递转矩能力。

2）能做到分离时彻底分离，接合时柔和，并具有良好的散热能力。

3）从动部分的转动惯量尽量小一些。这样，在分离离合器换档时，与变速器输入轴相连部分的转速就比较容易变化，从而减轻齿轮间的冲击。

4）具有缓和转动方向冲击、衰减该方向振动的能力，且噪声小。

5）压盘压力和摩擦片的摩擦系数变化小，工作稳定。

6）操纵省力，维修维护方便。

## 三、离合器的类型

按照离合的原理可分为牙嵌式离合器和摩擦式离合器。

### 1. 牙嵌式离合器

牙嵌式离合器由两个端面带牙的半离合器组成，如图 5-3-13 所示，其中，半离合器与轴之间采用平键联结。工作时，移动操纵滑环使半离合器沿轴向移动，从而控制离合器的接合或分离。当两个半离合器端面的牙相互嵌合时即可传递运动和转矩。为了方便对中，在主动轴端的半离合器中安装有对中环，从动轴端可在对中环内自由移动。

a) 实物图

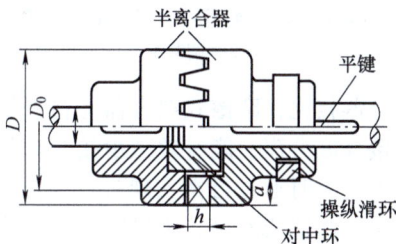
b) 结构图

图 5-3-13　牙嵌式离合器

牙嵌式离合器中常用的牙型有三角形、方形、梯形和锯齿形，如图 5-3-14 所示。其中，三角

形牙常用于传递中小转矩的低速离合器；梯形牙能够自动补偿磨损后产生的牙侧间隙，因而具有广泛的应用；锯齿形具有很高的强度和承载能力，但只能单向工作。

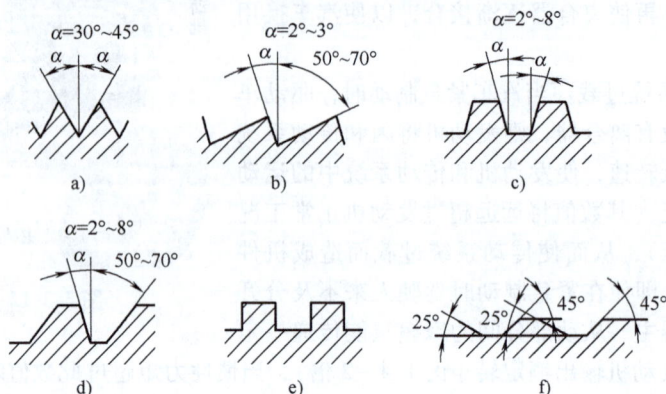

图 5-3-14　牙嵌式离合器的齿形

牙嵌式离合器结构简单、尺寸紧凑，能传递较大的转矩，安装后无需经常调整，但接合时存在冲击和噪声，故多用于低速或静止状态接合的场合。

**2. 摩擦式离合器**

摩擦式离合器是通过摩擦盘接触面之间的摩擦力来传递运动和动力的。常用的摩擦式离合器为多片摩擦离合器，其结构如图 5-3-15a 所示。外轮毂内通过花键联结外摩擦片，如图 5-3-15b 所示，并可与主动轴一起转动；套筒上通过花键联结内摩擦片，如图 5-3-15c 所示，并可带动从动轴一起转动。当集电环向左移动时，杠杆通过压板将内、外摩擦片压紧，离合器进入接合状态，两组摩擦片之间的摩擦力使主动轴和从动轴一起转动。

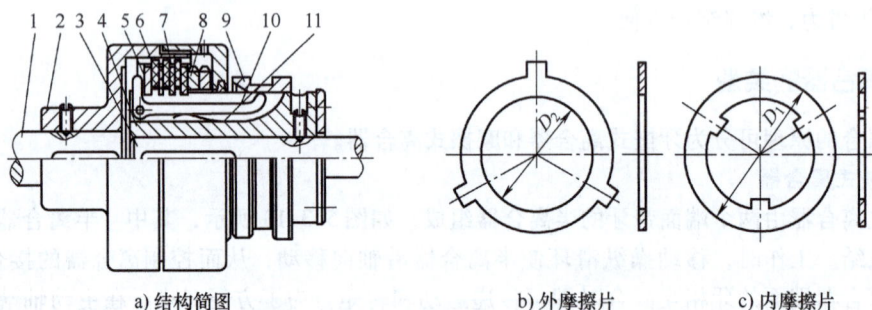

a) 结构简图　　　　　b) 外摩擦片　　　c) 内摩擦片

图 5-3-15　摩擦式离合器的结构

1—主动轴　2—外轮毂　3—从动轴　4—套筒　5—压板　6—外摩擦片　7—内摩擦片
8—调节螺母　9—集电环　10—杠杆　11—弹簧

与牙嵌式离合器相比，摩擦式离合器能在任何转速差时实现两轴的接合或分离，能有效减少接合时的振动和冲击，并在转矩过大时通过打滑实现过载保护；其缺点主要是结构复杂，制造成本高，工作时容易造成发热和磨损。摩擦式离合器适用载荷范围大，应用广泛，例如在汽车传动系统中，通常采用摩擦式离合器实现发动机转轴与变速器输入轴之间的接合与分离，如图 5-3-16 所示。

图 5-3-16　摩擦式离合器

# 单元四    连接

## 学习目标

**1. 知识目标**

1) 掌握键联结的作用、特点、类型和应用。

2) 掌握销的作用、分类、特点和应用。

3) 掌握螺纹的类型和特点，掌握螺纹联接的主要类型和应用。

4) 掌握螺纹紧固件的类型。

5) 掌握螺纹联接的预紧与防松方法。

6) 了解汽车上常用的弹性连接。

7) 了解汽车上常用的不可拆连接。

**2. 能力目标**

1) 具有识别键联结、销联接、螺纹联接等连接方式的能力。

2) 具有分析各种连接方式的能力。

汽车的机械部分通常由若干零部件组成，而零部件间需要有一定形式的连接才能构成一定功能的机构。有些连接是不可以拆卸的，有些是可以拆卸的，如轴和轮毂之间常采用键联结，如图 5-4-1 所示。

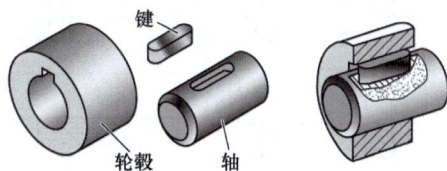

键
轮毂    轴

图 5-4-1　键联结

## 课题一    键联结

连接件是将两个或两个以上零件合成一体的结构。通常根据机器制造、安装和维修等不同要求，采用不同的连接方法。

1) 可拆连接。当拆开连接时，无须破坏或损伤连接中的任何零件，这种连接称为可拆连接，如螺纹联接、键联结和销联接等。

2) 当拆开零件时，至少要破坏或损伤连接中的一个零件，这种连接称为不可拆连接，如胶结、铆接和焊接等。

3) 过盈连接。利用包容件和被包容件之间的过盈量将两个零件连接成一体，这种连接称为过盈连接。过盈连接既可以做成可拆的连接，也可以做成不可拆的连接。

## 一、键联结的类型

键联结是一种可拆连接。键用于连接轴和轴上的传动件（如齿轮、带轮等），使轴和传动件一起转动，以传递转矩和旋转运动。

键是标准件，键有普通平键、半圆键和楔键等，常用的是普通平键。图 5-4-2 所示为普通平键联结的情况，在轴和轮毂上分别加工出键槽，装配时先将键嵌入轴的键槽内，再将轮毂上的键槽对准轴上的键，把轮子装在轴上。传动时，轴和轮便一起转动。

键的种类很多，根据键在联结中的松紧状态，键联结可分为松键联结和紧键联结两大类。其中，松键联结包括普通平键联结、导向平键联结、滑键联结、花键联结和半圆键联结 5 种联结，紧键联结包括楔键联结和切向键联结两种联结。在键联结中普通平键应用最广。

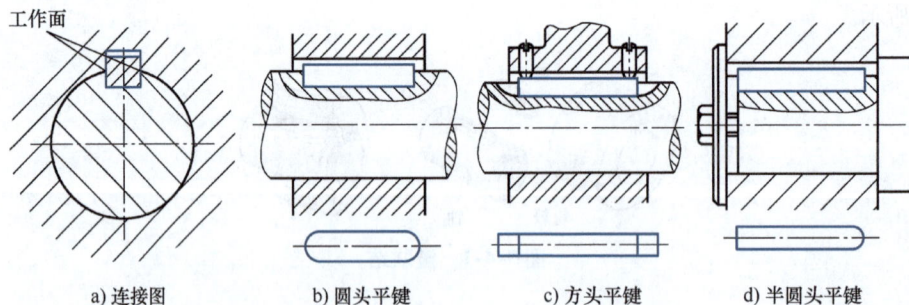

a) 键　　b) 在轴上加工键槽　　c) 在轮毂上加工键槽

d) 将键嵌入键槽内　　e) 键与轴同时装入轴孔

图 5-4-2　键联结

### 1. 松键联结

1）普通平键联结。图 5-4-3a 所示为普通平键联结的剖面图，可以看出，其上表面与键槽的底面之间留有一定空隙，两个侧面为工作面，故对中性好、结构简单、拆卸方便。根据形状不同，平键可分为圆头平键（A 型）、方头平键（B 型）和半圆头平键（C 型）3 类。其中，圆头平键的应用最为广泛，方头平键需要螺钉固定，半圆头平键多用于轴端连接。

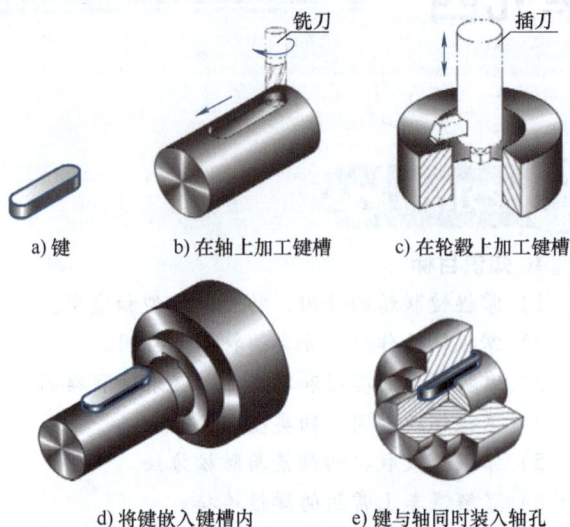

a) 连接图　　b) 圆头平键　　c) 方头平键　　d) 半圆头平键

图 5-4-3　普通平键联结的剖面图

普通平键一般用中碳钢制成，常用 45 钢。

2）导向平键与滑键联结。导向平键和滑键用于动连接，轴与轮毂之间能相对轴向移动。图 5-4-4a 所示为导向平键联结，由于尺寸较长，一般用螺钉将键固定在轴上，工作时，轮毂可沿键在轴向移动。图 5-4-4b 所示为滑键联结，滑键固定在轮毂上，随轮毂在轴上键槽内移动。导向平键和滑键装卸方便、工作可靠，多用于高精度连接，如变速器内滑动齿轮与轴的连接。

3）花键联结。花键由多个键齿和键槽在轴和轮毂孔周向分布而成，如图 5-4-5 所示。花键联结工作时依靠键齿侧面与键槽侧面的相互挤压传递运动和转矩。花键联结的特点是：键齿均匀分布，工作面积大，承载能力强，且受力均匀；齿槽浅，轴上应力集中小；轴上零件导向性好，定心精度较高。但花键加工难度大，需要专用设备，故制造成本高。

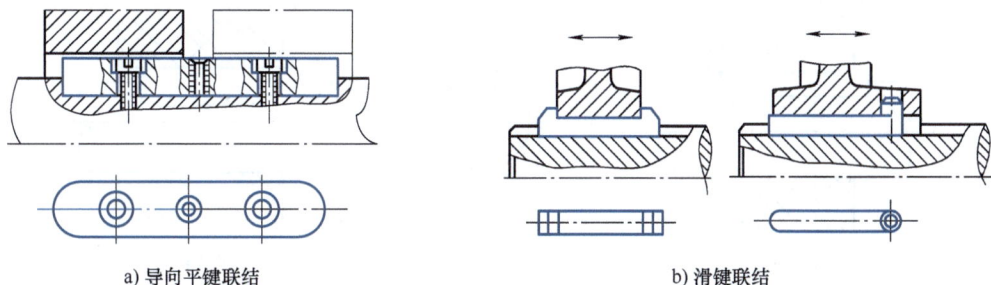

a) 导向平键联结　　　　　　　　　　b) 滑键联结

**图 5-4-4　导向平键和滑键联结**

汽车上的半轴与轮毂的连接，以及图 5-4-6 所示的自动变速器的离合器和小太阳轮的连接都采用了花键联结。

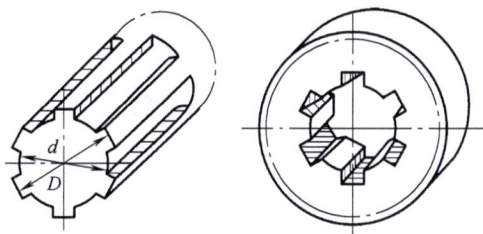

**图 5-4-5　花键联结**

**图 5-4-6　离合器与小太阳轮的花键联结**

4）半圆键联结。半圆键联结的工作面为两个侧面。装配时，半圆键可在键槽内绕自身轴线转动，以适应轮毂的倾斜角度，因而具有良好的装配性。但弧形键槽对轴的强度削弱较大，故多用于轴端、轻载的场合，如图 5-4-7 所示。

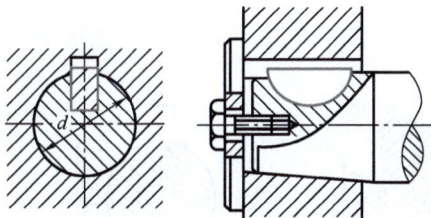

**图 5-4-7　半圆键联结**

**2. 紧键联结**

1）楔键联结。在楔键联结中，楔键的上表面和键槽都开有 1∶100 斜度，如图 5-4-8 所示。按照结构不同，楔键联结可分为普通楔键联结和钩头楔键联结。楔键的上、下面为工作表面，左、右侧面平行，并与轮毂间有间隙。装配时，依靠外力压进键槽，通过上、下面分别与轮毂和键槽工作面间的摩擦传递转矩，并能承受较小的轴向力。由于装配楔键时会产生偏心，降低了定心精度，故楔键联结适用于低速、轻载、旋转精度要求不高的场合。

2）切向键联结。如图 5-4-9a 所示，切向键由一对斜度为 1∶100 的楔键沿斜面拼合而成，其工作面为拼合后相互平行的两个窄面，单个切向键只能传递单向转矩，如图 5-4-9b 所示。传递双向转矩时，必须使用一对方向相反、在周向成 120° 布置的切向键，如图 5-4-9c 所示。由于切向键联结对轴强度的削弱较大，故多用于直径大于 100cm 的轴，如飞轮、带轮轴等。

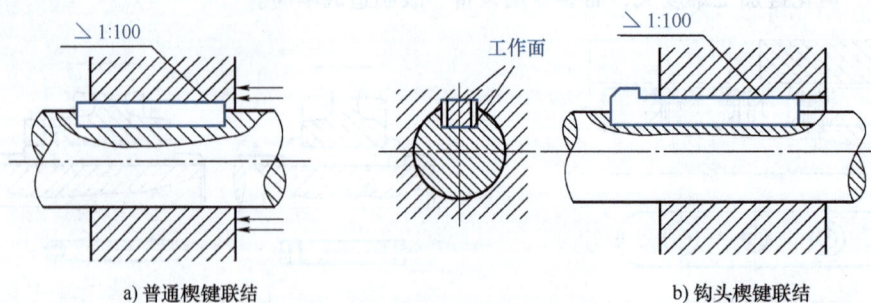

a) 普通楔键联结                    b) 钩头楔键联结

**图 5-4-8　楔键联结**

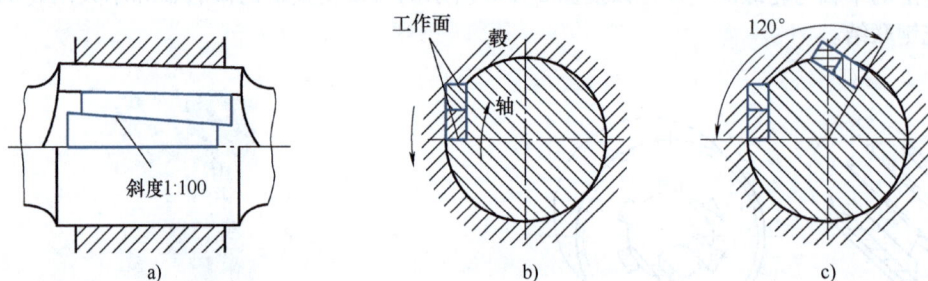

a)                    b)                    c)

**图 5-4-9　切向键联结**

## 二、普通平键联结的选用

普通平键在机械中应用十分广泛，其结构和尺寸已经标准化。在设计平键联结时，首先根据工作要求选择合适的平键类型，如图 5-4-10 所示；然后根据连接处的轴颈 $d$ 从国标中选取对应平键的宽度 $b$ 和高度 $h$，再根据轮毂宽度在标准长度系列中选择合适的键长 $L$，注意 $L$ 应比轮毂宽度略小，具体见表 5-4-1。

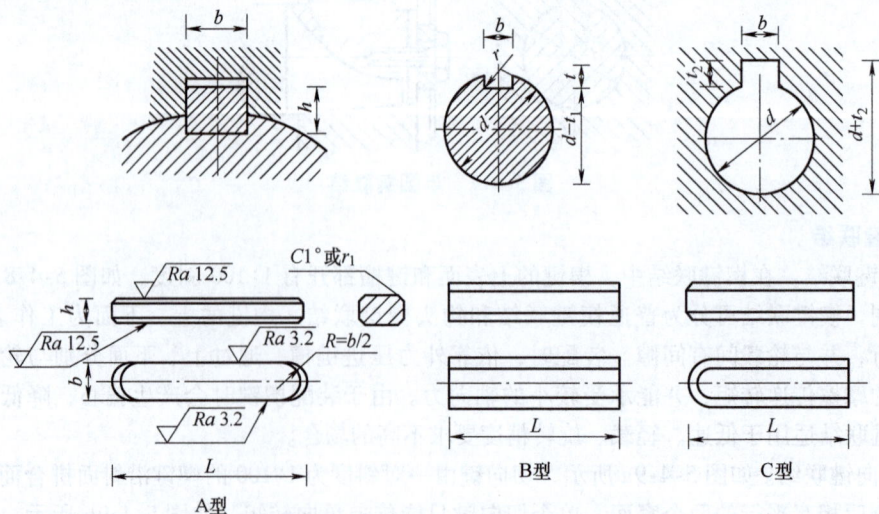

**图 5-4-10　普通平键和键槽的尺寸标注**

表 5-4-1　普通平键、导向平键和键槽的剖面尺寸及公差　　　（单位：mm）

| 轴 | 键 | | | 键 槽 | | | | | | | | | | |
|---|---|---|---|---|---|---|---|---|---|---|---|---|---|---|
| | | | | 宽度 b | | | | | 深度 | | | | 半径 r | |
| | | | | 极限偏差 | | | | | 轴 $t_1$ | | 毂 $t_2$ | | | |
| 公称直径 d | b (h9) | h (h11) | L (h14) | 较松键联结 | | 一般键联结 | | 较紧键联结 | 公称尺寸 | 极限偏差 | 公称尺寸 | 极限偏差 | 最小 | 最大 |
| | | | | 轴 H9 | 毂 D10 | 轴 N9 | 毂 JS9 | 轴和毂 P9 | | | | | | |
| >10~12 | 4 | 4 | 8~45 | +0.030 0 | +0.078 +0.030 | 0 -0.030 | ±0.015 | -0.012 -0.042 | 2.5 | +0.1 0 | 1.8 | +0.1 0 | 0.08 | 0.16 |
| >12~17 | 5 | 5 | 10~56 | | | | | | 3.0 | | 2.3 | | | |
| >17~22 | 6 | 6 | 14~70 | | | | | | 3.5 | | 2.8 | | | |
| >22~30 | 8 | 7 | 18~90 | +0.036 0 | +0.098 +0.040 | 0 -0.036 | ±0.018 | -0.015 -0.051 | 4.0 | | 3.3 | | 0.16 | 0.25 |
| >30~38 | 10 | 8 | 22~110 | | | | | | 5.0 | | 3.3 | | | |
| >38~44 | 12 | 8 | 28~140 | +0.043 0 | +0.120 +0.050 | 0 -0.043 | ±0.0215 | -0.018 -0.061 | 5.0 | | 3.3 | | | |
| >44~50 | 14 | 9 | 36~160 | | | | | | 5.5 | +0.20 0 | 3.8 | +0.20 0 | 0.25 | 0.40 |
| >50~58 | 16 | 10 | 45~180 | | | | | | 6.0 | | 4.3 | | | |
| >58~65 | 18 | 11 | 50~200 | | | | | | 7.0 | | 4.4 | | | |
| >65~75 | 20 | 12 | 56~220 | +0.052 0 | +0.149 +0.065 | 0 -0.052 | ±0.026 | -0.022 -0.074 | 7.5 | | 4.9 | | 0.40 | 0.60 |
| >75~85 | 22 | 14 | 63~250 | | | | | | 9.0 | | 5.4 | | | |
| >85~95 | 25 | 14 | 70~280 | | | | | | 9.0 | | 5.4 | | | |
| >95~110 | 28 | 16 | 80~320 | | | | | | 10.0 | | 6.4 | | | |
| L 系列 | 6, 8, 10, 12, 14, 16, 18, 20, 22, 25, 28, 32, 36, 40, 45, 50, 56, 63, 70, 80, 90, 100, 110, 125, 140, 160, 180, 200, 220, 250, 280, 320, 360, 400, 450, 500 | | | | | | | | | | | | | |

注：1. 在工作图中，轴槽深用 $t_1$ 或 $(d-t_1)$ 标准，但 $(d-t_1)$ 的偏差应取负号；毂槽深用 $t_2$ 或 $(d+t_2)$ 标注，轴槽的长度公差用 H14。

2. 较松键联结用于导向平键，一般键联结用于载荷不大的场合，较紧键联结用于载荷较大，有冲击和双向转矩的场合。

3. 轴槽对轴的输线和轮毂槽对孔的轴线的对称度公差等级，一般按 GB/T 1184—1996 取为 7~9 级。

## 课题二　销联接

### 一、销的类型

销是标准件，销联接也是一种可拆连接。

销的形式很多，根据销的形状分，常用的有圆柱销、圆锥销和开口销等三大类，它们的尺寸参数均已标准化，在设计时可根据需要查阅相关标准手册。

**1. 圆柱销**

如图 5-4-11 所示，圆柱销利用微量过盈固定在销孔中，经过多次拆装后，连接的紧固性及精度降低，故只宜用于不常拆卸处。

**2. 圆锥销**

如图 5-4-12 所示，圆锥销标准锥度为 1∶50，有些圆锥销的中部切有凹槽，可防止圆锥销轴向窜动。圆锥销拆装比圆柱销方便，多次拆装对连接的紧固性及定位精度影响较小，因此应用广泛。

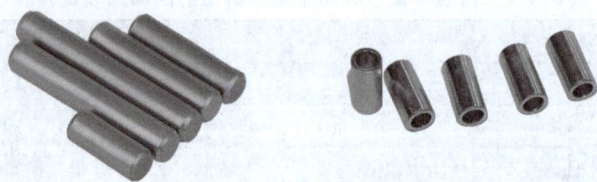

图 5-4-11　圆柱销

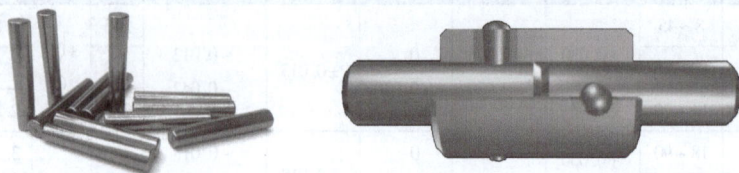

图 5-4-12　圆锥销

### 3. 开口销

如图 5-4-13 所示，开口销常与槽形螺母相配合来防止螺纹联接的松动。

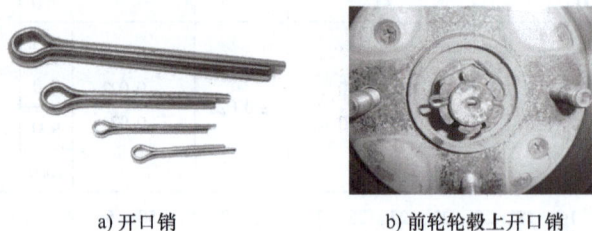

a) 开口销　　　　　　　b) 前轮轮毂上开口销

图 5-4-13　开口销

## 二、销联接

销联接在工程中应用较为广泛，根据销联接的用途，所用的销可分为定位销、连接销和安全销。

### 1. 定位销

用于固定零件间的相互位置的销称为定位销。定位销通常不能承受载荷或承受很小的载荷，其直径一般根据结构的需要确定，数目一般不低于两个。汽车上应用的定位销有很多，如发动机缸体上就有定位销，如图 5-4-14 所示。

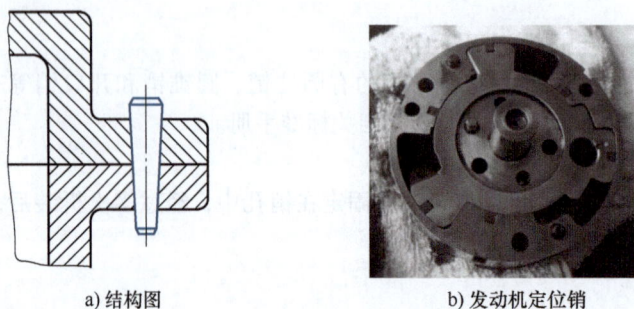

a) 结构图　　　　　　　b) 发动机定位销

图 5-4-14　定位销

### 2. 连接销

用于轴与轮毂或其他零件连接、可传递转矩不大的销称为连接销。起连接作用的销有两类：带孔销和销轴，销轴一般在机器的密封连接处，起到定位的作用，如图 5-4-15 所示。带孔销通常用于两构件连接处，并用开口销锁定。带孔销的拆卸十分方便，汽车的加速踏板、制动踏板及有些汽车操纵装置中连接杆的销轴都属于这类零件。汽车上起销轴作用的销有很多，有的并不是标准件，例如，汽车转向节上的主销（图 5-4-16）、发动机活塞销（图 5-4-17）就属于此类。

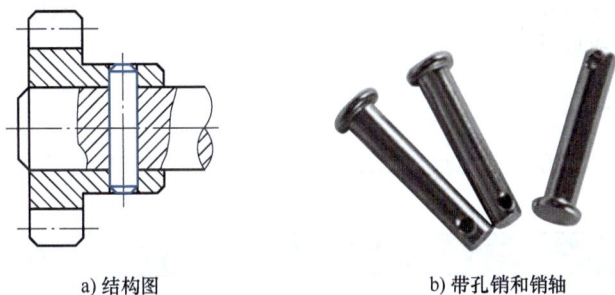

a) 结构图　　　　　　　　b) 带孔销和销轴

**图 5-4-15　连接销**

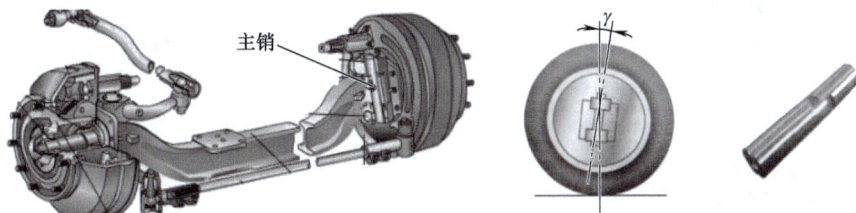

主销

**图 5-4-16　主销**

### 3. 安全销

安全销主要用于机器和传动装置的过载保护，如图 5-4-18 所示。

销钉

钢套

**图 5-4-17　发动机活塞销**　　　　　**图 5-4-18　安全销**

安全销不是标准件，通常依据额定载荷来设计。当传递的横向力或转矩超过额定载荷时，销就会被切断，从而使被连接件免遭损坏。为了起到过载保护作用，必要时还可在安全销上切出槽口，并应考虑切断后不易飞出。

### 三、销的材料

销的常用材料为 35 钢或 45 钢。开口销的常用材料为低碳钢；安全销的材料为 35 钢、45 钢、50 钢、T8A、T10A 等，热处理后硬度为 30～36HRC。销套的常用材料为 45 钢、35SiMn、40Cr 等，热处理后硬度为 40 ~ 50HRC。

## 课题三　螺纹联接

螺纹联接是汽车中广泛应用的可拆卸连接方式，螺纹联接具有结构简单、连接可靠、拆装方便和成本低等特点。汽车发动机的许多部位都要采用螺纹联接，如气门室盖与气缸盖上平面的连接、气缸盖与气缸体的连接、油底壳与气缸体下平面的连接、凸轮轴座与气缸盖的连接、曲轴轴承盖与气缸体的连接、连杆轴承盖与连杆大头的连接、发动机侧盖与机体的连接。此外，汽车的底盘也应用了大量的螺纹联接。

### 一、连接用螺纹类型

常用的螺纹有联接螺纹和传动螺纹，联接螺纹常用普通螺纹和管螺纹，见表5-4-2。

表 5-4-2　常用联接螺纹牙型

| 普 通 螺 纹 | 管 螺 纹 |
|---|---|
| 　普通螺纹 | 　圆柱管螺纹 |
| 　60° | 　55° |

#### 1. 普通螺纹

普通螺纹的牙型为等边三角形，牙型角为60°。对于同一公称直径，按螺距的大小可分为粗牙普通螺纹和细牙普通螺纹。粗牙普通螺纹常用于一般连接，细牙普通螺纹自锁性好，强度高，常用于细小零件、薄壁零件，或常用于受冲击、振动零件和变载荷的连接，有时也用于微调机构。

#### 2. 管螺纹

管螺纹的牙型角为55°，适用于管子、管接头、旋塞、阀门等螺纹联接件。55°非密封的管螺纹本身不具有密封性，若要求连接后具有密封性，可压紧被联接件螺旋副外的密封面，也可在密封面间添加密封物；55°密封的管螺纹在螺纹旋合后，利用本身的变形即可保证联接的密封性，不需要任何填料，密封简单。

#### 3. 常用的螺纹联接件

螺纹联接件是指起连接和紧固作用的零件，常用的螺纹联接件有螺栓、双头螺柱、螺钉、螺母和垫圈等，如图5-4-19所示。它们的结构、尺寸都已标准化，使用时可从相应的标准中查出所需的结构尺寸。

### 二、螺纹的联接类型

常用的螺纹联接有螺栓联接、螺柱联接和螺钉联接。

#### 1. 螺栓联接

螺栓的杆部为圆柱形，一端与六角形或圆形头部连成一体，另一端制成普通螺纹，中间段为没有螺纹的圆柱体。联接零件时，螺栓穿过被联接件的通孔，用垫片、螺母把螺栓锁紧，如图 5-4-20 所示。普通螺栓联接的工件内孔大于螺栓的杆径，为杆径的 1.1 倍，螺栓容易穿过连接孔。螺栓的头部形状以外六角、内六角和圆头的形状较多。

a) 开槽圆柱头螺钉　b) 圆柱头内六角螺钉　c) 沉头十字槽螺钉　d) 开槽无头紧定螺钉　e) 六角头螺栓

f) 双头螺柱　　　g) 圆螺母　　　h) 六角开槽螺母　　　i) 平垫圈　　　j) 弹簧垫圈

图 5-4-19　常用的螺纹联接件

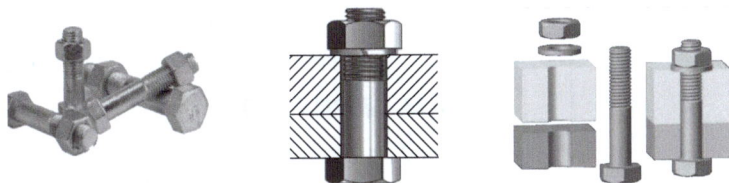

图 5-4-20　螺栓联接

### 2. 螺柱联接

有些被联接件的厚度较大，不方便做成通孔，就直接在被联接件上做出内螺纹。联接时去掉螺栓的头部，在螺栓的圆柱体上做出外螺纹，成为双头螺柱，将双头螺柱的一端拧入被联接件内螺纹中，再与另一被联接件相联接，如图 5-4-21 所示。

图 5-4-21　螺柱联接

### 3. 螺钉联接

螺钉联接按用途可分为连接螺钉和紧定螺钉两种，前者用于联接零件，后者用于固定零件。

1）联接螺钉。连接螺钉用于受力不大和经常拆卸的场合。如图 5-4-22 所示，装配时将螺钉直接穿过被联接零件上的通孔，再拧入另一被连接零件上的螺孔中，靠螺钉头部压紧被联接零件。

2）紧定螺钉。紧定螺钉用来固定两个零件的相对位置，使它们不产生相对运动。如图 5-4-23 中的轴和齿轮（图中齿轮仅画出轮毂部分），用一个开槽锥端紧定螺钉旋入轮毂的螺孔，使螺钉端部的 90°锥顶与轴上的 90°锥坑压紧，从而固定了轴和齿轮的相对位置。

螺纹联接在机械设备中应用广泛，在汽车中大量存在。比如发动机主轴承盖使用螺栓联接对主轴承盖进行紧固，发动机气缸盖使用双头螺柱联接对气缸盖进行固定，制动系统中的制动盘使用螺钉联接对制动盘进行定位，如图 5-4-24 所示。

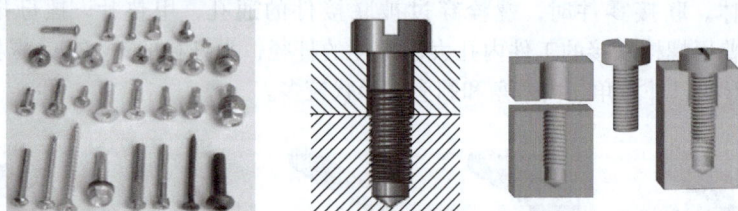

图 5-4-22　螺钉联接

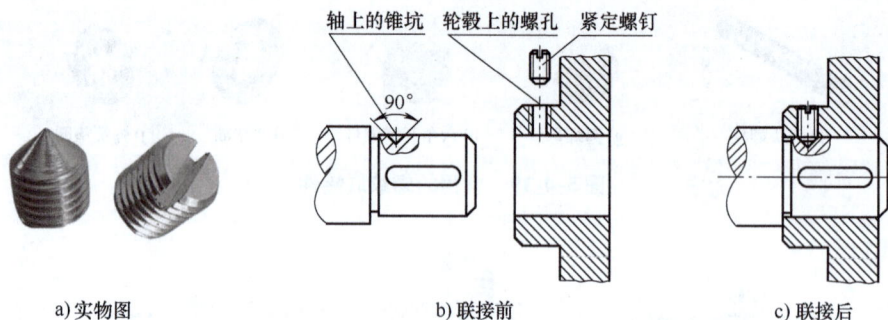

轴上的锥坑　轮毂上的螺孔　紧定螺钉

a) 实物图　　　　　　b) 联接前　　　　　　c) 联接后

图 5-4-23　紧定螺钉联接

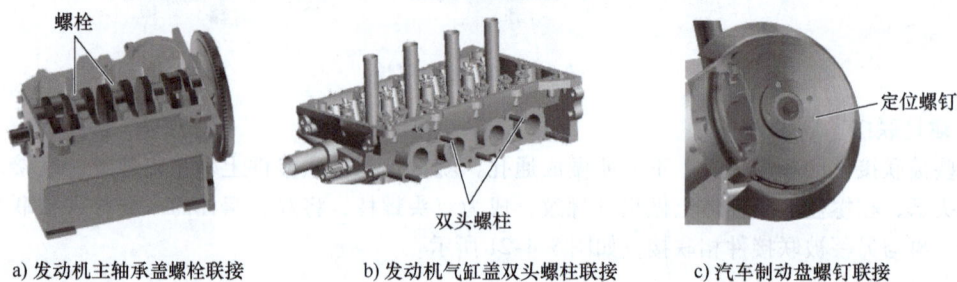

螺栓　　　　　　　　　　　　　　　　　　　　　　定位螺钉

双头螺柱

a) 发动机主轴承盖螺栓联接　　b) 发动机气缸盖双头螺柱联接　　c) 汽车制动盘螺钉联接

图 5-4-24　螺纹联接在汽车中的应用

## 三、螺纹联接的预紧与防松

### 1. 螺纹联接的预紧

螺纹联接在承受工作载荷之前，一般需要拧紧，拧紧可提高连接的紧密性、紧固性和可靠性。

若预紧力过大，螺栓可能被拧断，螺纹牙可能被剪断而滑扣，被联接件可能被压碎；若预紧力过小，紧固件可能松脱，螺栓疲劳寿命缩短，被联接件可能出现滑移或分离。因此，常采用指针式测力矩扳手或预置式定力矩扳手（图 5-4-25）控制拧紧力矩，从而控制预紧力。

汽车发动机缸盖的螺栓属于有紧密性要求的螺栓，其他如曲轴主轴承盖螺栓，进、排气管螺栓，连杆螺栓等都要求控制预紧力，不同发动机的拧紧力矩在设计时根据总拉力及螺栓强度等因素计算出了规定的数值。例如，上海桑塔纳轿车发动机气缸盖拧紧时需要 4 次完成，第 1 次拧紧力矩为 40N·m，第 2 次拧紧力矩为 60N·m，第 3 次拧紧力矩为 75N·m，第 4 次继续转 90°。在操作时，可选用力矩扳手严格按照要求拧紧。

### 2. 螺纹联接的防松

联接螺纹常为单线，满足自锁条件。拧紧后，螺纹联接一般不会松动。但是，在变载荷、冲击和振动的作用下，在工作温度急剧变化时，都会使预紧力减小，摩擦力降低，导致螺旋副相对转动，使螺纹联接松动，其危害很大，必须采取防松措施。汽车上有很多紧固件都不允许松脱，如果松脱往往会造成严重事故。因此，螺栓联接应考虑可靠的防松措施。

螺纹联接防松的方法有很多，按工作原理不同可分为摩擦防松、机械防松和不可拆防松。

1）摩擦防松。摩擦放松是使螺旋副中产生不随外力变化的正压力，以形成阻止螺旋副相对转动的摩擦力的方法。对顶螺母（图5-4-26）防松效果较好，金属自锁螺母次之，弹簧垫圈效果较差。这种方法常用于机械外部静止构件的连接，以及防松要求不严格的场合。

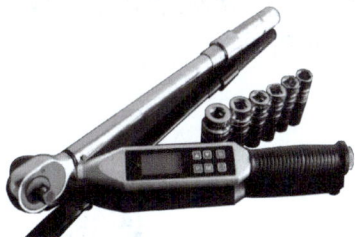

图 5-4-25 测力矩扳手

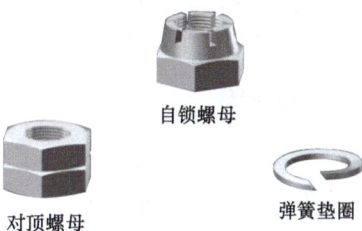

图 5-4-26 摩擦防松

2）机械防松。机械防松主要有加装开槽螺母与开口销、圆螺母与止动垫圈、止动片、串联钢丝等，如图5-4-27所示。

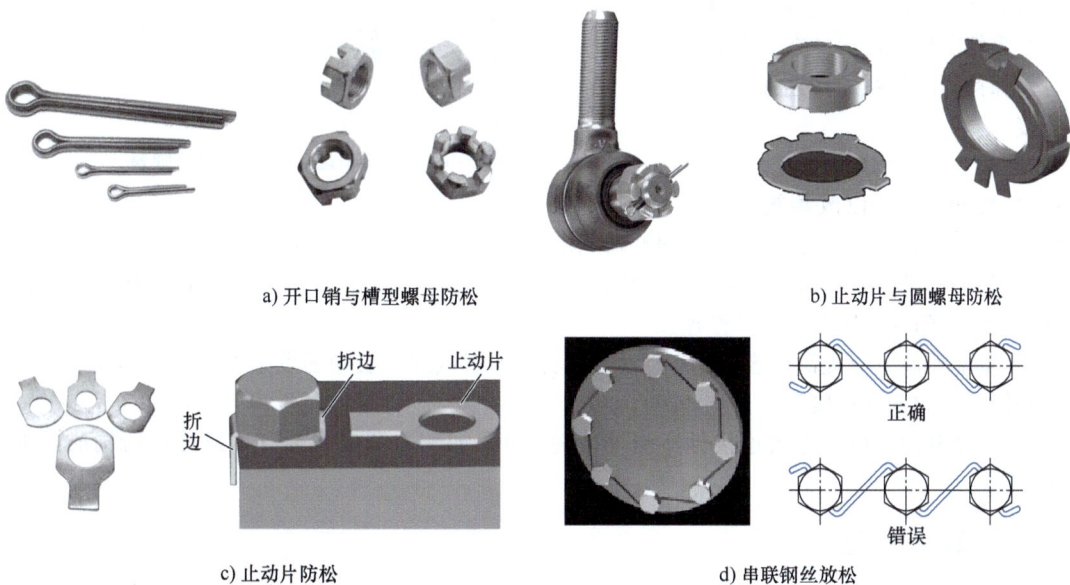

a) 开口销与槽型螺母防松

b) 止动片与圆螺母防松

c) 止动片防松

d) 串联钢丝放松

图 5-4-27 机械防松

3）不可拆防松。在螺旋副拧紧后，采用端铆、冲点、焊接和胶接等措施，是螺纹联接不可拆的方法（图5-4-28）。这种方法简单可靠，适用于装配后不再拆卸的连接。

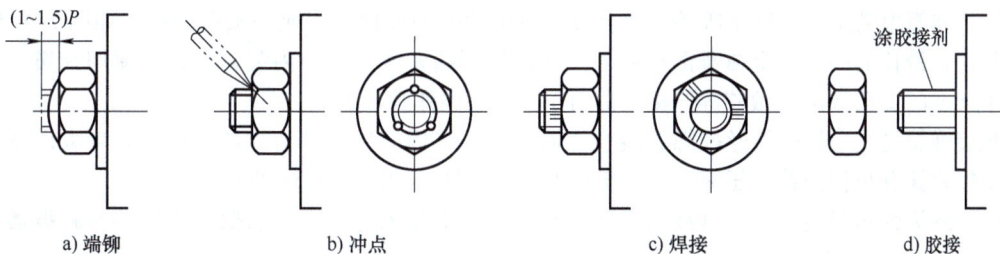

a) 端铆

b) 冲点

c) 焊接

d) 胶接

图 5-4-28 不可拆防松

## 课题四 弹性连接

汽车上许多部位都使用弹性连接，汽车上使用的弹簧包括钢板弹簧、螺旋弹簧、扭杆弹簧、气体弹簧、汽车座椅弹簧、发动机气门弹簧、离合器分离轴承弹簧、离合器从动盘的弹簧（周布螺旋弹簧和膜片弹簧）、制动系统真空助力泵回位弹簧、制动系统制动蹄回位弹簧、气压制动气室圆锥回位弹簧等。图 5-4-29 所示为汽车悬架使用的部分弹簧。

### 一、弹性连接及作用

#### 1. 弹性连接

受载后产生变形，卸载后通常立即恢复原有形状和尺寸的零件，称为弹性零件。汽车上各种类型的弹簧都是弹性零件，如钢板弹簧、螺旋弹簧等。在汽车车架和车轮之间，主要是依靠装在它们之间的弹性零件实现连接的。这种依靠弹性零件实现被连接件在有限相对运动时仍保持固定联系的动连接，称为弹性连接。

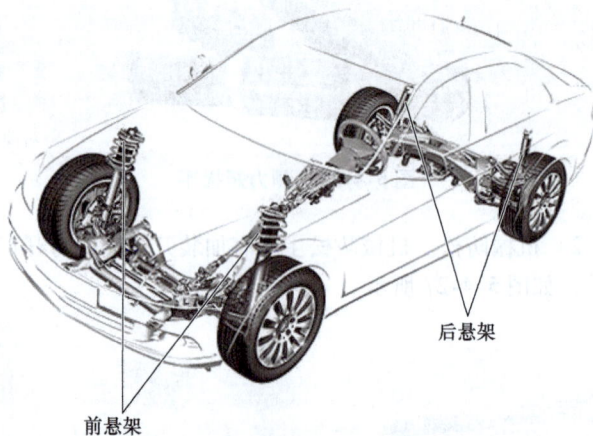

图 5-4-29 汽车悬架使用的部分弹簧

后悬架

前悬架

#### 2. 弹性连接的作用

1）缓冲吸振，以改善被连接件的工作平稳性，如汽车减振弹簧和各种缓冲器用的弹簧锁构成的弹性连接。

2）控制运动，以适应被连接件的工作位置变化，如离合器从动盘的周布螺旋弹簧和膜片弹簧，以及发动机气门弹簧所构成的弹性连接。

3）储能输能，以提供被连接件运动所需动力，如机械式钟表中的发条弹簧、自动变速器制动器弹簧所构成的弹性连接。

4）测量载荷，以标志被连接件所受外力的大小，如测力器和弹簧秤中的弹簧所构成的弹性连接。

### 二、弹簧的类型

弹簧是最常用的弹性零件，其类型很多，下面仅介绍汽车上一些常用的弹簧。按弹簧的外形分，有钢板弹簧、螺旋弹簧、扭杆弹簧及空气弹簧等。由于弹簧一般在变载荷下工作，因此要求弹簧具有足够的韧性和塑性。

#### 1. 钢板弹簧

钢板弹簧由若干片长度不等的条状合金弹簧钢片叠加而成，构成一根弹性梁，如图 5-4-30 所示。其中，最长的一片合金弹簧钢片称为主片，其两端卷成卷耳，内装衬套，以便用弹簧销与固定在车架上的支架或吊耳做铰链连接，常用作车辆减振弹簧。

螺旋弹簧是用金属弹簧丝按螺旋线卷绕而成的，结构简单，制造方便，可以有较大的变形位移。螺旋弹簧有拉伸弹簧、压缩弹簧及扭转弹簧等几种，如图 5-4-31 所示。

由于螺旋弹簧只能承受垂直载荷，且变形时不产生摩擦力，所以悬架中必须装有减振器和导向机构，如图 5-4-32 所示。

图 5-4-30　钢板弹簧

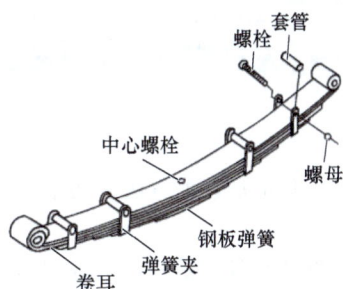

图 5-4-31　螺旋弹簧

图 5-4-32　减振弹簧

#### 2. 扭杆弹簧

扭杆弹簧是由弹簧钢制成的杆件，一端固定在车架上，另一端固定在悬架的摆臂上，摆臂与车轮相连。当车轮跳动时，摆臂绕扭杆轴线摆动，使扭杆产生扭转弹性变形，以保证车轮与车架的弹性联系，如图 5-4-33 所示。

#### 3. 空气弹簧

空气弹簧是在密闭的柔性容器中充满压缩空气，利用空气的可压缩性实现弹簧功能的非金属弹簧，其高度、刚度可以控制和调节，能适应多种载荷需要，吸收高频振动的能力强，其在车辆的悬架系统中能起到很好的缓冲、吸振作用，如图 5-4-34 所示。

图 5-4-33　轿车横向稳定杆

图 5-4-34　汽车空气弹簧

### 三、弹簧的材料

弹簧的材料应具有较高的弹性极限、疲劳极限和冲击韧性。钢板弹簧的材料一般用硅锰钢（60Si2Mn 和 55Si2Mn），气门弹簧的材料一般用 65Mn、60Si2CrA、50CrVA 等冷拔钢丝。

## 一、焊接

焊接主要利用局部加热的方法使两个以上的金属元件在连接处形成原子间的结合而构成不可拆卸的整体。

焊接是汽车整体车身中最常用的连接方式，通过焊接可将车身纵梁、横梁、车顶、地板、门槛和立柱等众多钣金件连接在一起，具有生产率高、不受形状限制、焊接后可保持车身的整体性、不增加车身质量、对空气和水的密封性能好等优点。根据焊接工艺、作业方式和焊接温度等，焊接可分为压焊、熔焊和钎焊，如图 5-4-35 所示。

## 二、铆钉连接

铆钉连接是利用具有钉杆和预制头的铆钉通过被连接件的预制孔，利用铆枪施压再制出另一端的铆头构成不可拆卸的连接。铆钉连接主要用于不同材质、厚度等部位的连接，在汽车上常用于车架、车身蒙皮和铝板等部位的连接，如图 5-4-36 所示。

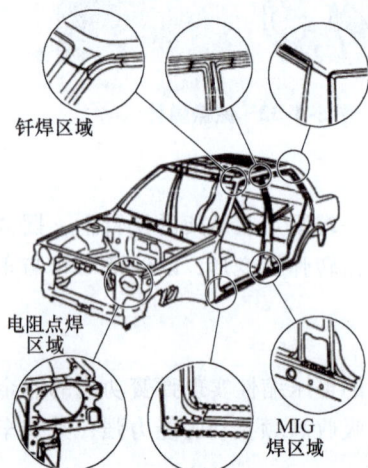

图 5-4-35 汽车焊接方法

图 5-4-36 车身铆接工艺

## 三、黏结

黏结是用黏结剂直接涂在被连接的零件表面上，固化后将其黏合为一体的连接方式。黏结具有密封、降噪、防腐及防止异响等特点，通常需要与螺栓、电阻点焊、铆接、折边咬接等方式配合使用，如图 5-4-37 所示。黏结常用于汽车车身的内、外层钣金件折边咬接部位，铝板结构件的连接部位，车顶、地板、立柱、前挡泥板、后挡泥板、纵梁和横梁等双层或多层需要密封的连接部位，以及装饰车身外观及固定一些橡胶密封条、玻璃绒槽等。

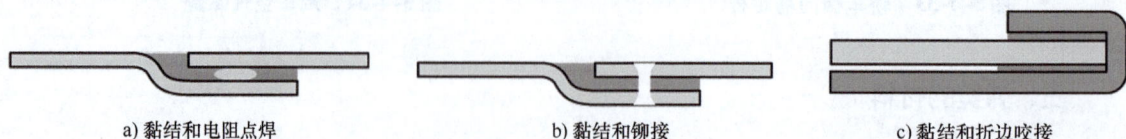

a) 黏结和电阻点焊　　b) 黏结和铆接　　c) 黏结和折边咬接

图 5-4-37 黏结连接

# 模块六　汽车液压传动

## 单元一　液压传动的基本知识

### 学习目标

**1. 知识目标**

1）了解液压传动系统的基本工作原理。

2）了解液压传动系统的组成和特点。

3）掌握常用液压元件的图形符号。

**2. 能力目标**

能读懂液压结构图。

在生活中，液压传动的应用很广。如图 6-1-1 所示的汽车自动变速器、汽车制动系统和无级变速器都是液压传动的典型实例。那它们到底是怎么工作的呢？

a)汽车自动变速器

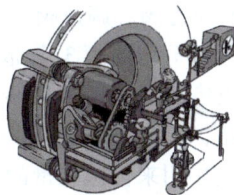
b)汽车制动系统

**图 6-1-1　汽车液压传动的应用**

液压传动是利用密封系统中的受压液体作为工作介质来传递运动和动力的传动形式。液压传动与其他类型的传动相比较有许多突出的优点，所以得到广泛的应用。

### 一、液压传动的基本知识

#### 1. 液压系统的工作原理

下面以液压千斤顶为例，介绍液压传动的工作原理。常用的手动液压千斤顶是一个简单的液压装置。图 6-1-2a 所示为液压千斤顶的实物图，图 6-1-2b 所示为液压千斤顶的工作原理示意图。

重力

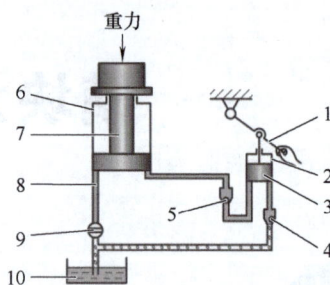

a) 实物图　　　　b) 工作原理示意图

液压千斤顶工作原理

图 6-1-2　液压千斤顶

1—杠杆手柄　2—小液压缸　3—小活塞　4、5—单向阀　6—大液压缸
7—大活塞　8—油管　9—放油阀　10—油箱

液压千斤顶由杠杆手柄、液压缸、活塞、单向阀、放油阀和油箱等组成。当提起杠杆手柄 1，小活塞 3 向上运动，在小液压缸 2 下部形成局部真空，压力差将液压油从油箱吸入小液压缸 2；当压下手柄时，小活塞 3 向下移动，小液压缸 2 中油压升高，单向阀 4 关闭，液压油通过单向阀 5 流入大液压缸 6，并推动大活塞 7 向上运动，从而顶起重物。不断反复提压手柄，即可将重物顶起至所需高度。打开放油阀时，液压缸的油液经放油阀流回油箱，重物同活塞一起下降。

从以上液压千斤顶的工作过程可以看出：液压传动以液体为工作介质，利用液体的压力，通过容积的变化实现动力传递。首先将手柄（或泵）的机械能转换为液体的压力能，然后通过液压缸将液体的压力能转换为机械能，以推动负载运动。

**2. 液压传动的组成**

一个完整的液压传动系统由以下 5 部分组成：

（1）动力部分　动力部分是把机械能转换成液压能的动力装置，其作用是向液压传动系统提供液压油。常用的动力装置是液压泵，液压泵是液压传动系统的心脏部分。

（2）执行部分　执行部分是把液压能转换成机械能，驱动工作机构的执行装置。

（3）控制部分　控制部分是调节液压传动系统中油液的压力、流速、流量和活塞运动方向的装置。常用的控制装置有压力阀、调速阀、流量阀和换向阀。

（4）辅助部分　辅助部分将前面 3 个部分连接在一起组成一个系统，保证液压传动系统正常工作的辅助装置，是液压传动系统不可缺少的组成部分，起到储油、过滤、测量和密封的作用。常用的辅助装置有滤油器、管件、密封件、换热器、油箱等。

（5）工作介质　系统中用来传递能量的物质，即液压油。

**3. 液压传动的特点**

（1）液压传动的优点

1）在同等功率条件下体积小、重量轻，因此惯性小、动作灵敏，可实现频繁启动和换向。

2）容易实现无级调速，调速范围较大。

3）容易实现过载保护，一般装有安全阀便可防止过载，运转平稳，容易吸收冲击和振动。

4）液压传动能在各种方位传动，容易实现往复传动。由于其体积小、传递的功率大，可在较小的空间内传递复杂的运动形式。这些特点使液压传动在组合机床和自动线中应用十分普遍。

5）操纵简单，便于实现自动化，特别是和电气控制系统组成电液复合系统时上述优点更明显。

6）液压元件易于标准化、系列化、通用化，便于推广使用。

（2）液压传动的缺点

1）由于工作液体不可避免会有漏损，油液具有微小的可压缩性，管路会产生弹性变形，因此液压传动不宜用于传动要求严格的传动系统中。

2）要求制造的工艺水平较高，使用维护也要有较高的技术水平。

3）当油温和载荷变化较大时不易保持负载运动速度的稳定性。油液的污染对液压系统的性能影响非常显著。

4）油液在管路中流动会产生压力损失，当管路较长时压力损失较大、传功效率减小，因此液压传动不宜用于远距离传动。

## 二、液压传动的基本参数

### 1. 压力 $p$

液压传动系统中，活塞单位面积上所受到的压力称为压强。液压传动中所说的压力，实际上就是压强。其压力的大小为

$$p = \frac{F}{S}$$

式中　$p$——液体的压力；

　　　$F$——作用在液体表面的外力；

　　　$S$——液体表面承压面积。

在液压传动系统的密闭容器内，由外力作用产生的压力，通过液体等值不变地传递到液体中各点，称为静压力传递原理，这就是帕斯卡原理。液压传动的理论基础是液体的不可压缩性与流动连续性这两条特性和帕斯卡原理。

### 2. 流量 $q$

流量为单位时间内流过某管道截面的液体体积，即

$$q = \frac{V}{t} = Sv$$

式中　$V$——液体的体积；

　　　$t$——时间；

　　　$S$——活塞的有效面积；

　　　$v$——活塞移动的速度；

　　　$q$——流量。

活塞的移动速度 $v$ 取决于进入液压缸液体的流量 $q$，与流体的压力大小无关。流量 $q$ 越大，活塞的移动速度 $v$ 越快；流量 $q$ 越小，活塞的移动速度 $v$ 越慢。

### 3. 流速 $v$

流速是指液体质点在单位时间内流过的距离。由于液体具有黏性，流动时同一截面上各质点的速度不可能完全相同，因此通常以平均流速进行计算。平均流速为通过截面的流量除以截面面积，即

$$v = \frac{q}{S}$$

式中　$v$——液流的平均流速；

　　　$q$——流入液压缸或者管道的流量；

　　　$S$——有效作用面积或管道截面面积。

### 4. 功率 $P$

功率指单位时间内所做的功，即

$$P = pqt$$

式中　$p$——液体的压力；

　　　$q$——流量。

因此，压力 $p$ 和流量 $q$ 是液压传动中最基本而重要的参数。

### 三、液压传动系统的图形符号

为了简化液压原理图的绘制，GB/T 786.1—2009 规定了液压图形符号，这些符号只表示元件的职能，不表示元件的结构和参数，并以静止状态或零位状态来表示。液压千斤顶职能符号原理图如图 6-1-3 所示。

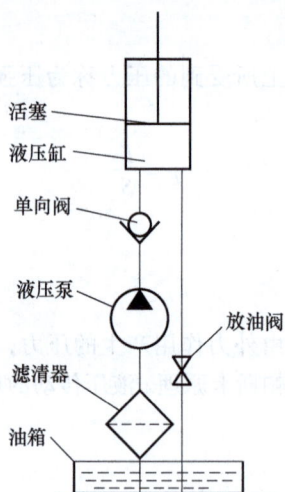

图 6-1-3　液压千斤顶职能符号原理图

# 液压元件

## 单元二

学习目标

**1. 知识目标**

1）掌握各个液压元件的结构。

2）了解各个液压元件的工作原理。

3）了解液压常用辅助元件的相关知识。

4）掌握液压元件的应用场合及图形符号。

**2. 能力目标**

能够讲解液压泵、液压缸、液压阀的结构与工作原理。

在现代汽车中，如汽车转向、制动系统中用到很多液压泵、液压阀。随着汽车前置前驱布置方式的推广和宽、低截面轮胎的使用，在转向过程中所需克服的前轮阻力相应增加，仅依靠人力来实现转向非常费力，而利用液压转向系统，就可以保证汽车动力转向系统安全可靠、转向灵敏，如图6-2-1所示。

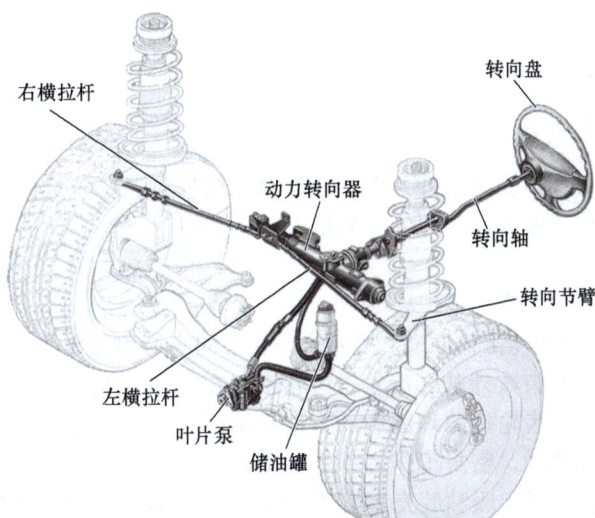

**图 6-2-1　汽车助力转向装置**

## 课题一　液压泵

液压泵是液压传动系统的动力元件，其作用是将电动机的机械能转换成液压油的压力能，并向液压传动系统提供具有一定压力和流量的液压油，作为系统的动力源。液压泵是一种能量转换的装置。

### 一、液压泵的工作原理

**液压泵工作原理**

图 6-2-2 所示为单柱塞式液压泵，电动机带动凸轮 1 做顺时针转动，由于凸轮圆周上各点到转动中心的距离不等，在凸轮 1 和弹簧 3 的作用下，柱塞 2 在缸体的柱塞孔内左、右往复移动，缸体与柱塞之间构成可变容积的密封工作腔。当柱塞 2 右移时，工作腔容积变大，形成局部真空，油液在大气压力的作用下经过单向阀 5 进入工作腔内，液压泵完成吸油的过程：当柱塞 2 左移时，单向阀 5 关闭，工作腔容积变小，油液受到挤压，经过单向阀 6 压入系统，液压泵完成压油的过程。凸轮不停转动，液压泵就不断地完成吸油和压油的过程。

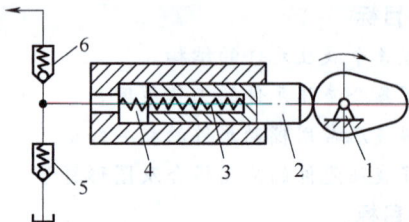

**图 6-2-2 液压泵的工作原理图**
1—凸轮 2—柱塞 3—弹簧 4—密封工作腔 5、6—单向阀

由此得出，液压泵是依靠密封工作腔容积变化的原理来工作的，所以称为容积式液压泵。液压泵正常工作的必要条件如下：

1）具有周期性变化的密封容积。

2）具有配流装置，能完成吸油和压油功能。

3）油箱必须与大气相通。

### 二、液压泵的种类

液压泵按结构形式分为齿轮泵、叶片泵、柱塞泵、螺杆泵；按流量能否调节分为定量泵和变量泵；按输出油的方向能否改变，分为单向泵和双向泵。

**1. 齿轮泵**

齿轮泵以外啮合的齿轮泵应用最广。

1）外啮合齿轮泵的结构与工作原理。外啮合齿轮泵的实物和工作原理图如图 6-2-3 所示，齿轮泵内有一对相互啮合的少齿数外啮合齿轮，齿轮密封在泵体的工作腔内，啮合线把啮合齿轮分为互不相通的两个区域。当齿轮按原理图中的方向转旋时，左方的吸油腔由于相互啮合的轮齿逐渐脱开，使齿槽空间逐渐增加，密封工作容积逐渐增大，形成部分真空，油箱中的油液在外界大气压力的作用下，经吸油管进入吸油腔充满齿槽。随着齿轮的转动，油液被带到右方的压油腔内，由于齿轮的逐渐啮合，使密封工作腔的容积不断减小，油液被挤出来，从压油口进入压力管路供液压系统使用。

2）外啮合齿轮泵的特点。外啮合齿轮泵的主要优点是结构简单紧凑，制造方便，价格低廉；工作可靠，自吸性能好；转速范围大；主要缺点是输油量不均匀，流量脉动大，噪声大；流量不能调节，只能用作定量泵。另外，外啮合齿轮泵在使用中还存在泄漏、困油和径向不平衡等现象。

a) 实物图　　　　b) 原理图

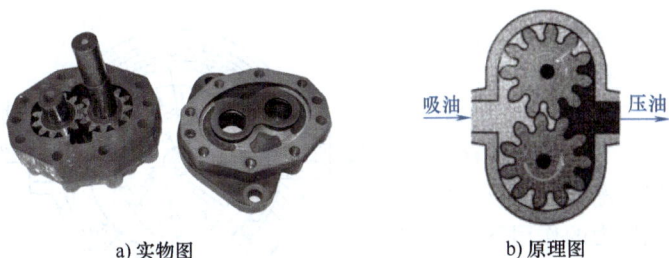

图 6-2-3　外啮合齿轮泵的实物和工作原理图

齿轮泵工作原理

目前汽车的润滑系统安装的机油泵大多数是齿轮泵，滤清器发生阻塞时，旁通阀打开，机油不经滤清器直接进入主油道，保证对各部件的润滑，如图 6-2-4 所示。

**2. 叶片泵**

1) 单作用叶片泵。图 6-2-5 所示为单作用叶片泵的外形和工作原理图，它主要由具有圆形内表面的定子、与定子有定偏心距的转子和装在定子径向槽中可自由滑动的叶片组成，在定子、转子、叶片和两侧配油盘之间形成多个密封的工作空间。当转子做顺时针旋转时，左侧吸油腔叶片间的工作空间逐渐增大，油液被吸入油箱；右侧压油腔的叶片逐渐压进滑槽内，工作空间逐渐缩小，油液被压出压油口。在吸油腔与压油腔之间有一段封油区，把吸油腔和压油腔隔开。转子每转一周，每个工作空间完成一次吸油和压油的过程，称此叶片泵为单作用叶片泵。

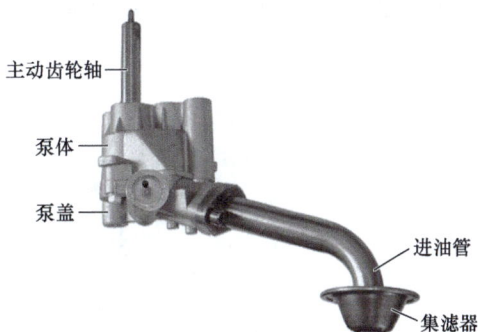

图 6-2-4　汽车齿轮式机油泵

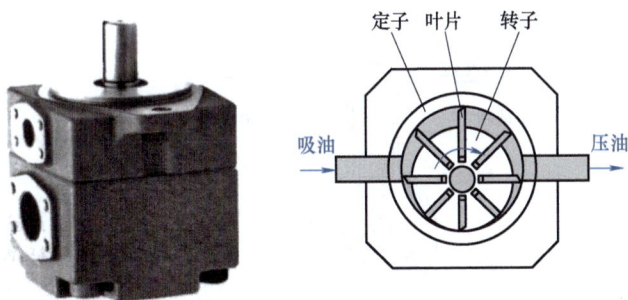

图 6-2-5　单作用叶片泵的外形和工作原理图

单作用叶片泵

叶片泵的结构较齿轮泵复杂，工作压力较高，最高可达 6.3MPa，且工作平稳，噪声小，使用寿命较长。叶片泵广泛应用于机械制造设备的中、低压液压系统中。

单作用叶片泵的定子和转子的中心不重合，有一个偏心距。如果在运转中可以改变偏心距的大小，就能改变输出的油量，这时定量叶片泵就变成了变量叶片泵。

2) 双作用叶片泵。双作用叶片泵的定子内表面为椭圆形，定子和转子的中心重合，转子每转一周，每个工作空间完成两次吸油和压油的过程，如图 6-2-6 所示。双作用叶片泵油液排量大，只能作为定量泵，且结构较复杂，制造比较困难。图 6-2-7 所示的汽车转向助力泵就是双作用叶片泵。

### 3. 柱塞泵

柱塞泵是利用密封容积变化的原理来完成吸油和压油的过程。图 6-2-8 所示为单个柱塞泵的工作原理图。柱塞泵内的柱塞在弹簧的作用下和偏心轮接触，偏心轮做顺时针转动时，柱塞做上、下运动。当柱塞做向下运动时，柱塞顶面上的空间逐渐增大，形成局部真空，右侧进油管的油液在大气压力的作用下，推开进油阀的钢珠弹簧进入泵体内；当柱塞做向上运动时，柱塞顶面上的密封容积逐渐减小，泵体内的油液受到压缩产生一定的压力，油液推开出油阀的钢珠弹簧进入液压传动系统中。偏心轮每转动一转，完成一次吸油和压油的过程。若偏心轮连续转动，单个柱塞泵就可以不断地向液压传动系统不停地供油。

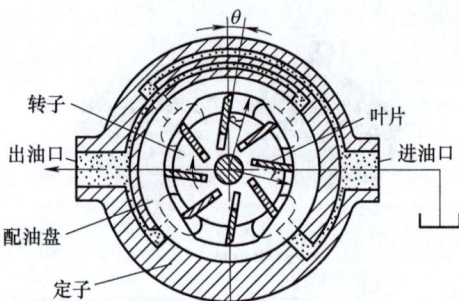

图 6-2-6　双作用叶片泵的工作原理图

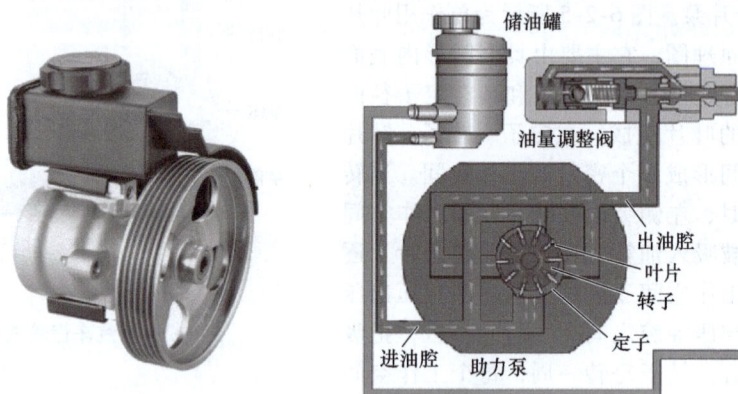

图 6-2-7　汽车转向助力泵

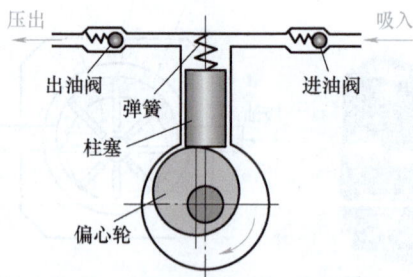

单柱塞泵

图 6-2-8　单个柱塞泵的工作原理图

柱塞泵是由多个单柱塞泵组成的，按柱塞与转子的位置不同，分为径向柱塞泵和轴向柱塞泵两种。

1）轴向柱塞泵。轴向柱塞泵指各柱塞的轴线平行于缸体轴线的柱塞泵。轴向柱塞泵按泵的传动轴相对于缸体中心线是否倾斜可分为直轴式轴向柱塞泵和斜轴式轴向柱塞泵两种。

如图 6-2-9 所示，带有吸油口和压油口的配流盘及斜盘均固定不动，斜盘与转轴轴线有一个夹角。柱塞装在回转缸体的轴向柱塞孔中，在根部弹簧或液压力的作用下，柱塞的球形端头与斜盘紧密接触。缸体每回转 1 周，每个柱塞各完成吸油、压油 1 次。

改变斜盘的倾角，即可以改变柱塞泵的排量。如图 6-2-10 所示的汽车摆盘式空调压缩机即利用摆盘倾角增大来增加制冷量。

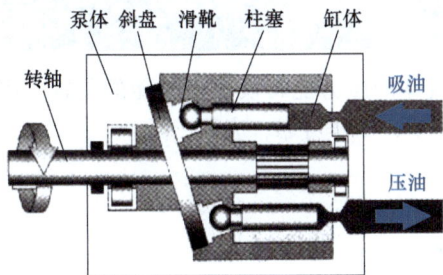

图 6-2-9　轴向柱塞泵工作原理图

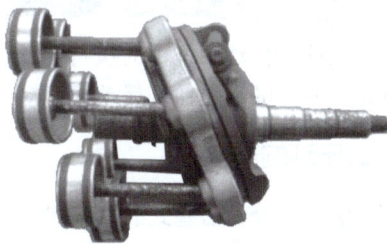

图 6-2-10　汽车摆盘式空调压缩机

　　轴向柱塞泵结构紧凑，密封性能好，在高压下有较高的容积效率，且流量方便，但其结构复杂、制造精度要求高、对油液污染敏感，一般用于高压、大流量、大功率和流量需要调节的液压系统中。

　　2）径向柱塞。径向柱塞泵的柱塞分布在转轴的径向方向，柱塞与转轴相互垂直；其转子孔内装有衬套，随转子一起旋转，衬套中的配油轴不动。转子每转1转，柱塞在每个径向孔内吸油、排油各1次，改变偏心距 $e$ 可改变泵的排量，如图 6-2-11 所示。

　　图 6-2-12 所示为固定液压缸式径向柱塞泵，当偏心凸轮旋转时，推动活塞产生往复运动，完成吸油、压油。由于偏心凸轮的偏心量固定，所以这种结构的径向柱塞泵一般为定量泵。

#### 4. 螺杆泵

　　图 6-2-13 所示为双螺杆泵的工作原理图。螺杆的啮合线把主动螺杆和从动螺杆的螺旋槽分割成多个相互隔离的密封工作腔。随着主动螺杆的转动，密封工作腔一

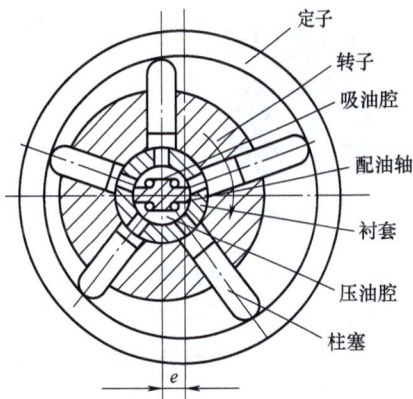

图 6-2-11　径向柱塞泵的结构示意图

个接一个地在左端形成，不断地从左端向右端移动，并在右端消失，这样就完成了吸油与压油的过程。吸油口与压油口之间的距离越长，密封越好，泵的额定压力就越高。

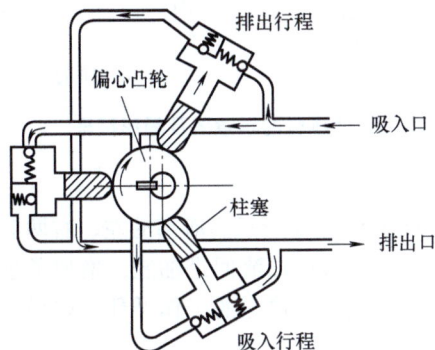

图 6-2-12　固定液压缸式径向柱塞泵

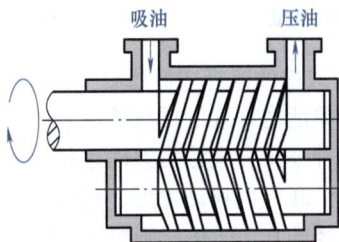

图 6-2-13　双螺杆泵的工作原理图

　　螺杆泵的结构简单、紧凑，体积小、重量轻，运转平稳、噪声小，但是螺杆的形状复杂，加工较困难，一般应用于精密机床的液压传动中。

## 课题二　液压缸

液压缸是液压传动系统中的执行元件,是完成液体的压力能转换成机械能的装置,用于实现传动系统执行元件的直线往复运动或摆动。其结构简单,工作可靠,应用广泛。

### 一、液压缸的类型

常用的液压缸分为活塞式、柱塞式和摆动式 3 种。

**1. 双活塞杆式液压缸**

双活塞杆式液压缸的示意图及图形符号如图 6-2-14 所示,固定在活塞上的双活塞杆从液压缸的两侧伸出,两活塞杆的直径相等,活塞两端的有效工作面积相等。当流入两腔液压油的流量、压力一定时,活塞或缸体往返两个方向的运动速度和推力相等。

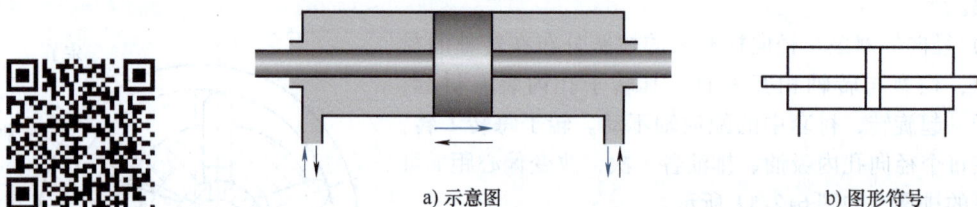

a) 示意图　　　　　　　　　　　　b) 图形符号

双杆活塞缸　　　　　**图 6-2-14　双活塞杆式液压缸的示意图及图形符号**

**2. 单活塞杆式液压缸**

单活塞杆式液压缸的示意图及图形符号如图 6-2-15 所示,活塞上只有一端固定有活塞杆,活塞在液压油的作用下做单向推力运动,活塞两端的有效工作面积相差一个活塞杆截面的面积。当有杆腔进油时,由于有效面积小,所以活塞移动速度大,推力小;当无杆腔进油时,由于有效面积大,所以活塞移动速度小,推力大。

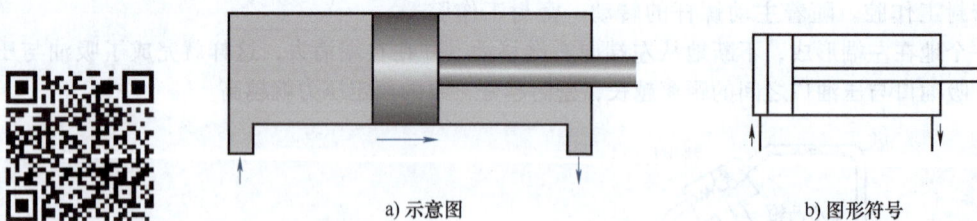

a) 示意图　　　　　　　　　　　　b) 图形符号

单杆活塞缸　　　　　**图 6-2-15　单活塞杆式液压缸的示意图及图形符号**

**3. 差动式单活塞杆式液压缸**

差动式单活塞杆式液压缸的示意图及图形符号如图 6-2-16 所示。活塞的左、右两腔同时通入液压油,这种连接方式称为差动连接。差动连接回油缸的液压油流回进油腔,增加了进油腔的流量,加快了活塞杆的移动速度,适合于要求推力不大,快进、快退的工作循环。如果活塞杆的直径是活塞直径的 0.707 倍,则快进与快退的速度相等。

**4. 增压缸**

在液压系统中,整个系统需要低压,而局部需要高压,为了节省一个高压泵,常用增压缸与低压大流量泵配合,从而提高输出油压的局部压力。这样,只有局部是高压,而整个液压系统调整压力较低,减少了功率损耗。

a) 示意图　　　　　　　b) 图形符号

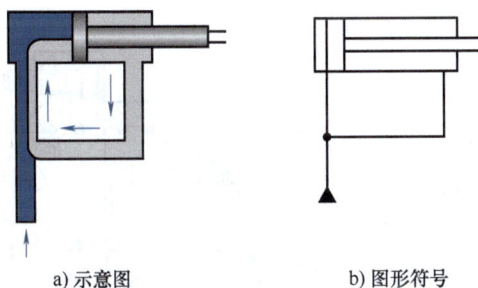

**图 6-2-16　差动式单活塞杆式液压缸的示意图及图形符号**

**差动缸**

增压缸的结构及工作原理图如图 6-2-17 所示，当左腔输入压力为 $p_1$，推动面积为 $S_1$ 的大活塞向右移动时，从面积为 $S_2$ 的小活塞右侧输出的较高压力为

$$p_2 = p_1 \frac{S_1}{S_2}$$

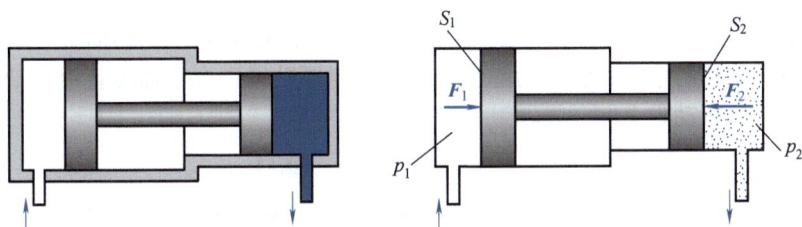

**图 6-2-17　增压缸的结构及工作原理图**

**增压缸**

### 二、液压缸的结构

液压缸由缸筒与缸盖、活塞与活塞杆、密封装置、缓冲装置、排气装置 5 个部分组成。

#### 1. 缸筒与缸盖

缸筒与缸盖的连接要求紧密、不泄漏，常用的连接形式如下：

1）法兰式连接。如图 6-2-18a 所示，法兰式连接的零件易加工、易装拆，但外形和质量较大。

2）螺纹式连接。如图 6-2-18b 所示，螺纹式连接的外形小，重量轻，但端部结构较复杂，需要专用工具拆装。

3）拉杆式连接。如图 6-2-18c 所示，拉杆式连接的通用性好，但外形和质量较大。

a) 法兰式　　　　　　　b) 螺纹式　　　　　　　c) 拉杆式

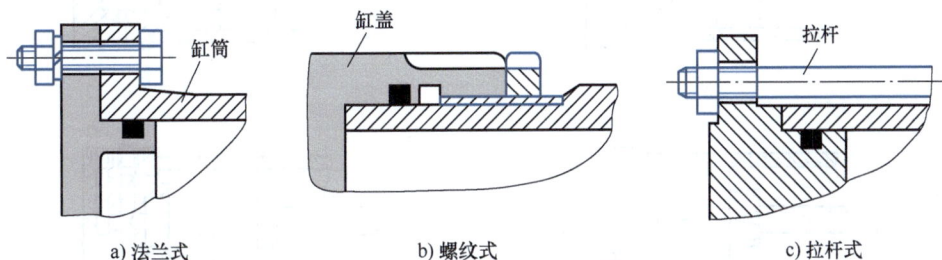

**图 6-2-18　缸筒与缸盖的连接**

#### 2. 活塞与活塞杆

活塞与活塞杆之间常采用锥销联接和螺纹联接，锥销联接常用于双出杆液压缸，如图 6-2-19a

所示；螺纹联接常用于单出杆液压缸，如图 6-2-19b 所示。

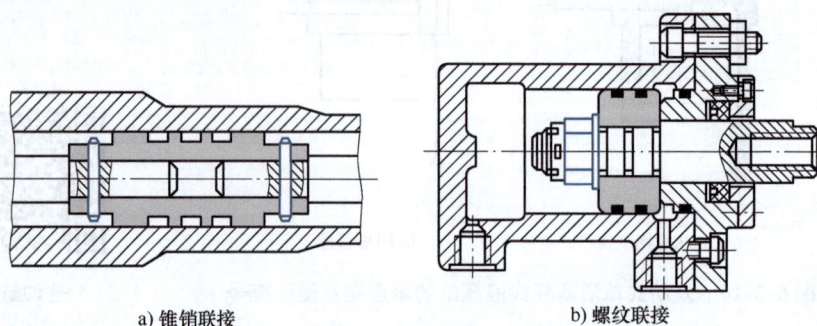

a) 锥销联接        b) 螺纹联接

**图 6-2-19　活塞与活塞杆的连接**

### 3. 密封装置

密封装置的作用是避免油液泄漏造成压力降低和流量损失。常用的密封装置有间隙密封和密封圈密封。间隙密封如图 6-2-20a 所示，利用活塞表面上的细小密封圆环槽与活塞缸之间形成油液阻力阻止液压油的泄漏，其特点是结构简单、摩擦阻力小，但泄漏大，只能应用在低压高速场合。密封圈密封如图 6-2-20b 所示，利用橡胶或塑料的弹性作用使密封圈贴紧配合表面阻止液压油的泄漏，其特点是密封效果好，但运动阻力大一些。

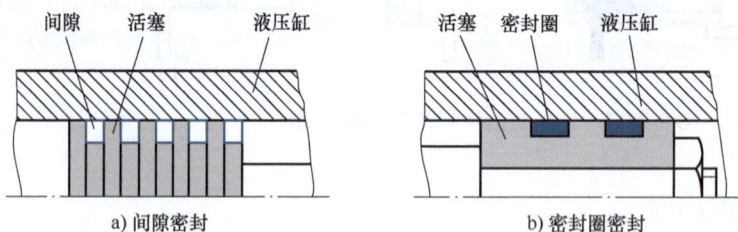

间隙　　活塞　　液压缸        活塞　密封圈　液压缸

a) 间隙密封        b) 密封圈密封

**图 6-2-20　密封装置**

### 4. 缓冲装置

缓冲装置可防止活塞运动到极限位置时与缸盖相撞。常用缓冲装置的结构如图 6-2-21 所示。当活塞接近缸盖时，活塞与缸盖之间的密封油液从活塞上的节流槽流出，由于节流槽的截面逐渐变小，活塞的运动速度越来越慢，故起到了缓和冲击的作用。

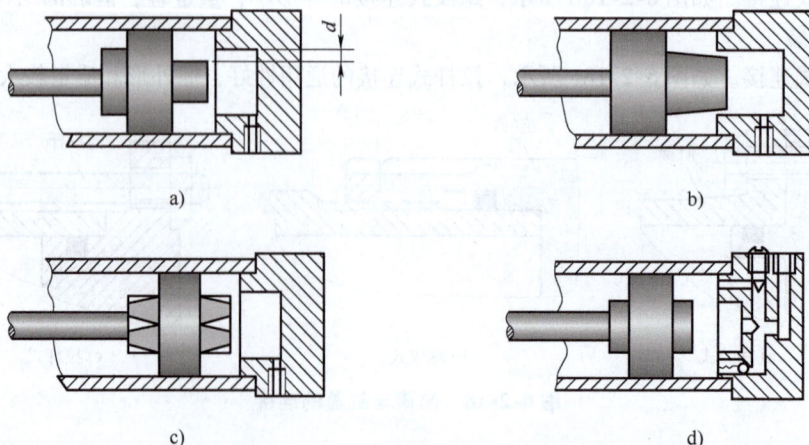

a)        b)

c)        d)

**图 6-2-21　常用缓冲装置的结构**

### 5. 排气装置

液压缸中如果发现有空气残留，将引起活塞在低速运行时爬行和振动，产生噪声和发热，甚至使整个系统不能正常工作，因此必须设置排气装置。

常用的排气装置有两种形式，一是排气孔和排气阀，二是排气塞。当使用第一种方式排气时，排气装置安装在液压缸的最高位处，并用长管道通向远处的排气阀排气，如图6-2-22a所示。排气塞排气是在缸盖的最高部位处直接安装排气塞，如图6-2-22b所示。

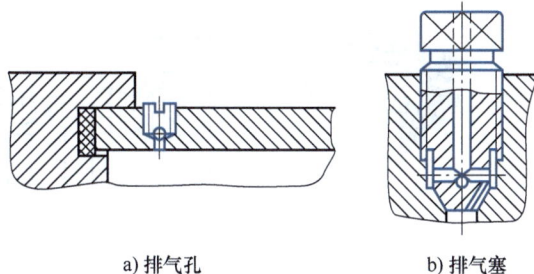

a) 排气孔　　　　　　　　　　　　b) 排气塞

**图 6-2-22　排气装置**

## 课题三　液压控制阀

液压传动系统的控制元件是液压控制阀，它能调整液压传动系统的压力大小、油液流动速度的快慢、流量的大小和改变油液流动的方向，并控制执行元件输出的动力或力矩、运动的方向、速度大小和动作的顺序，满足工作机械所设定的动作和功能要求。

液压控制阀按其作用分为方向控制阀、压力控制阀和流量控制阀三大类。

### 一、方向控制阀

方向控制阀是控制油液流动方向的控制阀，包括单向阀和换向阀两种。

#### 1. 单向阀

单向阀的作用是允许油液只向一个方向流动，不允许油液向相反的方向流动。常用的单向阀分为普通单向阀和液控单向阀，普通单向阀如图6-2-23a所示，液控单向阀如图6-2-23b所示。两种单向阀的内部结构基本相同，主要由阀体、阀芯和弹簧组成，$P_1$为进油口，$P_2$为出油口，油液只能从进油口$P_1$流向出油口$P_2$，不能倒流；所不同的是，液控单向阀比普通单向阀多一个远程控制口K，在远程控制口K上的细直杆作用下，直接推开钢珠，使进油口$P_1$与出油口$P_2$相通。

#### 2. 换向阀

换向阀的作用是利用阀芯与阀体相对位置的改变控制油路的接通或关闭，达到控制液压执行元件的启动、停止或变换运动方向的目的。换向阀按阀芯的运动分为滑阀式和转阀式两类，滑阀式换向阀在液压传动系统中使用较多。滑阀式换向阀按阀芯工作位置的数目和油液的进、出通路数目分为"几位几通"阀。图6-2-24所示为常用的三位四通阀，表示阀芯可变换3个不同的位置，即左位、中位和右位，阀体的进、出油口有4个通路，阀芯的左、中、右3个不同位置如图6-2-25所示。阀芯在左位时，进油口和右侧出油管路相通，右侧回油口和左侧出油管路相通；阀芯在中位时处于闭锁状态，进、出口管路都不通；阀芯在右位时，进油口和左侧出油管路相通，右侧回油口和右侧出油管路相通，从而改变油缸两腔的油液运动方向。

换向阀的图形符号用一个方框表示换向阀的一个工作位置，二位用两个方框表示，三位用3个方框表示。方框内的箭头表示油路相通路线，⊥表示油路不相通，见表6-2-1。

普通单向阀

外形

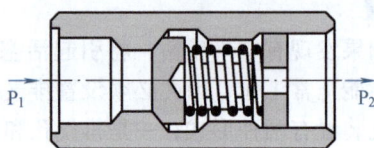

$P_1$ 工作示意图 $P_2$ 图形符号

a) 普通单向阀

液控单向阀

外形

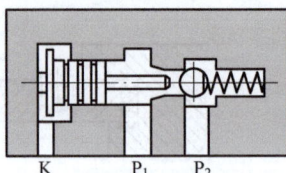

K $P_1$ $P_2$ 工作示意图 图形符号

b) 液控单向阀

图 6-2-23　单向阀

三位四通阀三个位置

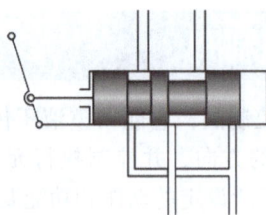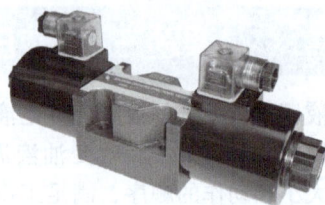

图 6-2-24　常用的三位四通阀

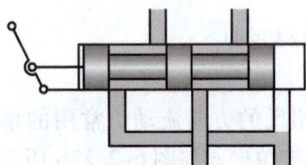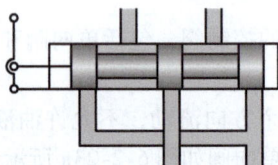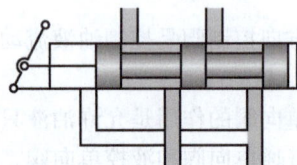

a) 阀芯位于左位　　　　　b) 阀芯位于中位　　　　　c) 阀芯位于右位

图 6-2-25　三位四通阀阀芯的 3 个位置

表 6-2-1　换向阀的图形符号

| 通路数 | 二　位 | | 三　位 | | |
|---|---|---|---|---|---|
| 二通 | A P 常断 | A P 常通 | 中间封装 | 中间加压 | 中间卸压 |
| 三通 | A P T 常断 | A P T 常通 | A P T | | |

（续）

| 通路数 | 二　位 | 三　位 | | |
|---|---|---|---|---|
| 四通 | A B <br> P T | A B <br> P T | A B <br> P T | A B <br> P T |
| 五通 | A B <br> $T_1$ $PT_2$ | A B <br> $T_1$ $PT_2$ | A B <br> $T_1$ $PT_2$ | A B <br> $T_1$ $PT_2$ |

换档阀实质上为液动换向阀，在液压油作用下进入不同的档位油路来得到不同的档位，如图6-2-26所示。

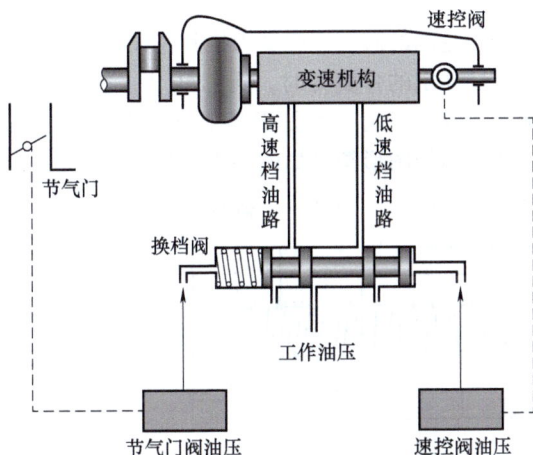

图6-2-26　换档阀的工作原理图

换向阀的阀芯位置控制方式有手动、机动和电磁等多种，如图6-2-27所示。

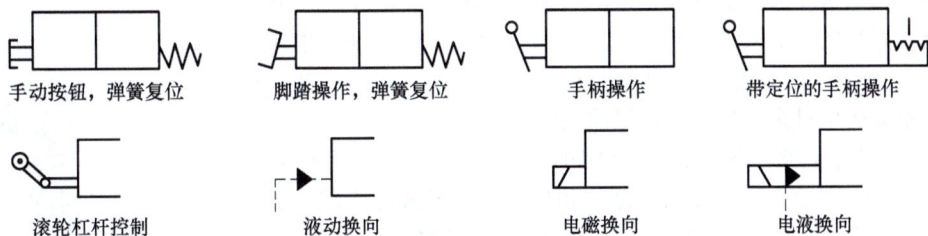

图6-2-27　阀芯位置的操作控制方式

## 二、压力控制阀

压力控制阀是对液压传动系统的整体或局部压力进行调节的控制阀，包括调压、减压、增压和卸荷等控制。常用的压力控制阀有溢流阀、减压阀和顺序阀。

### 1. 溢流阀

溢流阀的主要作用是调定或限制液压系统的最大工作压力。溢流阀的原理是通过溢流的方法使系统中多余的油液流回油箱，防止系统压力过载。常用的溢流阀有直动式和先导式两种，如图6-2-28所示。

a) 直动式溢流阀的外形　　　　　　　b) 先导式溢流阀的外形

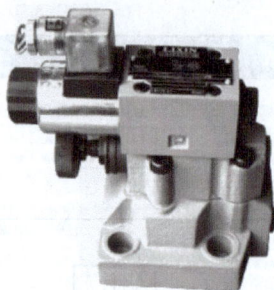

直动溢流阀

图 6-2-28　直动式和先导式溢流阀

1) 直动式溢流阀。直动式溢流阀的工作原理图如图 6-2-29a 所示,其由阀芯、弹簧、调节螺钉和阀体组成。

当液压系统的压力较低时,左侧的阀芯被弹簧力推到左端,堵住进油阀口 P(A),油液被堵在溢流阀外;当液压系统压力超过预定的弹簧力时,阀芯 P(A) 被油液顶开,部分油液经过溢流阀的回油口 T(B) 溢流回油箱。当阀芯受力平衡处于某个位置不动时,系统压力基本保持不变,溢流阀起到溢流稳压的作用。溢流阀的图形符号如图 6-2-29b 所示。

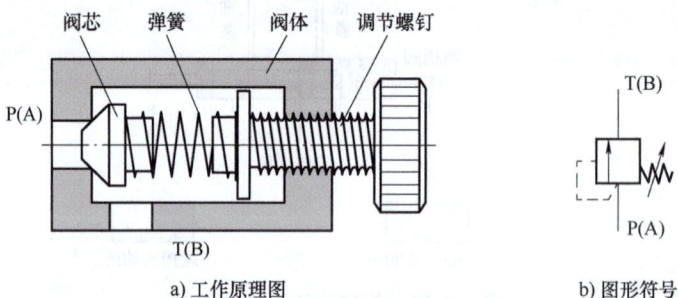

a) 工作原理图　　　　　　　　　　b) 图形符号

图 6-2-29　直动式溢流阀的工作原理图和图形符号

直动式溢流阀在汽车上常见为单向阀和安全阀。在如图 6-2-30 所示汽车燃油系统的燃油泵中安装了直动式溢流阀,能够保证燃油系统稳定油压,当系统油压较高时,油压强行推开安全阀,进行泄压,以保护油泵不会产生过多的热量,确保油泵的安全。

2) 先导式溢流阀。先导式溢流阀的工作原理图和图形符号如图 6-2-31 所示。与直动式溢流阀的结构相比较,先导式溢流阀增加了一个先导阀,由先导阀和主阀组成。当应用于远程控制口 K 关闭时,液压油从进油口 P 进入,通过阻尼孔作用在先导阀阀芯上。当液压系统压力较低,作用在阀芯上的油液压力不足以克服先导阀弹簧的作用力,先导阀关闭,油液处于静止状态;当先导式溢流阀的主阀阀芯上的油液压力等于主阀弹簧的作用力时,主阀阀芯关闭,溢流阀的进油

图 6-2-30　燃油泵的结构

口 P 与回油口 T 没有形成通路,先导式溢流阀不产生溢流作用;当液压系统压力升高到大于作用在阀芯上的弹簧力时,先导阀阀芯被推开、右移,油液通过阻尼孔经先导阀流向回油口 T。由于阻尼孔的孔径很小,流经阻尼孔的油液产生一定的压力损失,阻尼孔下部的油液压力大于阻尼孔上部的油液压力,使主阀阀芯打开、上移,油液从进油口 P 直接流入回油口 T,实现溢流作用。调整手轮的位置,可以改变先导阀弹簧的弹簧压力,达到改变进油口 P 的压力大小的目的。

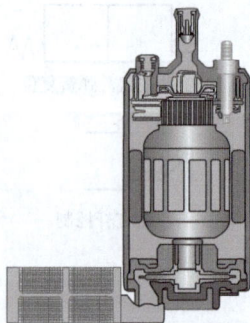

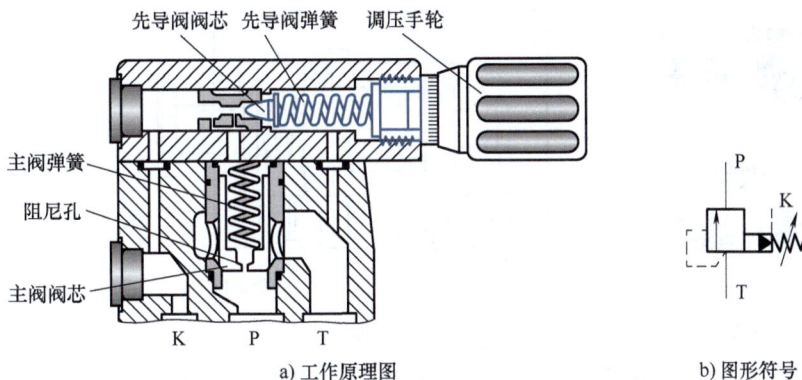

图 6-2-31  先导式溢流阀的工作原理图和图形符号

先导式溢流阀的结构比直动式溢流阀的结构复杂，但压力波动小，比较稳定，适用于中、高压的液压传动系统。

溢流阀可用作溢流、安全、卸荷和背压阀体。

**2. 减压阀**

减压阀的主要作用是用来降低液压系统中某一处局部油液的压力，使这一处局部的压力低于整个液压系统设定的压力，以满足不同执行元件的工作压力要求。根据控制压力不同，减压阀可分为定值减压阀、定差减压阀和定比减压阀。

定值减压阀用于维持出口压力在一个不变的固定值，定差减压阀用于维持进、出口之间的压力差不变，定比减压阀用于维持进、出口之间压力成一定的比例不变。

定值减压阀在液压系统中应用最为广泛，简称为减压阀。减压阀分为直动式减压阀和先导式减压阀两种。直动式减压阀的工作原理图和图形符号如图 6-2-32 所示，直动式减压阀的结构由阀芯、弹簧、调节螺钉和阀体组成，进油口 P 与出油口 T 常通，出油口有一个小孔通到阀芯左侧，油液可通过小孔进入阀体左腔。当出油口的压力低于弹簧调定的压力时，阀芯左移，进油口全开，出油口的压力升高到设定的压力值时，阀芯处在平衡位置不动，保持出油口的压力在某个低压值不变，达到减压的目的。

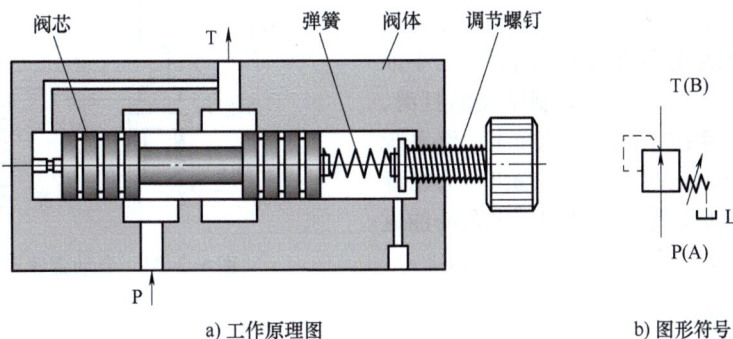

图 6-2-32  直动式减压阀的工作原理图和图形符号

**3. 顺序阀**

顺序阀的作用是利用油路中压力的变化控制阀门的开、关，实现各部分油路的顺序动作。顺序阀的外形、工作原理图和图形符号如图 6-2-33 所示，常态下进油口与出油口不通。

顺序阀的工作原理与溢流阀相似，主要区别是溢流阀的出油口接油箱，而顺序阀的出油口接执行元件，顺序阀的内泄漏油必须由专用的泄漏口接回油箱。

a) 外形  b) 工作原理图  c) 图形符号

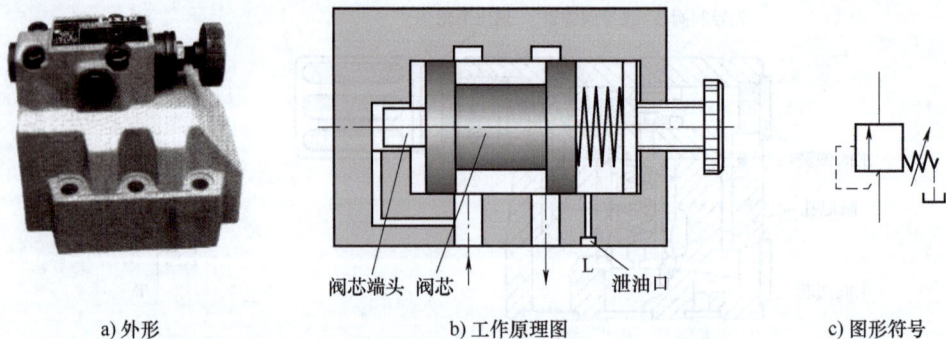

**图 6-2-33  顺序阀的外形、工作原理图和图形符号**

溢流阀、减压阀和顺序阀的性能比较见表 6-2-2。

**表 6-2-2  溢流阀、减压阀和顺序阀的性能比较**

| | 溢 流 阀 | 减 压 阀 | 顺 序 阀 |
|---|---|---|---|
| 作用 | 调定液压系统的工作压力 | 调定系统内各段油路的不同压力 | 用各油路压力变化控制执行元件动作顺序 |
| 符号 |  |  |  |
| 油路 | 常闭 | 常通 | 常闭 |
| 回油 | 出口接回油箱 | 出口接油路 | 出口接油路 |

图 6-2-34 所示为自动变速器油泵，油被油泵泵入主油路系统。在发动机运行过程中，使油泵的输出流量和压力变化很大。当主油路压力过高时，会引起换档冲击和增加功率消耗，当主油路压力太低时，又会引起离合器制动器的打滑，两者都会影响液压系统工作，因此在主油路系统中必须设置主油路调压阀，将油泵输出压力精确调节到所需的油压后再输入主油路，多余的油返回油底壳，使系统压力稳定在一定范围内。

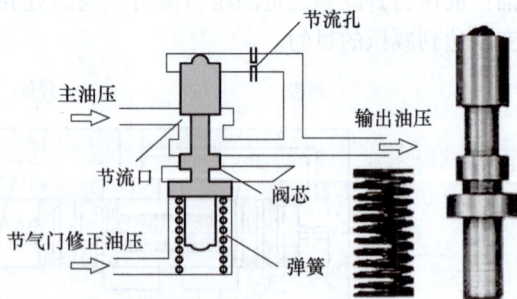

**图 6-2-34  自动变速器油泵**

### 三、流量控制阀

流量控制阀的作用是控制液压系统的流量。流量控制阀是依靠改变节流口的大小来调节执行元件的运动速度的。常用的流量控制阀有普通节流阀和调速阀。

**1. 普通节流阀**

普通节流阀是液压传动系统中最简单的流量控制阀，通过改变阀口过流面积的大小或通道的长短，来控制和改变通过阀口的流量，从而达到调节执行元件运动速度的目的，如图 6-2-35 所示。

节流口是流量控制阀的重要组成部分，常见节流口的结构如图 6-2-36 所示。

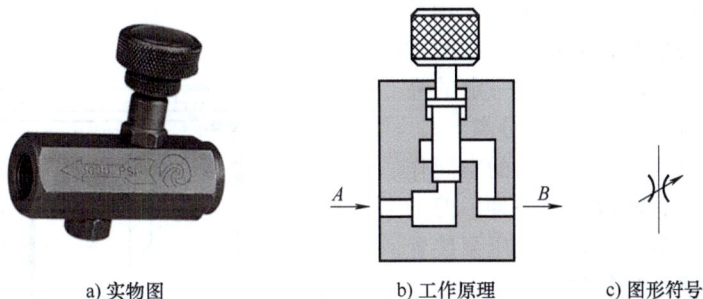

a) 实物图　　　　　　　　　b) 工作原理　　　　　　c) 图形符号

图 6-2-35　普通节流阀的实物图、工作原理图和图形符号

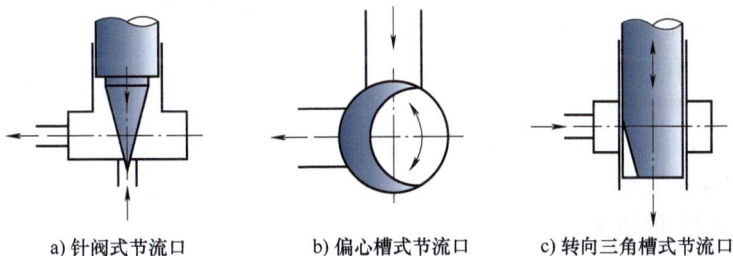

a) 针阀式节流口　　　　　　b) 偏心槽式节流口　　　　c) 转向三角槽式节流口

图 6-2-36　常见节流口的结构

针阀式节流口和轴向三角槽式节流口是通过调节针阀或轴向三角槽的轴向位移来改变通流面积的，偏心槽式节流口是通过旋转阀芯来改变通流面积的。普通节流阀用于常温和负载不大的场合。

### 2. 调速阀

调速阀是将节流阀和定差减压阀串接而成的。定差减压阀可以维持节流阀前、后的压差基本保持不变，克服负载波动对节流阀的影响，所以调速阀能使执行元件的运动速度不因负载变化而变化。调速阀的工作原理图和图形符号如图 6-2-37 所示。调速阀适用于对运动平稳性要求较高的液压系统。

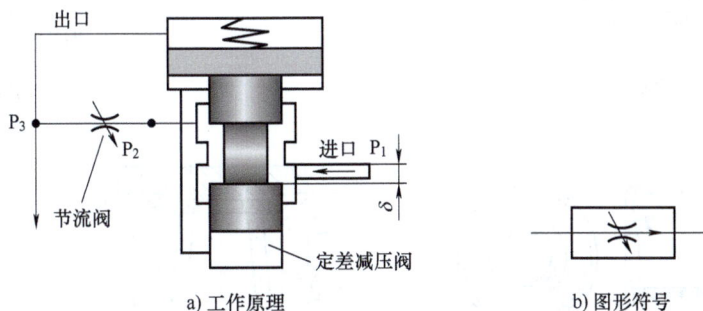

a) 工作原理　　　　　　　　　　　　　　b) 图形符号

图 6-2-37　调速阀的工作原理图和图形符号

## 课题四　液压辅助元件

液压传动系统的辅助元件主要有油箱、滤清器、油管及管接头、蓄能器。

### 1. 油箱

油箱的主要作用是储油，向液压系统供油和接收回油，散发油液中的热量，释放混在油液中的气体，沉淀油液中的杂质。独立式油箱的结构示意图如图 6-2-38 所示。

油箱一般由钢板焊接而成，也可采用铸铁件。为了能更好地散热，油箱的体积取油泵流量的 50 倍以上，保持油面在一定的高度，使混入油液中的空气和杂质能分离出来。

另外，可以利用床身或底座内的空间作为油箱，其结构紧凑，回收漏油方便，但油温变化时容易引起床身热变形，液压泵装置的振动也会影响机械的工作性能。

**2. 滤清器**

滤清器的作用是过滤油液中的杂质，保证油液清洁，系统管路畅通，液压元件工作正常。常用的滤清器有网式滤清器、线隙式滤清器、纸芯式滤清器和烧结式滤清器。

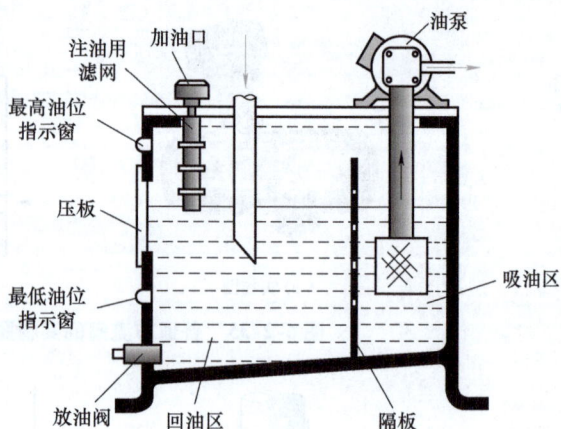

图 6-2-38　独立式油箱的结构示意图

（1）网式滤清器　网式滤清器由金属或塑料圆筒制成，外包一层铜丝网，靠铜丝网阻挡油液中的杂质被吸入油泵。这种滤清器的结构简单，通油能力大，但过滤精度低，一般安装在液压泵的吸油口。网式滤清器的结构如图 6-2-39a 所示。

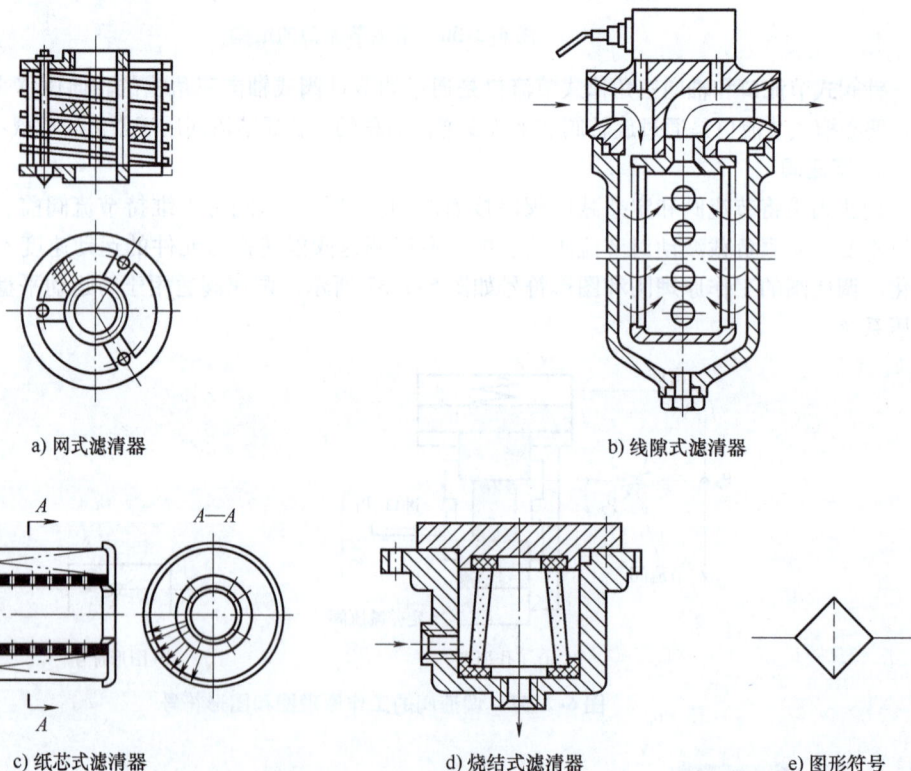

a) 网式滤清器　　　b) 线隙式滤清器

c) 纸芯式滤清器　　　d) 烧结式滤清器　　　e) 图形符号

图 6-2-39　滤清器

（2）线隙式滤清器　线隙式滤清器的滤芯用铜线或铝线绕制在滤架上，靠线与线之间的微小间隙过滤杂质。这种滤清器的结构简单，过滤效果好，但不易清洗，一般用于中、低压系统中，安装在液压泵之后、元件之前。线隙式滤清器的结构如图 6-2-39b 所示。

（3）纸芯式滤清器　纸芯式滤清器的滤芯用微孔滤纸制成。这种滤清器的滤清精度高，但容易堵塞，无法清洗，需要经常更换纸芯。纸芯式滤清器的结构如图 6-2-39c 所示。

（4）烧结式滤清器　烧结式滤清器的滤芯用青铜粉末烧结而成，靠颗粒间的间隙滤油，这种滤清器的过滤精度高，滤芯强度大，但通油能力低，用于过滤质量要求较高的液压系统。烧结式滤清器的结构如图 6-2-39d 所示。

滤清器的图形符号如图 6-2-39e 所示。

### 3. 油管和管接头

（1）油管　油管的作用是连接液压元件和输送油液。常用的液压油管有紫铜管、无缝钢管、尼龙管、高压橡胶管和塑料管。

紫铜管容易弯曲成形，安装方便，管壁光滑，摩擦阻力小，但耐压低，价格高，适用于中、低压液压系统。

无缝钢管耐压强度高，适用于中、高压液压系统，但是，安装时不易弯曲成形。

尼龙管能代替部分紫铜管，易弯曲，价格低，但使用寿命较短，适用于中、低压液压系统。

橡胶管吸振性能好，安装方便，但使用寿命较短，适用于有相对运动的液压元件之间的连接。橡胶管分为高、中压两种。

（2）管接头　管接头用于油管与油管、油管与液压元件之间的连接。管接头分为焊接式、高压软管接头、扣压式和管端扩口式等形式，如图 6-2-40 所示。

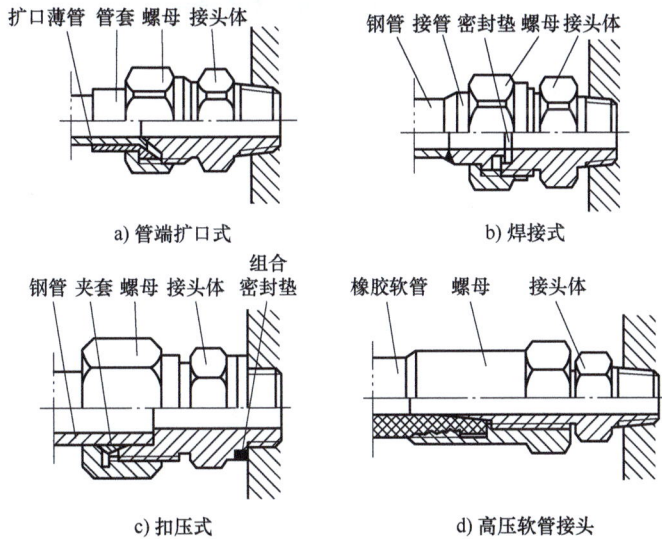

图 6-2-40　管接头的形式

管端扩口式管接头如图 6-2-40a 所示，它将油管的端部扩口成喇叭形状，插入接头后用螺母拧紧。该接头容易扩口，安装与拆卸方便，能承受较大的压力，适用于 3.5～16MPa 的中、低压系统，如空调的室内、外机的管路连接的接头。

焊接式管接头如图 6-2-40b 所示，它将油管和管接头的一部分焊接起来，适用于连接管壁较厚的油管，用于压力较高的系统中，如汽车吊车的高压油泵管路的接头。

扣压式管接头如图 6-2-40c 所示，它是利用锥形卡套插入油管，再用螺母拧紧。这种管接头结构简单，工作可靠，拆卸方便，适用于 16～32MPa 的高压系统中，如应用于铝塑管与管接头的连接。

高压软管接头如图 6-2-40d 所示，它利用曲面和锥面压紧在管接头上。这种管接头装配方便，不必扩口或焊接，但油管接头要使用高精度冷拔钢管，适用于大于 10MPa 的高压系统。

#### 4. 蓄能器

蓄能器是液压系统中的储能元件，用以储存多余的液压油，在需要的时候释放出来供给系统。

蓄能器有重锤式、充气式（图6-2-41）和弹簧式3类，常用的是充气式蓄能器。充气式蓄能器利用压缩气体储存能量，使用前先由充气阀向皮囊内注入一定的氮气，将气体封闭在皮囊内。当外部的油液压力高于蓄能器内的气体压力时，油液从蓄能器下部的进油口进入蓄能器，皮囊受压储存液压能；当系统压力低于蓄能器内压力时，蓄能器内的液压油流出蓄能器，与油泵同时向系统供油。它能满足短期大流量的需要，作为辅助的动力源使用，可提高执行元件的运动速度，作为应急的能源，停泵保压和补充泄漏。

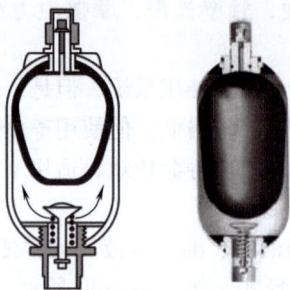

图 6-2-41　充气式蓄能器的结构

# 液压控制回路

## 单元三

**1. 知识目标**

1）掌握液压传动系统的分析与液压控制回路识读的方法。

2）掌握识读液压传动系统的方法。

3）了解液压系统在汽车上的应用。

**2. 能力目标**

能够识读液压基本回路和系统。

现代汽车大多配有防抱死制动系统（ABS，图6-3-1）和汽车液压助力转向系统。防抱死制动系统既可以提高制动效果，又可以延长汽车轮胎的使用寿命；汽车液压助力转向系统既可以减轻驾驶人操作转向盘的体力，又可以提高车辆的转向灵活性。那么它们到底是如何完成工作的呢？

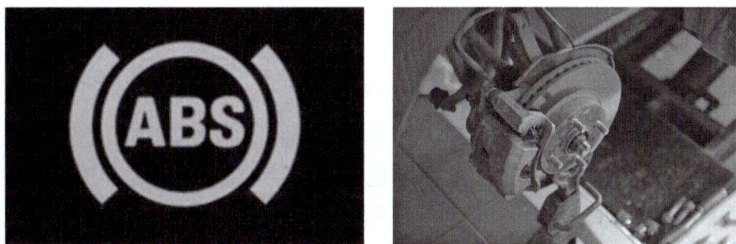

**图 6-3-1　防抱死制动系统**

## 课题一　方向控制回路

在液压传动系统中，工作机械的启动、停止或变换运动都是利用控制执行元件的液流通、断及改变流动方向来实现的。实现这些功能的回路称为方向控制回路。常见的方向控制回路有换向回路和锁紧回路。

### 一、换向回路

#### 1. 手动阀换向回路

图6-3-2所示为三位四通手动换向阀的换向回路。当阀芯处于图示位置时，液压油从液压缸左油口流入，从右油口流出，从而带动负载向右运动；当换向阀切换到中位时，液压缸的两个油口均被堵住，液压缸同负载一起停止运动；当换向阀切换到右路时，液压油从液压缸右油口流入，

从左油口流出，从而带动负载向左运动。因此，通过采用手动换向阀即可控制负载的启停和运动方向。

**2. 电磁换向阀组成的换向回路**

行程开关控制三位四通电磁换向阀的换向回路如图 6-3-3 所示。当 1YA 通电时，电磁换向阀左位工作，液压缸左腔进油，活塞右移；当活塞杆右移碰到行程开关 2ST 时，1YA 断电、2YA 通电，电磁换向阀右位工作，液压缸右腔进油，活塞左移；当活塞杆左移碰到行程开关 1ST 时，1YA 通电、2YA 断电，电磁换向阀回到左位工作，液压缸左腔进油，活塞右移。往复变换电磁换向阀的工作位置即可改变活塞的移动方向。如果 1YA 和 2YA 都断电，电磁换向阀中位工作，液压油直接流回油箱。

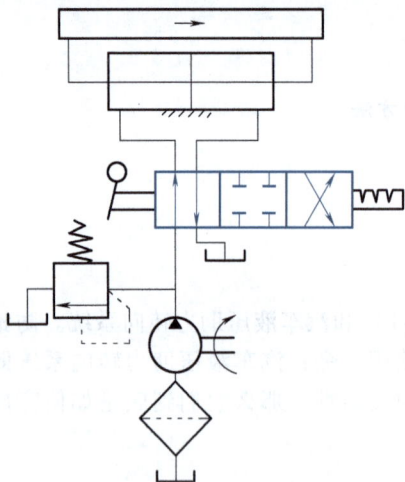

图 6-3-2　三位四通手动换向阀的换向回路

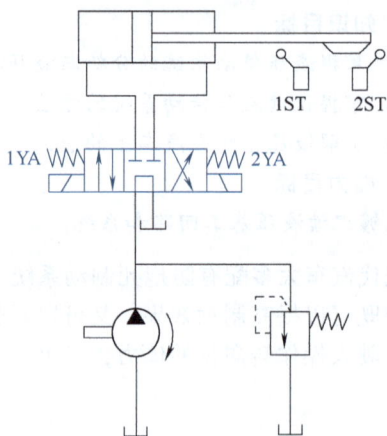

图 6-3-3　电磁换向阀组成的换向回路

在汽车自动变速器液压控制单元中安装了多个阀门，以便实现不同的功能。将机械阀门和线圈进行组合，再进行集成形成电控液压单元。通过控制线圈通电电流实现阀门开闭的精确控制，其外观结构如图 6-3-4 所示。

## 二、锁紧回路

液压锁紧回路是使液压缸的活塞杆能停留在任意位置，不会在受到外力作用时出现移动的回路。常用液压换向阀具有 M 型或 O 型的中位机能，能执行活塞杆的锁紧。

图 6-3-4　汽车自动变速器液压
阀结构图及阀体总成

在汽车制动系统中，如图 6-3-5 所示，应用有锁紧回路。

汽车制动主缸不工作时，补偿孔与旁通孔均保持开放，推杆与活塞之间有一个间隙。

踩下制动踏板时，前腔活塞前移，主皮碗盖遮住旁通孔，后腔封闭，液压建立。油液被压入前制动轮缸迫使后腔活塞前移。主皮碗盖遮住旁通孔，后腔封闭，液压建立，向后制动轮缸输液。

放下踏板时，环形腔室油液经活塞顶部的小轴向孔，流入压油腔，以填补真空，同时，储油室油液经补偿孔进入环形腔室，这样可在活塞回位过程中避免空气侵入主缸。

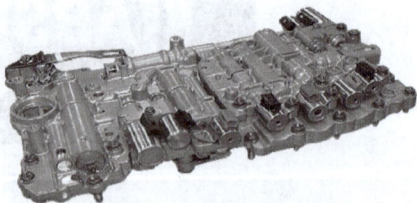

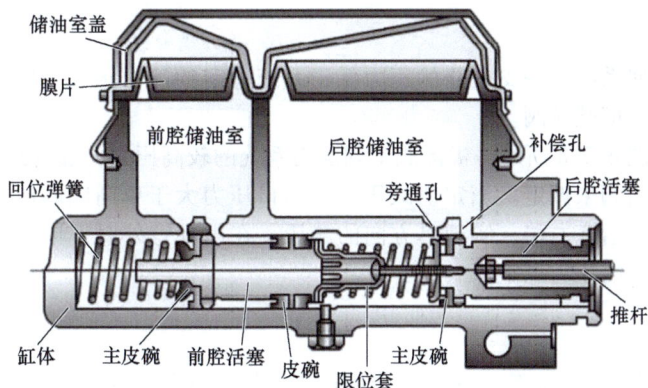

图 6-3-5 汽车制动主缸结构图

## 课题二 压力控制回路

压力控制回路利用控制阀对系统整体或系统中某一部分的局部压力进行控制和调节，以满足执行元件对作用力及动作的需要。压力控制回路包括调压、减压和增压等多种回路。

### 一、调压回路

调压回路的功能是调定或限制液压系统的最高压力。调压回路一般由溢流阀来实现这功能。

#### 1. 单级调压回路

单级调压回路如图 6-3-6 所示，调节节流阀的开口大小即可调节进入执行元件的流量，油泵输出多余的流量经过溢流阀流回油箱。当溢流阀的调定压力小于液压系统的压力时，溢流阀的阀芯被油液的压力顶开，保持系统压力的基本恒定。每一个液压传动系统的油泵旁都配有这种单级调压回路，以确保液压系统的压力。

#### 2. 多级调压回路

二级调压回路如图 6-3-7a 所示，泵出口的压力由溢流阀 1 调定为较高压力；当远程控制二位二通换向阀通电后，调定溢流阀 2 为较低的压力。

三级调压回路如图 6-3-7b 所示，三级调压回路中用三位四通换向阀代替二级调压回路中的二位二通换向阀，当电磁阀左、右通电时，分别控制溢流阀 2 和溢流阀 3 的启动，实现系统的三级回路调压。

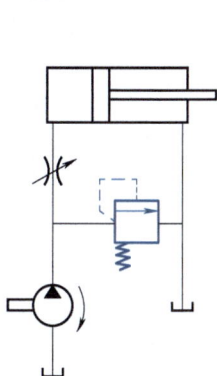

图 6-3-6 单级调压回路

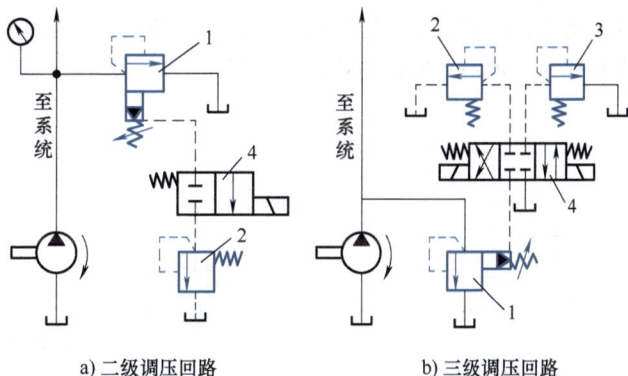

a) 二级调压回路　　　b) 三级调压回路

图 6-3-7 多级调压回路

1—溢流阀　2、3—远程溢流阀　4—换向阀

## 二、减压回路

减压回路的作用使系统某一支分路的压力低于系统调定的工作压力。最常见的减压回路是在所需要的支路上串接定值减压阀。

单向减压回路如图6-3-8所示，溢流阀1调定为系统的较高压力，溢流阀2为定值减压阀，减压阀的出口压力由单向阀来调定。当定值减压阀的出口压力大于单向阀的压力时，油液经过单向阀进入液压缸的左腔，活塞右移，实现单方向的减压。在出现意外时，单向阀3防止活塞左腔的油液回流，保持液压缸的压力稳定。

## 三、增压回路

增压回路如图6-3-9所示，它是采用双作用增压缸的增压回路。当液压缸4的活塞杆向左运动遇到较大载荷时，系统压力升高，油液经过顺序阀进入双作用增压缸，增压缸无论向左或向右运动都能输出高压油。只要换向阀不断往复运动，高压油就能连续经过单向阀7或8进入液压缸4的右腔。单向阀5或6能有效地隔开增压器的高、低压油路。

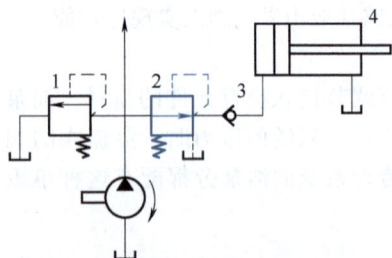

图 6-3-8　单向减压回路

1、2—溢流阀　3—单向阀　4—油缸

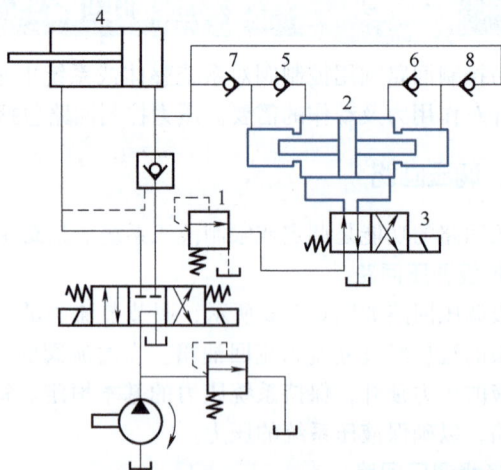

图 6-3-9　增压回路

1—减压阀　2—增压缸　3—二位四通电磁阀　4—液压缸　5~8—单向阀

汽车典型的压力控制回路是底盘防抱死制动系统，其结构如图6-3-10所示。

当驾驶人踩下制动踏板时，制动系统的液压阀开始工作。在不同的工况下，通过制动施加不同压力的制动力，需要借助增压、保压、减压、卸荷等回路的密切配合来保证汽车制动过程20%左右的滑移率，保证最大的制动效能，如图6-3-11所示。

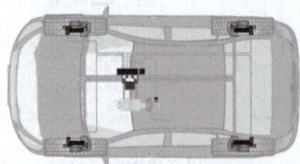

图 6-3-10　汽车防抱死制动系统分布示意图　　图 6-3-11　汽车防抱死制动系统的工作原理图

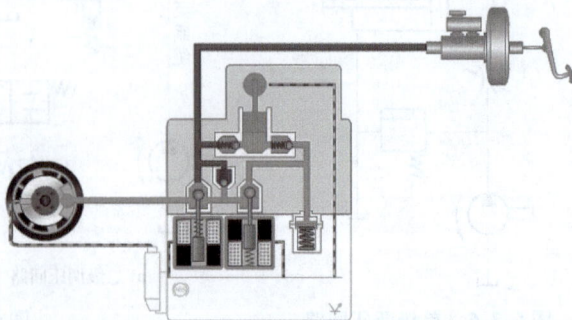

## 课题三　速度控制回路

速度控制回路主要通过改变液压系统中油液的流量来控制和调节液压执行元件的运动速度。常见的速度控制回路有节流调速回路和容积调速回路。

### 一、节流调速回路

节流调速回路主要通过改变节流阀的油液流量来调节液压缸的运动速度。根据液压阀的位置节油调速回路可分为进油节流调速回路、出油节流调速回路和旁油节流调速回路。

#### 1. 进油节流调速回路

如图 6-3-12 所示,将节流阀串联在液压缸的进油口前,控制进入液压缸的流量达到调速目的回路,称为进油节流调速回路。

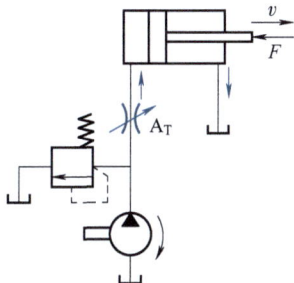

**图 6-3-12　进油节流调速回路**

进油节流调速回路结构简单,调节活塞的运动速度方便,可获得较大的推力,但运动速度较低;适用于功率较小、载荷变化不大的液压系统。

#### 2. 出油节流调速回路

如图 6-3-13 所示,将节流阀串联在液压缸的出油口前,控制流出液压缸的流量达到调速目的的回路,称为出油节流调速回路。

出油节流调速回路具有较大的背压,当载荷发生变化时可起缓冲作用,活塞的运动平稳性比进油节流调速回路要好,但回油容易发热;适用于功率不大、载荷变化较大或运动平稳性要求较高的液压系统。

#### 3. 旁油节流调速回路

如图 6-3-14 所示,将节流阀并联在液压缸的进、出油口,调节液压泵溢回油箱的流量来控制进入液压缸的流量的回路,称为旁油节流调速回路。

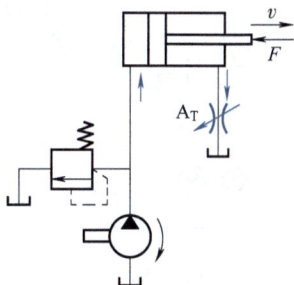

**图 6-3-13　出油节流调速回路**

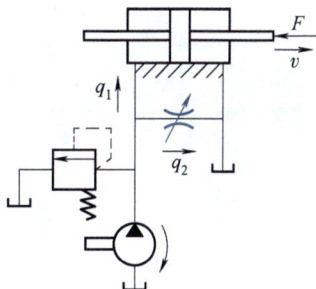

**图 6-3-14　旁油节流调速回路**

旁油节流调速回路适用于高速、重载、对速度平稳性要求不高的场合。

### 二、容积调速回路

容积调速回路是通过改变液压泵或液压马达的流量，调节执行元件运动速度的回路。它用变量液压泵按液压缸的流量需求直接调节供油量的大小，如图 6-3-15 所示。

### 三、容积节流调速回路

容积节流调速回路是用变量液压泵和节流阀配合的调速回路。变量泵和节流阀组成的容积节流调速回路如图 6-3-16 所示，通过调节调速阀节流口的开口大小改变进入液压缸的流量，从而改变液压缸活塞的运动速度。

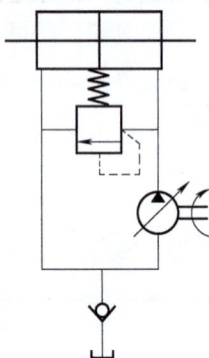

图 6-3-15　变量泵容积调速回路　　　图 6-3-16　容积节流调速回路

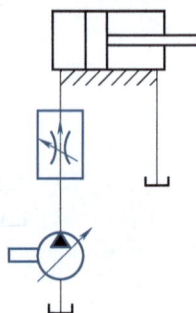

---

## 课题四　汽车典型液压传动系统

### 一、液压举升机

对汽车的底盘进行维护时，液压双柱汽车举升机将汽车举升到离开地面一定的高度，方便对汽车进行维修。液压双柱汽车举升机的液压传动系统原理图如图 6-3-17 所示。

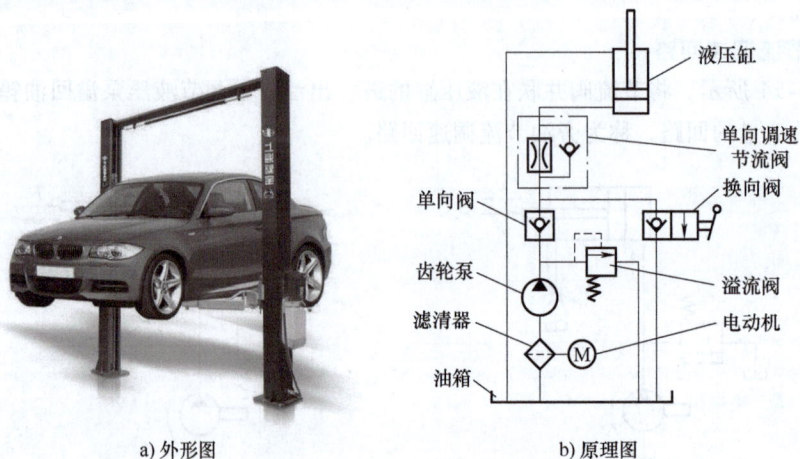

a) 外形图　　　　　　　　b) 原理图

图 6-3-17　液压双柱汽车举升机的液压传动系统原理图

**1. 液压双柱汽车举升机的组成**

举升机由固定支架和两个活动支架组成，两个活动支架由活塞杆液压缸通过链条驱动，推动两个活动支架升起，并承担汽车的重量。液压传动系统由齿轮泵、三相异步电动机、溢流阀、换向阀、液压缸、单向调速节流阀构成。

该液压传动系统由换向阀控制的换向回路、单向调速节流阀的节流调速回路、溢流阀的单级调速回路组成。

**2. 举升机液压传动系统的工作原理**

1）两个活动支架提升。手动换向阀置于左位，开启电动机，齿轮泵输出液压油，靠溢流阀来调定油压，通过单向阀、单向调速节流阀进入液压缸的下腔，活塞杆上移，通过链条驱动推举两个活动支架上升，液压缸的上腔油液流回油箱。

2）两个活动支架停止不动。手动换向阀置于左位，电动机停止工作，由于单向阀及换向阀左位封闭了回油，两活动支架停止不动；打开举升机制动器，锁住举升机，使举升机处于安全状态。

3）两活动支架下降。松开制动器，将换向阀调成右位，两活动支架靠自身的重力缓慢下降，单向调速节流阀调整下降的速度，油液经过换向阀流回油箱，两活动支架下降到原位。

## 二、自卸车

**1. 自卸车液压传动系统的组成**

自卸车液压传动系统由齿轮泵、四位四通手动换向阀、溢流阀和两个液压缸组成。系统应用换向阀控制的换向回路和卸荷回路、溢流阀控制的限压回路、两液压缸组成的同步工作回路，来完成货箱的空位、举升、中停、下降 4 个动作。自卸车液压传动系统原理图如图 6-3-18 所示。

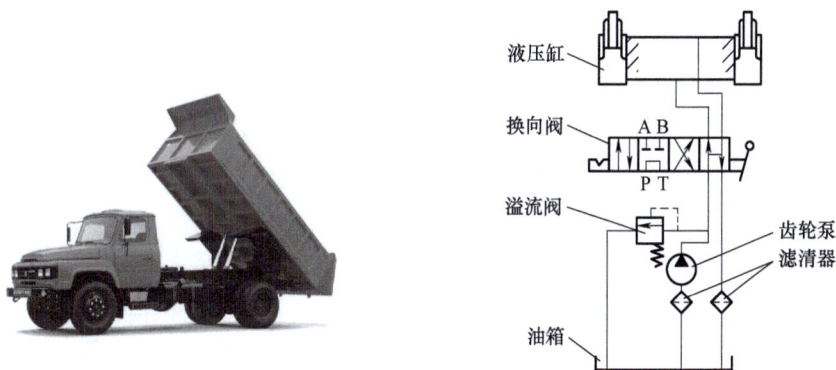

**图 6-3-18　自卸车液压传动系统原理图**

**2. 自卸车液压传动系统的工作原理**

（1）空位　把手动换向阀置于最右位的中位机能 H 型，齿轮泵产生的油液全部流回油箱，货箱处于未举起的水平空位状态。

（2）举升　把手动换向阀置于最左位，进、出油路线为：

进油路线：滤清器→齿轮泵→手动换向阀最左位→液压缸下腔。

出油路线：液压缸上腔→手动换向阀最左位→滤清器→油箱。

液压缸逐渐升起。

（3）中停　把手动换向阀置于左二位的中位机能 M 型，进油口与出油口相通，齿轮泵处于卸荷状态。液压缸中油液被封闭锁住，货箱停止在任意位置。

（4）下降　把手动换向阀置于左三位。

进油路线：滤清器→齿轮泵手动换向阀左三位→液压缸上腔。

出油路线：液压缸下腔→一手动换向阀左三位→滤清器→油箱。

液压缸逐渐下降，货箱降到原位，把手动换向阀移至最右位。

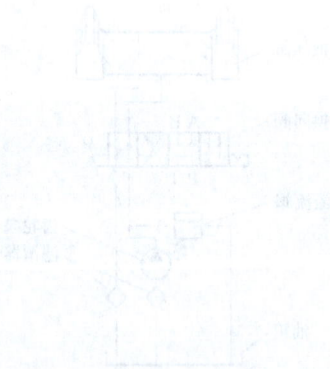

# 参 考 文 献

[1] 余诚英. 互换性与技术测量 [M]. 北京：化学工业出版社，2011.

[2] 孙杰. 汽车机械基础 [M]. 2 版. 北京：机械工业出版社，2018.

[3] 栾学钢，韩芸芳. 机械设计基础 [M]. 3 版. 北京：高等教育出版社，2018.

[4] 余萍. 机械基础 [M]. 北京：航空工业出版社，2017.

[5] 王英杰，车向前. 汽车材料 [M]. 北京：高等教育出版社，2018.

[6] 王英杰. 机械基础 [M]. 北京：机械工业出版社，2017.

[7] 侯子平. 汽车机械基础 [M]. 北京：北京邮电大学出版社，2014.

[8] 朱秀琳. 汽车机械基础 [M]. 4 版. 北京：电子工业出版社，2017.

[9] 吴建蓉，王东光. 汽车机械基础 [M]. 北京：高等教育出版社，2016.

[10] 朱明松. 机械基础练习册 [M]. 北京：机械工业出版社，2018.

[11] 卢晓春. 汽车机械基础 [M]. 3 版. 北京：机械工业出版社，2017.

[12] 徐咏良. 汽车机械基础 [M]. 北京：人民邮电出版社，2017.

[13] 薛智勇，袁新建，吕莹. 汽车机械基础 [M]. 镇江：江苏大学出版社，2014.

[14] 王芳. 汽车机械基础 [M]. 2 版. 北京：机械工业出版社，2017.

[15] 代礼前，李东和. 机械基础 [M]. 北京：北京邮电大学出版社，2019.